U0929201

张默闻策划集团
中国排名第二的策划公司

宣言

我们高高在上盯着对手 / 用高贵的头脑和凶猛的体能把猎物征服 / 我们渴望创意自由 / 我们不做策划囚徒 / 拒绝热情拒绝战争就滚出我们的阵营 / 因为我们是高贵的创意之鹰！

用尽全身力气

用尽所有资源

用尽全部的热爱

为客户的品牌提供深度传播

让中国阅读和收藏客户品牌的传世魅力

——谨以此书献给我尊敬的客户

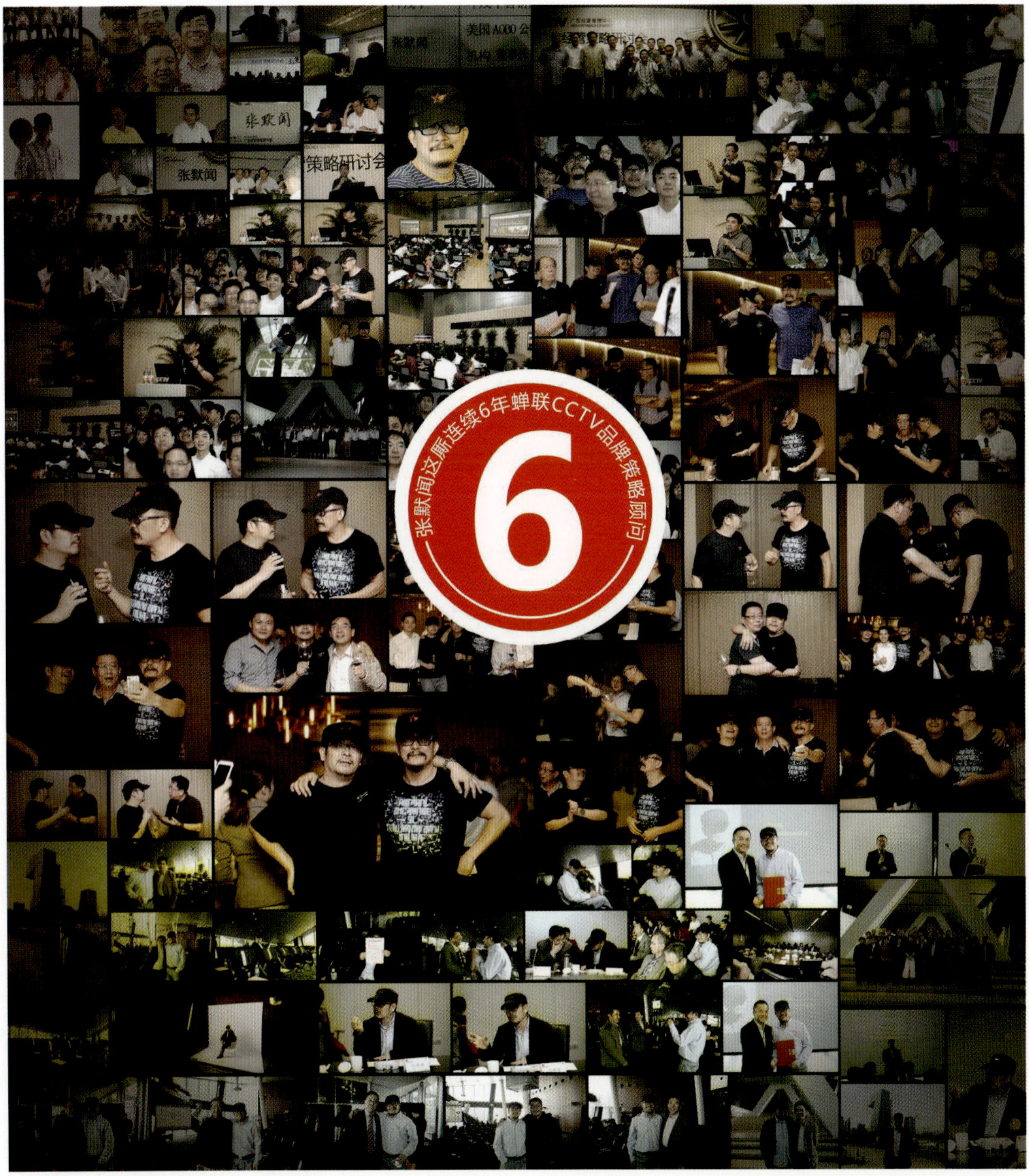

张默闻连续六年蝉联

中央电视台品牌策略顾问

Congratulations to Mr. Zhang Mowen on his 6th reappointment as the sixth consecutive CCTV advertisement strategy consultant.

一个师傅与他的门徒：张默闻这厮与北京大学新闻与传播学院院长、北京大学现代广告研究所所长、教授、博士、博士生导师陈刚先生在一起
陈刚教授这样评价张默闻这厮：张默闻是中国梦的代表人物，是策划界一个奇迹，他创造了属于自己的策划新时代。

张默闻这厮在北京大学为北大广告学子授课结束后开心纪念。

陈　刚（中）：北京大学新闻与传播学院院长
叶茂中（右）：叶茂中营销策划机构董事长
张默闻（左）：张默闻策划集团董事长、创始人

商道不平，天下纷争，谁是那布阵的英雄？不做花瓶，不求巅峰，只为那一世的闻名。
指点朦胧，穿越泥泞，我是那送雨的东风，创意奇兵，文案刀锋，只为那一世的闻名。
都说万人朝拜是英雄，我只愿羽扇轻摇江湖行，一支笔，抵得上千千万万兵，有智者才是真心英雄。
都说富可敌国是枭雄，我只愿洞察人情看暖冷，一条计，定得了朝朝暮暮情，有谋者才是真心英雄。

张默闻策划集团司歌《闻名》，张默闻作词，陈伟作曲，冷漠演唱。

张默闻全案策划经典大案库

策划是盘棋（下）

张默闻◆著

机械工业出版社
CHINA MACHINE PRESS

STRATEGY CREATIVITY POSITION

以张默闻的广告策划纪实为案例，对极白氨基酸白茶、九仙尊7S霍山石斛、天津同仁堂、久诺外墙品牌的广告策划的整个过程进行了总结和归纳，提炼出广告策划方法，指导性极强。这些案例不仅是客户的创意财富，也是张默闻策划集团的宝贵财富，是20年来中国营销策划和品牌创意的著作。

图书在版编目（CIP）数据

策划是盘棋：张默闻全案策划经典大案库. 下册 / 张默闻著. — 北京：机械工业出版社，2017.11
ISBN 978-7-111-58050-8

Ⅰ.①策… Ⅱ.①张… Ⅲ.①广告学－案例－中国 Ⅳ.①F713.81

中国版本图书馆CIP数据核字（2017）第231222号

机械工业出版社（北京市百万庄大街22号 邮政编码100037）
策划编辑：马 佳 责任编辑：马 佳
责任印制：李 飞 责任校对：赵 蕊
北京新华印刷有限公司印刷

2017年10月第1版·第1次印刷
180mm×250mm·25.75印张·12插页·480千字
标准书号：ISBN 978-7-111-58050-8
定价：108.00元

凡购本书，如有缺页、倒页、脱页，由本社发行部调换

电话服务
服务咨询热线：（010）88361066
读者购书热线：（010）68326294
（010）88379203

网络服务
机工官网：www.cmpbook.com
机工官博：weibo.com/cmp1952
教育服务网：www.cmpedu.com
金书网：www.golden-book.com

陈刚 序

关于张默闻的晶莹

默闻给我打电话，希望我为他的新书写个序。其实我一直想写点关于默闻的文字。这次将想法变成了现实。

走南闯北，散淡江湖，经历各种圈子，交往三教九流，有非常多的人相识，但真正存留下来可以称作朋友的其实并不多。张默闻是一个可以做朋友的人，可以做好朋友的人。朋友之交最看重的两个字是才和情。有的人有才无情，有的人情分足够但才能不强。这些人只可以交往。只有兼具才和情，所谓志同道合和情投意合，才会让你看重，甚至珍惜。张默闻是才情兼备的人，是我喜欢的人。

毫无疑问，默闻是个有些争议的人，有人质疑他“北有叶茂中，南有张默闻”的包装口号；而他戴着帽子的形象也让一些人认为他是叶茂中的山寨版，好在这家伙很勇敢地一直坚持戴着，现在他如果不戴帽子，世界已经不习惯了；还有人不喜欢他的语言风格，因为他从来都是说别人的好话，而且经常让人感觉热情过度。总说别人好也是一种修为，真正做到却是不容易，他把自己放得很低，把别人放得很高，他是真的高。

这是一个晶莹的人。每次相逢，他都称呼我为刚爷，那是从骨头里发出的交情，我不会看错。同他交往多年，对他的真性情和抑制不住的创作欲有越来越多的感受，当然，也对他的不足有比其他人更深的了解。从这个角度看江湖上的一些非议，我想说的是，张默闻是一个晶莹的人。

这是一个自己书写传奇的人。从一个 20 世纪 80 年代追求爱情和文艺而饱受打击的安徽农村最普通、最底层、最文艺的小青年，到一个 20 世纪 90 年代初混迹在大上海扛大包、拉黄鱼车、搬运沙发、饱受欺凌的路边不起眼的“安徽小民工”，然后在上海新闸路的一个小面馆刷盘子端饭偶遇叶茂中开始走上广告之路，这已经是一个传奇。这个传奇很多人都有机会遭遇，但是很少有人可以掌握，张默闻的今天和那个年代张默闻的昨天就是一部天然的戏剧，一个天，一个地，终于合一。

这是一个从苦难里爬起来的人。张默闻的苦是那种你无法描述却可以体会的苦，他说，1993 年在上海的时候，他曾经在星光布满的外滩对着繁华无比的上海陆家嘴隔海发誓：上海，你记着，我一定会在这座城市里有自己的空间和地盘，从今天起，我要开始奔跑，要么去死，要么成功！最后，当他以美国上市公司全球副总裁身份进入广告圈的时候，我知道，他跑出了他的理想。

这是一个坚韧的人。我相信，这一切，一定经历了无法言说的屈辱、苦痛、艰辛和付出。只有理解了这一切，才能接受他的个性甚至弱点，才能欣赏他的才华和创造力，才能明白他的坚韧和超人的勤奋，才能敬重他所创造的奇迹。而张默闻毫不掩饰，已经把所有这一切充分地展示给我们，没有粉饰、没有杜撰、没有夸大，他把自己剥得很干净，站在这个并不是很友好的世界，张默闻是一个晶莹的人。

这是一个善良真诚的人，是一个曾经有些怯懦但最终坚强和自信的人，是一个为了爱、为了事业、为了实现自己的价值敢于担当付出并充满才华的人。张默闻是一个需要你在岁月里和他相处才能懂他，他的世界是个童话，所以他才天真地让人喜欢、让人去拥抱他，他是有争议的人，我喜欢有争议的人，这本身就说明他与众不同。

年前，我和永达传媒董事长周志强在北京喝酒的时候，我说，张默闻这小子，是个有内涵的家伙，中国策划界，张默闻时代已经到来！我相信，他是有资格站在顶峰的。

所写的这篇序，不想把过多的文字用于对书中案例的分析和对张默闻营销策划创意的讨论，因为案例自己会说话。文如其人，策划如其人，企业如其人。张默闻是一个可以相信的人，因为这是一个晶莹的人。敢于把自己放得很低，坦诚得近乎裸奔。不在乎别人的闲言碎语，是因为他相信自己的空间很大。

有人说张默闻已经成功了。其实这只是他成功的开始。他始终在拼搏，一直在努力，他的舞台的幕布才刚刚拉开，张默闻的空间很大。

北京大学新闻与传播学院院长

北京大学现代广告研究所所长、教授、博士生导师

2017 年 5 月 15 日修订于北京大学

穆虹 序

默闻是兄弟

默闻又要出书了，而我又一次为他作序。

也总是，在给他作序的时候，我会一遍又一遍地琢磨起这个天不怕地不怕的“坏小子”！琢磨着这个一直叫我大姐的孩子，琢磨着这个经常将我写得太好让我脸红的弟弟，琢磨着我看到的他写的一摞摞快速而有效的策划案，琢磨着因他而起的江湖话题，琢磨着他的狂放不羁、他的嬉笑怒骂、他的斗志饱满、他的快速反应、他的才华横溢、他的大胆泼辣、他的越战越勇、他的永不放弃、他的独自行走！

兄弟和他的江湖

曾几何时，默闻以“张默闻这厮”为旗号，仿佛从石头缝里蹦出来一样，扯出一面大旗，上书“北有叶茂中，南有张默闻”就开始大闹中国策划界；曾几何时，无数的“前辈”诧异于他的张狂，指摘他年纪轻轻就敢在江湖上划分南北；曾几何时，一顶“叶茂中式的帽子”成了人们对他口诛笔伐的导火索，也成了他心底的一丝痛；曾几何时，几何曾经，这痛如影随形。看着他的客户从小变大，从少变多；看着他的办公室从土变洋，从促狭变敞亮，点点变化，都是时间的记忆，走着走着，他就从一个毛头小伙变成了中年大叔，从一个美国上市公司全球副总裁成长成中国顶级策划大师并成为美国政府认可的杰出人才。如今，我很高兴地看到：十几年的辛酸历经岁月播种结成硕果，曾经的困顿艰辛也经成功的衬托变成了励志的故事，行业的地位、客户的赞许、青年的追捧、员工的拥戴足以让默闻不负岁月和自己内心的睥睨天下纵横捭阖的抱负。

兄弟和他的客户

中国策划界向来是奇峰并立，张默闻不能说是最高的，但无疑是最特别的。

默闻是智慧的：效果第一，客户第一是策划界的标准。在我们广告人文化集团平台上见过的他的客户老板中，每个人对他的策划都是认同和佩服的。他和他的客户老板都是朋友，在他们面前的平等交流的能力和专业的态度我是信服的。尊严来自实力，不管未来如何，中国首富企业恒大集团携恒大冰泉、恒大粮油、恒大乳业三大产业集团选择了张默闻，足见他的智慧和实力。

默闻是有恒的：无数的实战案例，讲稿、策划案还有他每天都在续写的自媒体，字字都是亲笔，行行都是时间。多少人会玩些取巧的办法，但他在坚持，坚持得很辛苦、坚持得很累、但坚持得很有成效：文字的功力明显提高、一针见血、策划的水准逐年提升，深刻睿智。一年前，他拿出了一根“钉”，钉在了受众心里，印记犹在；一年后，他又掏出了一把“锤”，夯实那根“钉”。这一“钉”一“锤”就是他的十八般兵器，而这十八般兵器都是他的勤奋和心血的打造。无论你是“默粉”还是“默黑”，他的文字、他的才华和坚持都是无法回避和忽视的！

兄弟和他的恩情

“默闻是兄弟”这几个字是我给张默闻的新公司写的一幅字。这些年来，很多人问我为什么对张默闻好。我往往都是一带而过，因为，我真的将自己定位成一个为业界搭平台的人，我希望我的平台上的明星璀璨，角色缤纷，但我仅是一个工匠而已，无需高调。

其实，起初，张默闻就是一个希望走上这个平台的小伙子，而我，是怀着一个长辈的心态看他，不容易，自然地伸手相帮，没什么，举手之劳而已。但后来，我是逐渐地对他另眼相看、心存敬意。在业界，可以说我都在善意待人，高调做事、低调做人，自问帮的人很多。这是本性也是广告界很多前辈的风范，效仿并执行而已。但默闻真的记住了我的帮助，并积极地回报了很多。先不论他的办公室墙上那四幅众所周知的感恩照片，就说他对《广告人》实实在在的经营帮助和精神支持也是很多。

这其中，每一年，他每年都会抽出很多时间帮助我们做战略策划——他帮助我们策划栏目，定位杂志。“月度大案”这个栏目就是经他策划才登场的，这工程，他付出很多。

朋友相交，贵在相知、相助、想携。可以说今天的默闻从名誉到实力都已今非昔比，但他每次的竭尽全力和奋不顾身都让我暖暖的有亲人般的感动。默闻，谢谢你！

商海里，人情冷暖自知，茶凉人走常见，但我见过默闻真的做过很多不计回报、但求为别人的好事，搭钱搭情搭时间，我相信对方若不明谢，心中也有。

未来，很久，相知不移！

穆虹

广告人文化集团（美国）董事长、《广告人》杂志社长、总编

2017年6月1日修订于天津财经大学

自序

策划是盘棋 “棋”开才能胜

有位先生问我：“默闻老师，什么是营销策划，什么是全案营销策划，什么是成功的全案营销策划？”

这三个问题铺天盖地地袭来，一刹那我竟不知道怎样回答这位老兄的问题。

因为在我看来，成功的营销策划是一种进攻性很强的谋略，是一场品牌的生死之战、产品的生死之战、文化的生死之战和终端的生死之战，是一种在法律允许的范围内的营销厮杀，没有硝烟的战场，更是你必须打败对手才能存活得更有尊严的手段。

我没有将营销策划那么“血腥”地推销给他，我只告诉他 10 个字：策划是盘棋，“棋”开才能胜。后来，他说：“策划如下棋，关键看布局，有意思”。

机械工业出版社的策划编辑告诉我，我的两本著作《创意是根钉》和《卖点是把锤》全部销售一空。读者强烈渴望张默闻这厮能出版一本围绕“策划”这个核心概念的专著，希望越快越好。一直以来读者是张默闻这厮的命，既然是命就要认命，所以在 2017 年新年伊始，我决定出版这本上下两册的《策划是盘棋》，以此向张默闻这厮亲爱的读者恭喜新年，表示谢意。

其实，这世界什么都可以策划。小到一次求婚，一次接待，一次演讲；大到一场大赛，一场变革，都可以用策划让结果翻天覆地，命运陡变。可以这么说，这世界没有任何事情不需要策划，除非你不愿意。

为什么说策划是盘棋，“棋”开才能胜呢?

2017 年，面朝大海，春暖花开，张默闻这厮首次公布“策划是盘棋”的核心机密，为各位看官奉上一杯春茶，看看营销策划的棋盘上如何风云激荡，刀光剑影！

策划是盘棋，是盘战略棋。

企业做策划，真不完全是创意的事。单纯的广告公司、单纯的管理咨询公司和单纯的数据公司、单纯的设计公司、公关公司都不能完成企业策划这盘棋。张默闻这厮认为营销策划应该是企业战略的事情。如果说策划是盘棋，那么首先是盘战略棋，战略思维就是策划思维，如果下棋的人都不具备战略思维，那么策划是没有办法进行下去的。

策划是盘棋，是盘洞察棋。

张默闻这厮坚信世界上所有的问题都有答案。只是我们看待答案的方式不同。只要你善于洞察，你就能发现别人发现不了的风景。策划是盘棋，是盘洞察棋。策划要求我们能够洞察一切。我们要能洞察顾客的痛点，我们要能洞察人性的凶残和温暖，我们要能洞察老板的阳光与黑暗，我们要能洞察产品闪光的卖点。策划需要超级洞察力，要看得见前世更要看得见今生。

策划是盘棋，是盘资源棋。

为任何一个企业、任何一个品牌做策划，其实就是为这个企业、这个品牌做资源的整合。21 世纪就是资源整合的年代。策划是盘棋，是盘资源棋。没有资源和无法整合出资源的企业都是无法被策划成功的。一个企业的领袖和一个策划公司的领袖，都应该是资源的最大整合者。资源策划、策划资源，是今天客户对策划公司的基本要求。张默闻这厮 20 年的策划生涯最大的感受就是全案策划就是一半是创意、一半是资源，少了资源这把火，迟早你会被冻死。

策划是盘棋，是盘定位棋。

有人说，定位就是一句话，定完就完。张默闻这厮用 20 年的经验负责任地告诉大家，这个观点是错的。真正的定位是定位系统，企业的每一个环节都需要定位，都需要精准的定位。策划是盘棋，是盘定位棋。企业之所以需要策划，就是因为很多内容、很多决策没有经过定位，无法形成固定的模式，始终在飘摇。有的人把一个品类的定位当作企业的定位，把一个愿景的定位当作品牌的定位，这样的定位对全案策划来说伤害是非常大的。

策划是盘棋，是盘品类棋。

张默闻这厮发现，全球企业似乎谁也摆脱不了品类的命运。策划是盘棋，是盘品类棋。每个客户都有一类商品，每个商品都是一个品类，每个品类都是一个行业。所以，策划的着力点首先就要打造一个大品类。品类打造得越成功，品牌越成功，品类是一个企业的核心资源，它要求所有的策划都要首先解决品类的成长问题。品类长大了，品类策划成功了，企业的营销、企业的品牌、企业的销量就会像一个苹果一样熟了。

策划是盘棋，是盘进攻棋。

营销策划也叫营销战争策划。因为营销就是买卖，买卖就有商战。这个战争没有硝烟弥漫，没有刺刀大炮，是一场心理战、领袖战、渠道战、终端战，互联战的综合战役。张默闻这厮坚定地认为，在策划上进攻是最好的防守。策划是盘棋，是盘进攻棋。我们必须选择一个对手、一个假想敌，一个看起来和我们毫无关系却骨肉相连的对手，然后和他战斗。输赢不重要，成长更重要，能成长的企业最后一定能赢。张默闻这厮最害怕不敢进攻的企业和企业家，因为他们害怕的后果依然是被侵略者所剿灭。冒着“敌人的炮火”前进，是大家要牢记的一句话。

策划是盘棋，是盘创意棋。

20 年来张默闻这厮坚持认为，企业的本质是赚钱，赚钱的本质是营销，营销的本质是传播，传播的本质是媒体，媒体的本质是创意，创意的本质是顾客，顾客的本质是需求，需求的本质是产品，产品的本质是好处。策划是盘棋，是盘创意棋。所以在企业的运营过程里，创意需求、创意顾客、创意产品、创意广告、创意营销何等重要。策划者只做策划是远远不够的，策划者必须同时是一个创意者，否则无法满足客户对全案策划的要求。

策划是盘棋，是盘传播棋。

策划固然重要，但是如果不会传播，那么策划就像失去翅膀的鸟一样无法飞翔。传播是一个企业的基本权力和基本能力，更是一个策划人应该具备的超级技能。传播是你策划思想和创意作品能否得到重用的关键因素。一个企业如果对你的创意都不愿意进行传播，那么就说明你的策划方案已经失败，说明这个客户已经将你的思想排名到靠后的位置。策划是盘棋，是盘传播棋。想做好策划，就要在博大精深的传播方面做足功课，无传播，无未来。

策划是盘棋，是盘冲突棋。

世界上所有的东西都是有冲突的，都是有矛盾的，都是有对立的。做策划就是在冲突里找冲突，研究冲突、制造冲突、驾驭冲突、创意冲突。基本上成功的创意和品牌策划都是靠冲突成功的。借势是一种冲突，管理更是一种冲突。策划是盘棋，是盘冲突棋。策划人要能找到品牌的冲突点，消费的冲突点，你的策划、你的创意、你的传播就会获得重大突破。在策划里，越冲突越刺激，越活跃越冲突。

策划是盘棋，是盘符号棋。

我们一直都生活在符号里。国旗是符号、警服是符号、少数民族有符号、汽车有符号，这个世界就是一个符号的世界。所以策划品牌首先就要策划符号，没有强大的符号就没有强大的品牌。策划是盘棋，是盘符号棋。张默闻这厮就是靠符号成长起来的，让干净的嘴巴下面长出胡子，让年轻的脑袋上面扣一顶帽子，让西服领带变成休闲大叔，这就是在创造符号，创造一个和别的男人不一样的符号。所以才有了“北有叶茂中，南有张默闻”的江湖美谈。

张默闻这厮谈了策划是盘棋，是盘什么棋之后，再谈谈“棋”开得胜到底靠什么才能获得成功，让策划的理想在天空中发出耀眼的光。

第一：“棋”开得胜胜于忠诚

策划得再完美，如果少掉忠诚，什么策划都没有戏。我们要对领袖忠诚，要对品牌忠诚、要对品质忠诚、要对顾客忠诚、要对文化忠诚、要对市场忠诚、要对销量忠诚，我们更要对祖国忠诚。忠诚是解决企业发展问题的最重要的信仰。

第二：“棋”开得胜胜于销量

策划的重要要求之一就是实现漂亮的销量。一个品牌无论经历怎样颠三倒四的策划，经历怎样波澜壮阔的策划，必须关注在销量上的成就。销量的成功才是营销的成功。但是实现销量的胜利有四个最重要的保障：优势领先的产品，精准立体的传播，强大落地的渠道，直击人心的创意。销量不是一个你招之即来挥之即去的士兵，而是你必须小心翼翼服务、小心翼翼经营才能获得的成就。它很脆弱，一不小心，它就下降或者遁入地下。

第三：“棋”开得胜胜于进攻

在企业整合营销传播全案策划的过程里，企业要始终保持进攻的姿态：枪支里要始终装满子弹，步伐要始终冲在第一线，永远要观察对手的一举一动。进攻是最好的防守，既要在进攻里减少伤亡，更要在进攻里掌握战法，成为第一品牌最牛的手段就是把对手干掉，这是最快的，也是最难的，但是却是最有效的。

第四：“棋”开得胜胜于分享

再完美的策划也不一定能成就一个品牌。而懂得分享却可以拯救一个品牌。策划只能解决战略问题，解决创意问题，解决传播问题，解决资源问题。但是所有的问题都是企业的机制问题。如果一个企业能够懂得分享的奥秘，就是没有出色的策划也能获得可持续的发展。一定程度上品牌的崛起和企业的分享机制有很大的关系，希望各位能听到我的这句话。

第五："棋"开得胜胜于领袖

所有的策划命运的好或者坏都在于客户的老板，企业的领袖。如果这个领袖具有大格局、大胸怀、大手笔、大梦想、大执行，品牌一定非常强势、非常具有进攻性。反之，再完美的策划在他那里也是一张废纸。

第六："棋"开得胜胜于坚持

坚持是老话题，说得自己都觉得脸红。但是张默闻这厮坚持认为要想"棋"开得胜必须坚持。坚持竞争，坚持创新，坚持传播，坚持分享，坚持培训，坚持模仿，坚持跟进，坚持实干，坚持梦想，坚持榜样，坚持品质等。很多企业的品牌不是竞争对手把你打败的，而是自己把自己打败的。败在没有坚持，没有坚持走在正确的道路上。

策划是盘棋里到底藏着谁？

亲爱的读者，我想对你说，策划是盘棋，是盘永远下不完的棋，想露两手就要有真本事，否则，那风云变幻的局会让人找不到回家的路。

策划这盘棋里藏着伟大的经验，如果没有战略和战术以及战斗的经验，就最好别下这盘棋，因为这不是一场小游戏，而是一场千军万马的游戏，否则一招不慎，满盘皆输。

策划这盘棋里藏着伟大的道德，如果没有道德标准、没有道德修养、没有道德底线，也就下不了这盘棋，

因为道德比法律更猖狂、更不可管教，所以在做策划时，道德比创意更重要。

策划这盘棋里藏着伟大的洞察，如果不会洞察，就发现不了疼痛，发现不了幸福，发现不了机会，也发现不了危险。这盘棋不是和一个公园的老人杀一盘那么简单，是在为企业做全案策划，是拿一个企业的命运在玩，这个良心活，难干。

策划是盘棋，谁下很重要。如果想下，就好好读书吧。

张默闻策划集团董事长、创始人

2017 年 8 月 1 日修改于美国密苏里大学

目录

鞠躬三谢自然馈赠 天地与人极白天下

极白氨基酸白茶品类创意策划

【策略：我们卖的是白茶，卖的更是功能棋】

张默闻策划集团研究发现，安吉白茶是绿茶中的变异品种，在低温环境中会发生返白现象，茶叶中的茶氨酸含量会随着白化程度而升高，这让安吉白茶不仅营养，同时拥有比一般绿茶更加甘甜鲜爽的口感。因此，张默闻这厮创新命名“极白氨基酸白茶”，提出“比一般绿茶氨基酸含量高 2~3 倍”的卖点定位，开启了茶行业全新子品类的营销之门，并以“中国养生白茶领导品牌”的身份从各类绿茶中脱颖而出，成为消费者的又一选择。张默闻这厮认为，这步养生棋，正是极白氨基酸白茶的品牌营销核心。

【战绩：一年完成产业整合，半年进驻千家门店】

张默闻这厮在接手安吉白茶产业之后，以资本联合、股权入驻、品牌运作“三步走”定性极白氨基酸白茶未来之路，率先整合了“峰禾园”“千道湾”“芳羽”等安吉当地龙头企业，牵手浙江卫视《中国好声音》《一路上有你》等黄金节目，在全国二十四个城市实现高铁全面投放，面世一年，就实现了安吉白茶产业整个生态链的强力整合。张默闻这厮不断从品牌营销入手，积极推动极白氨基酸白茶在全国范围内的招商动销，顺利让“极白现象”在中国掀起热潮，并让极白品牌登陆“2016 中国茶叶区域公用品牌价值评估成果发布”与“2016 中国茶叶企业产品品牌价值评估成果发布”，实现了上市半年，就进驻千家门店的壮举。向安吉白茶产业及极白氨基酸白茶品牌都交出了完美的答卷。

1996~2016 年是张默闻这厮策划和创意 20 周年。安吉茶产业集团极白氨基酸白茶产品成功入选张默闻这厮策划 20 年经典创意案例榜，特此纪念并祝贺。

th
大師极白™
V6
极白

【甲方嘉奖辞】

2015年8月，我们公司刚刚成立。在从上海回到杭州的路上，张默闻老师给了我们15分钟的时间，我们聊得很开心。我们当时的状况是只有产品，没有营销团队，因此，怎么把张老师给我们的创意落地才是我们最担心的问题。经过一系列的讨论，我们一致认定，极白的策划非张老师莫属，必须由张老师来指引。

2个月之后，极白这个品牌就诞生了。极白品牌由张老师亲自操刀，从命名、整体形象设计、渠道规划到推广，全程都在指导着我们。2016年3月，我们的营销正式起航，建公司、招人、建渠道、品牌推广，这些事情我们只花了9个月的时间。到现在，销售额已经突破了1亿元。

如果没有张老师以及他的团队给我们大力的支持，大家都觉得这是不可能的事情，但是我们做到了。这一年的经历，张老师还特地为我们写了一本书——《品牌先品类——极白安吉白茶品类创意策划全案》，他给我们做出了非常大的支持和非常精准的指导。

感谢张默闻策划集团，感谢张老师！

安吉茶产业集团有限公司董事长兼总经理

安吉白茶“醉”美茶园生态圈。

安吉白茶“醉”美茶园生态圈。

鞠躬三谢自然馈赠，天地与人极白天下

清明前叶色玉白，状如玉兰，谷雨前白色渐淡，夏至前逐步转绿，呈现出白绿相间的茶叶，夏至则叶色全绿，与一般绿茶无异，这就是作为绿茶中特殊存在的独一无二的安吉白茶。安吉白茶虽被称为“白茶”，但此“白茶”非彼白茶，极白氨基酸白茶属绿茶，是一种珍罕的变异茶种，其神奇之处在于难能可贵的白化现象，而自然界的白化现象在中国古籍与神话中历来被视为祥瑞之兆。据历史记载，宋徽宗曾在《大观茶论》中赞许安吉白茶道：“白茶自为一种，与常茶不同，其条敷阐，其叶莹薄，崖林之间，偶然生出，虽非人力所致，有者不过四五家，生者不过一二株”，极白氨基酸白茶之珍罕稀奇可见一斑。

谢谢天，那飘在天空的祥云化成了雨

感谢天，慷慨地赐予安吉这片钟灵毓秀的山水。葱翠浓郁的山林、幽静深邃的山谷、充裕丰盈的阳光雨露、悠悠萦绕的高山云雾加之 23 度以下 16 度以上的舒适好温度，造就了氨基酸含量远超一般绿茶 2~3 倍的珍稀极白氨基酸白茶。1800 年岁月流转，营养价值极高的安吉白茶，在不知不觉中滋养了一代又一代健康淳朴的安吉人，更从安吉这片净土上飘出了感动世界的奇香。不是这般世外桃源般的青山绿水，怎有极白氨基酸白茶的国宝之美。

天赐好茶，神奇纬度偶育珍贵极白白茶

几千年来，北纬 30 度地带一直仿如蒙娜丽莎的微笑那般神秘诡谲，被史学家、地理学家奉为“神奇的纬度”，令人为之神往。安吉，这座地处中国浙江西北部的小县城，恰好位于北纬 30°23′~30°53′，光照充足、气候温和、四季分明、雨量充沛，全年长达 220 天的无霜期，属于温和湿润的亚热带海洋性季风气候，这般舒适良好的气候给安吉当地百姓提供了优越的生存环境。千百年来，人文历史底蕴深厚的安吉正如它“安且吉兮”的名字寓意般祥和宁静，世世代代淳朴善良的安吉人民在这片土地上生存、繁衍、共荣，用双手辛勤劳作，大力发展“竹业、茶业、椅业”这三大特色产业，创造出了一个和谐富饶的家园。

神奇纬度带来得天独厚的气候，赐予了安吉一份独一无二的礼物——安吉白茶。安吉素有中国白茶之乡的美誉，极目望去，漫山千行绿，唯有山茶在。在安吉境内，层峦叠嶂起伏，葱茏树竹绵延，晨光熹微，云遮雾绕，茶树层叠如梯，左右参差错落有致。温柔的阳光透过氤氲云雾、穿过翠绿竹荫，细细地洒在茶树嫩叶之上，于是便有了深深浅浅的绿。

每年三四月份，和煦的春风吹过浓密的茶林，带来 23 度以下 16 度以上舒适温暖的温度，让安吉白茶得以天真地茁壮生长。声声春雷带来潇潇春雨，那贵如油的春雨千丝万缕般洒向群山，染红了桃花、描青了峰峦、盈溢了溪涧，也给予了安吉白茶最恰当的滋润。一方面，充沛的雨水有利于促进茶树的氮代谢，使鲜叶中的全氮量和氨基酸含量大幅度提高；另一方面，由于水分充足不易于形成纤维素，进而能使安吉白茶鲜叶在较长时间之内保持鲜嫩。

深山幽谷，独特气候造就极白氨基酸派

安吉地处浙西北，地势西南崛起，高峻的天目山脉自西南入境，分东西两支环抱县境两侧，使安吉呈三面环山辐聚状盆地地形。境内高低错落的群山连绵不绝，海拔高的深山里，群峦叠峰、坡陡峻峭、峡谷深邃、云遮雾霭、树竹密布，以竹林为主组成的山林，常年葱绿。深山幽谷创造出相对封闭的小气候，这一切对于极白氨基酸白茶茶树而言是天赐福音。茶树素来习性“畏日”“畏寒”，不宜太阳直射。浓密的林冠阻挡强烈的太阳辐射，减少了直射的蓝紫光，使林间呈现出巨大的温室效应，即冬暖夏凉、夜暖昼凉，温差较小，这对林下植物的生长以及动物的繁衍栖息提供了适宜的气候。在生长季节，森林通过强大的蒸腾作用消耗大量空气里的热能，从而使山间温度骤降，蒸腾作用释放出的大量水分使空气湿度增加，易于形成云雾、露水等水平降水。寂寂山谷、清清溪涧，气流遇两侧山地的抬升极易成云致雨，带来充沛的降水灌溉安吉白茶茶树。每年春天，在低温的条件下安吉白茶茶树的嫩梢由嫩黄色呈现为白玉色，片片莹薄透明，如玉之在璞，望眼白茶山疑似瑞雪银树，随着温度的升高逐渐返绿直至成为普通的绿茶。因此安吉白茶的采茶期只有清明前后的短短数十天，一旦过期，白色的芽叶便会转变成绿色的普通绿茶。极白氨基酸白茶正是取自氨基酸含量到达顶峰的安吉白茶白化嫩芽尖作为原料，为的只是留住那一片特属于早春的极具营养价值的新鲜嫩茶。

而高氨基酸又给极白氨基酸白茶带来了哪些好处呢?

爱茶之人都知道，一般的茶都逃脱不了苦涩二字，归根结底是因为茶氨酸决定茶叶的鲜爽程度，过多的茶多酚则会让苦涩感盖过鲜爽。在低温与避光环境里，安吉白茶所含的氨基酸会随着白化程度的提高而不断累积。经生化测定，极白氨基酸白茶氨基酸含量在 4.7% 以上，最高达到 10.6%，是一般绿茶氨基酸含量的 2~3 倍。与此同时，茶氨酸的提高抑制了茶多酚的合成，因此极白氨基酸白茶中茶多酚含量仅为 10%，占普通绿茶的一半，咖啡碱为 2.8%，比普通绿茶少 1/3 以上，这也就是为何极白氨基酸白茶比其他绿茶更营养保健、更甘甜鲜爽的原因。而茶氨酸，作为一种能有利于血液免疫细胞促进干扰素分泌的物质，在对提高记忆、降血压、抗衰老、护肝、抵抗外界的侵害力等方面都有明

大師极白
V6
极白

极白™
氨基酸白茶
谢天 谢地 谢谢您
JIBAI AMINO ACID TEA

张默闻这厮为左，徐旻犇为右，中间是核心——安茶集团董事长兼总经理吴剑先生为产品代言。

我是极白氨基酸白茶推销员之一。

显作用，难怪我国知名茶学专家庄晚芳教授曾高度评价白茶："其他绿茶不能与之相比"。高氨酸含量成就了安吉白茶，也成就了极白氨基酸白茶"中国养生白茶领导者"的地位。

谢谢地，那铺在大地的土壤化成了食

安吉白茶素有绿茶中的"奇葩"一说，唯有在特定的温湿度、阳光、土壤下才能孕育而生，偶然得之，且非人力可为，因此它才珍罕。有了得天独厚的气候条件，安吉白茶自然也离不开孕育与接纳它的安吉白茶园这片温润富饶的土地。感谢安吉白茶园这片慷慨多情的土地，在这里，茫茫阔叶林、层层大竹海、潺潺小溪流、热闹的动物天堂，一切生物祥和自由地和谐相处，让安吉白茶在如世外桃源般的净土之上无忧无虑地繁育发芽。美到无法呼吸的山、清到无法不爱的水，不禁感叹，没有这山这水这茶树，哪有这诗这画这仙境，让视野因它而变得柔美，让呼吸因它而轻声歌唱，更在 1800 年之后的今天让世界蜂拥至此，为她流连忘返，只为一睹那梦寐以求的人间仙境，更为一品那甘甜清冽的极白氨基酸白茶。

有机矿土，天然养分滋养茶树鲜活千年

所有土壤的质地、土壤的温度、土壤的水分和土壤的酸碱度对茶树根系和地上部分都具有极为重要的作用，只有养分齐全结构良好的肥沃土壤才适宜茶树的生长发育。茶圣陆羽曾说，"茶叶上者生烂石，中者生砾土，下者生黄泥"，并通过多年的实地探察明确指出"烂石"是最好的立地条件。

安吉白茶属灌木型，根系发达，对土壤的要求颇高，要求土层厚达一米以上，不含石灰，有机质含量在 4%以上，全氮 0.27%，全磷 0.03%，并且要具备良好的通气性和透水性。安吉属亚热带气候，四季分明，在春夏季节，来自遥远太平洋上的湿润的东南风带来充沛的雨水，使得安吉白茶茁壮成长；而在寒冷的冬季，低温使得白茶生长区的土壤冻结，微生物分解作用变得非常缓慢，进而使土壤里的有机质积累起来，为来年春天安吉白茶的复苏抽芽提供能量。另外，安吉生态系统良好，植被覆盖率高，山间动植物种类资源丰富，山林间的枯枝落叶正如那首"落红不是无情物，化作春泥更护花"的诗吟唱的那般，经微生物分解变为有机质增加了土壤肥力，进而用天然养分滋养茶树。据浙江省国土资源厅多年调查表明，安吉白茶生长区均是以第四系红土、砾土层、灰岩及部分火山岩、砂岩的风化体为主，风化程度较高，土层发育深厚，土壤呈红色或棕红色，黏粒含量高，其中次生矿物以高龄石为主，土壤深厚，有机质含量较高，土壤微团体发育良好，土壤呈酸性，含有丰富的有机含量和数十种微量元素。

千百年来，日月替换、四季更迭、岁月流转，这一方净土始终以低调的姿态默默地哺

好管闲事的张默闻这厮果然又在抢导演的饭碗。

张默闻这厮和广告片主演美女在一起。

育着淳朴勤劳的安吉茶农和极白氨基酸白茶。极白氨基酸白茶中，浸着一个夏，卧着一个秋，藏着一个冬，孕着一个春。

极白氨基酸白茶负责人告诉我们，每年极白氨基酸白茶都会聘请权威地质专家和土壤检测专家替极白氨基酸白茶茶园土壤进行成分检测，一旦发现有污染或者是不利于安吉白茶生长的元素，便会立即展开治理工作。同时，极白氨基酸白茶生产的每一批茶叶都会经过严格筛选，确保到达消费者手中的每一片茶都是安全的。

树竹交荫，天然屏障隔绝世外尘埃袭击

极白氨基酸白茶的生长区地处浙江省安吉境内天目山北麓。

这里“七山一水二分田”，群山起伏、翠竹绵延，植被覆盖率75%，森林覆盖率71%，生态环境优美宜居，被誉为气净、水净、土净的“三净之地”。安吉作为国家首个生态县、国家园林县城，是全国联合国人居奖唯一获得县。素有“中国竹乡”之称，竹依山而生，远近高高低低的山峦间尽是郁郁葱葱的竹海，层层叠叠、密密匝匝、满目青翠，山间清风吹过，起伏荡漾、树竹交荫。

广袤的森林通过光合作用吸收二氧化碳，源源不断地释放出新鲜的氧气，有的森林植物还会释放出氧离子净化空气。宽大的枝叶表面能够强有力地吸附空气里的灰尘以及有毒气体，而森林里植物的叶、芽、花、果又能分泌出具有芳香挥发性的杀菌素。树竹在起到净化空气的同时，还在滋养水源、保持水土以及防风固沙方面发挥了巨大作用，大面积植被的覆盖，较之裸露在外的土壤而言，避免了集中雨水的溅击和地面径流的冲刷，使得土壤以及土壤里的养分不被流失而得以保存；而降水通过植被的滋养作用渗透到地下，又给极白蓄养了充足的水分。夏季森林使地面温度降低，空气垂直温差变化减少，上升气流速度减弱，因而还可削弱形成雹灾的条件。

人们常说，绿竹如“灵草”，是自然界调节气候、净化空气的天然绿色屏障。由于竹子释放的氧量远远高于其他植物，因此竹林是大自然界当之无愧的天然大氧吧，且竹有清香清韵，徜徉于林间，仿佛沉入绿海，清风拂过，竹影婆娑，丝丝缕缕飘着淡淡竹香的空气涌向大脑及每根末梢血管和神经，瞬间四肢百骸好不惬意舒心，而目之所及充盈饱满的绿色，又令人快意沉浮。

自古以来的生产实践表明，但凡四周为竹林或邻近竹林的茶园所采制的茶叶，一般都含有板栗香或豆花香，且越靠近竹林其香越明显，极白氨基酸白茶置身于连绵不绝的竹海茶山，与茫茫竹海为伴，远离尘世烟火，安静地傲立于世外茶园，采天地之灵气，吸日月之精华，散遗世之清香。而茶竹之不解之缘，又值得人细细品味。茶与竹，皆为山中清物，茶在茶人的杯中是醇香流韵，竹在自然的怀中是潇洒清寂，竹造幽香，茶添清香，两者如二君子，惺惺相惜，相得益彰，成就彼此。茶品即人品，品茶如品人，历来中国骚人墨客推崇竹之清寂、谦恭、直而有节，故文人爱茶、爱竹，每每选择竹下饮茶，一张竹盘，一杯清茶，与竹林长相伴，既可赏茗匠之巧艺，又可悟竹之灵性。

没有城市的喧嚣，没有闹市的“浮尘”，暮霭下，山林间的安吉白茶园显得分外清幽。正是竹乡清幽僻静的独特生态环境，才孕育出了惊世骇俗的安吉白茶树和独一无二的安吉极白氨基酸白茶，才引得各地茶客慕名而来。茶里有山有水，啜饮一口茶，如捧着千山万水。那除了斑驳婆娑的竹影、徐徐荡漾的轻风、沁人心脾的野香，还有满目山色和茶，声萧萧、气氤氲，此间品茗，真当是一生一乐一趣也。

谢谢您，那留在人间的大师化成了神

极白氨基酸白茶受到达摩点化，因此以达摩像为品牌商标，而历史上的《达摩像》曾命途多舛，天佑其历片纸金石，历劫不磨。值得庆幸，同时也值得感恩。达摩感谢天地，于是叨念一声：阿弥陀佛。所有的感情都深深包含在这四个字中，而极白氨基酸白茶感恩您。

感恩安吉这座历史底蕴深厚的千年生态古城，感恩安吉白茶这片充满传奇色彩的东方树叶，感恩热爱极白氨基酸白茶的所有茶人、茶客、茶商和有缘人，更感恩极白氨基酸白茶将祖先的白茶味道和博爱情怀洒满整个世界，代代相传，使之成为足以让安吉人引以为傲的传世瑰宝。无论您的心底隐藏多少感谢，极白氨基酸白茶都感同身受，无论是无以回报的养育之恩抑或是难以忘怀的师徒之恩，无论是铭记于心的提携之恩抑或是恰同学少年时意气风发的同窗之情，也许这一切的感情您都无法诠释与忘怀，极白氨基酸白茶，愿意成为您感恩路上一个最虔诚的使者，愿意化作一杯最美的茶水献身于您的感激，没有什么华丽的语言，没有什么豪言话语，但感恩之情不减一丝一毫，极白氨基酸白茶品质清高、纯洁无瑕、一尘不染，正如您那份淡如水却深似海的真真情意。

泰斗茶师，自然传承自成极白一代宗师

2016 年，安茶集团成功收购峰禾园、千道湾以及中国最大的安吉白茶互联网品牌“芳羽”，集合多方力量合力服务安吉白茶品牌——极白氨基酸白茶。作为安吉白茶界赫赫有名的一代宗师，陈锁、马荣达、严铁尔有幸加入极白氨基酸白茶。

在过往的年岁里，3 人合办安吉千道湾白茶有限公司，凭借着自身对安吉白茶的热爱，他们各司其职将千道湾品牌打造成了安吉白茶名牌产品。凭借着十几年的安吉白茶种植和营销经验，极白氨基酸白茶在他们手中必将成为安吉白茶领导品牌。

如今，极白氨基酸白茶迎来泰斗茶师相助，只愿向他们道一声：谢谢您！

1）一代宗师陈锁，前卫玩茶农民

在中国白茶之乡浙江省安吉县，有位知名的茶农叫陈锁，他的公司经营规模不算最大，但“玩茶”的思路被人津津乐道，被当地茶农戏称为“前卫农民”。

陈锁曾是个有着一份稳定收入的电力工人，与白茶的难解之缘，却让他在 10 年前下海种起了 50 亩的白茶。万事开头难，最初每亩地产一斤茶，50 斤茶卖一年都卖不掉。“看来以后要去卖茶叶蛋了。”面对着困境，陈锁当时这样调侃自己。为了将白茶销出去，陈锁买来一台农村当时很少见的电脑，开始琢磨在网上找门路。皇天不负有心人，不久，他找到千道湾茶厂合作，创立了“千道湾”白茶品牌，鼓起自己腰包的同时，还积极带动周边的茶农纷纷发展白茶事业。此后，他的茶园规模扩张到 200 多亩，并创建了恒盛白茶有限公司。形成规模后，陈锁开始寻觅优秀的管理人才，他清醒地意识到只有吸引和留住人才，加快团队建设，才能尽早实现从家族式企业向现代企业转型。于是，他来到浙江农林大学茶文化学院，苦口婆心地劝说后最终招来了三个大学生。但细心的陈锁发现，这些大学生对茶业兴趣乏乏，原来在他们眼里，安吉只是个偏僻山区并没任何大的发展前途。为了留住这批难得的高才生，陈锁另辟蹊径，他带领这些年轻人天南地北地去“游山玩水”，而这些举动却引来了合伙人的不理解与质疑。陈锁这样跟合伙人耐心解释：我要带这些年轻人走出去，去最真切地感受全国各地迥异的茶文化，取其精华，学习他们的先进管理经验来完善公司现有的管理模式。在学习的同时陈锁还鼓励大学生利用自身优势写日志、发微博，一方面可以巩固加深年轻人对异地茶文化的印象，另一方面更可以进一步在网络上宣传白茶文化与前景从而吸引更多优秀人才一起投身于白茶事业。

虽然安吉的白茶种植面积达到了 10 万亩，年产量达到 1200 吨，年产值也上升到 13 亿元。但具有商业头脑的陈锁却坚信，安吉白茶还有更多的附加值等待挖掘，还有更巨大的市场前景。近几年，陈锁还计划把“白叶一号”按照各类茶的制作工艺，研发出六大茶类，除原有的绿茶之外，他已经成功研制出了岩茶和红茶。陈锁今年生产了 1000 公斤的红茶，原本这些红茶是他准备秋季到全国各地进行交流而提供给大家品尝的，却收获了意想不到的惊喜：刚下生产线就被抢售一空，可见陈锁的眼光是极为独到的。

曾有幸与陈锁当面交流，清楚记得，他端起茶杯一昂头，指着一幅工工整整的字画说道：“这就是我们通过文化培育人才来提升白茶产品附加值的设想。正如一位老师题给我的这幅字。”随着他的方向，赫然看到字画上写着“我种茶来茶种我、人品茶味茶品人”。是啊，这无疑是对陈锁这大半生最精辟的诠释。

安吉白茶的一代宗师——陈锁大师。

2）一代宗师马荣达，安吉白茶风向标

1970 年出生的马荣达，是一位兢兢业业、踏踏实实从事茶行业长达 28 年之久的老白茶人。从最基层的茶叶种植、培养、管理、加工、销售到企业管理，一步一个脚印，老马一直视质量如生命，始终坚持把产品安全放在第一位，才有了现今产品全部符合欧盟安全标准的“峰禾园”。老马所创办的“安吉峰禾园茶业发展有限公司”现在是“安吉白茶协会副会长单位”“安吉旅游商品协会理事长单位”“浙江省标准化名茶厂”，也是目前县内唯一一家全年从事绿茶加工生产出口的企业。在 2012 年，“峰禾”商标被评为“湖州市著名商标”，产品被认定为“湖州市名牌农产品”，被评选为“十佳城市礼品”等。马荣达自己也先后获得了“优秀共产党员”“新型农民党员”“农村创新创业带头人”等各种荣誉称号。正因为“峰禾”坚持秉承的踏实作风，始终如一的稳定品质，2012 年“峰禾”白茶被中共中央对外联络部选定作为国家礼品赠送给外国政党及国家领导人，得到一片赞誉并获得荣誉证书，这是一份至高无上的殊荣，更是对企业的一种极大肯定。

现如今，公司通过收购、兼并与其有长期紧密合作的农户茶园多达 1000 余亩，极大地带动了周边茶农的积极性，同时也取得了良好的经济效应和社会效应，在皈山当地及安吉茶业界获得了很好的口碑。与此同时，老马正带领“峰禾园”由一个生产型的企业向一个集休闲、观光、度假于一体的文化型的茶企发展。老马亲身经历和见证了安吉所有茶类近 30 年的发展历程，不得不说是安吉茶业界的一个风向标。

3）一代宗师严铁尔，安吉白茶老骨干

安吉千道湾白茶有限公司董事长、安吉白茶协会副会长严铁尔一直秉承一个信念：千里之行，始于足下，脚踏实地的发展是个人、企业、产业永恒不变的定律。让他心动于安吉白茶并且投入了全部精力心血，与人合作，艰苦创业，带动茶农发展，做大做强品牌。为了安吉白茶的产业发展，他经常与同行、政府部门探讨，献计献策，在自己企业内部，更是牢牢把握产品品质，扩大安吉白茶的品牌文化影响，在发展的过程中也一直受到了茶农与同行的关注和赞扬。

提及老严，不得不说他与安吉白茶的不解之缘。1994 年，进入中年期的老严因企业转制而下岗，巨大的生活重担令他不得不寻找更好的出路。1999 年，当时的安吉白茶还只是安吉深山幽谷里的一棵无名老茶树，因被科技人员发现培育而进入市场初露头角。机缘巧合，在朋友家做客的老严无意间目睹安吉白茶，初次邂逅，老严便被她的高雅形态和独特清香所吸引，善于抓住商机的老严更细心琢磨，这般难能可贵的资源在当地肯定会有巨大的市场发展空间。随后老严即紧锣密鼓地展开一切调研，茶苗种植、加工、市场前景分析等，经过细致的分析和凭借独有的判断力，老严做出了一个令所有人匪夷所思的举动：

安吉白茶的一代宗师——马荣达大师。

毅然决定放弃刚有起色的家具配件厂，投入荒山开垦，开辟出第一块白茶园。然而，养茶是件投入回报期漫长的事业，起早摸黑的辛勤付出，直到第三年才初见成效，当老严细细品茗着亲手培养出的翩翩起舞、鲜爽清香的白茶，看着远道而来的客户选购白茶，一切辛劳早已化为云霄而去，一切都是值得的！

随着白茶知名度与认可度不断提高，规模化生产加工和市场建设的进程刻不容缓，严铁尔随即与一帮志同道合的同仁走上了合作发展的道路，于 2006 年成立了安吉大观茶叶专业合作社。2008 年，老严和陈锁、陈林兄弟成立了安吉千道湾白茶有限公司，强强联合，聚集了一大批优秀的管理人才和技术人才，明确细致的专业分工有效地发挥了各人优势，与此同时老严还注重企业团队精神和企业文化的建设。通过一系列的努力，公司逐步向规范化、标准化、品牌化方向发展，公司曾先后荣获“国家级示范性农民专业合作社”“市重点农业龙头企业”等荣誉，而“千道湾”更被连续认定为浙江省知名商标，它所生产的白茶远销海内外，并以高品质受到广大客户的青睐和赞誉。

秘传工艺，六步炼茶缔造当世传奇口感

极白氨基酸白茶坚持采用独特的“六步技艺”，即采茶、摊放、杀青、理条、烘干、贮存，六步炼茶，自然传承，极白茶人只愿意倾心茶山，安心制茶，相信无形的口碑是最好的广告，诚信是市场最珍贵的资产，保障极白氨基酸白茶最高品质是安身立命之本。正是极白茶人用慈悲、宽容、博爱、真心、虔诚最大程度地保全极白氨基酸白茶中的高氨酸，高度还原白茶的原汁原味原香，才历练出了世界上独一无二的传奇口感。

【极白六步技艺】

/ 六步技艺之一：采茶 /

坚持手工采摘，芽叶成朵，大小均匀，留柄要短，轻采轻放，竹篓盛装，竹筐贮运。

安吉白茶，只有在特定的温度、湿度、阳光以及土壤的作用下才能在初春清明期间逗留数十天的采摘期，一旦逾期，白化后的嫩叶便会逐渐转绿，最终成为茶园里最为普通的一叶绿茶，因此采茶作为首道工序很是关键。择几个晴朗的中午，因为这个时间鲜叶质量最好并且鲜嫩度适中，选心灵手巧、手脚麻利的采茶女坚持纯手工采摘，只取清明前芽叶成朵、大小均匀、氨基酸值到达顶峰的嫩芽，轻采轻放，留柄要短，竹篓盛装，竹筐贮运。此时，若来到安吉白茶园，满山都是一个个头戴竹笠、身挎竹筐的采茶女，她们头顶烈日，俯身弯腰，灵活地穿梭于茂密茶园，用手轻柔细心地摘下每一片优质芽叶，然后温柔地放入竹筐，这样看似简单的动作需要重复六七百万次，累了，她们稍作休息，用手随意揩去

安吉白茶的一代宗师——严铁尔大师。

脸颊旁的汗珠，三三两两低声话家常。尽管人工采摘方式成本高昂且费时费力，但极白氨基酸白茶认为，唯有通过双手的温度才能去精心度量和保证每一片茶叶的鲜度、嫩度、净度和完整度，以确保最终呈现给消费者的是品质最上乘的极白氨基酸白茶。原来，每一缕最浓郁的茶香皆源自于千万滴最普通的汗水。

/ 六步技艺之二：摊放 /

第一时间将采回的上等鲜叶摊放均匀、不翻不移、不吹不晒、自然萎凋，让时间悄悄地感化她、柔软她。只有这样，才能够保全每一片茶的品、形均不受影响，自然清香、荡气回肠。

第一时间将采回的上等鲜叶厚薄均匀地摊放于干净的软匾之上，期间不翻不移、不吹不晒、自然萎凋，让空气与时间悄悄地感化她、柔软她，只有这样，才能够自然保全每一片茶的色泽、形态、口感均不受影响。摊放过程中，鲜叶发生轻微的理化特性变化，蛋白质发生水解使得叶片所含的氨基酸含量进一步增加，内源 β 一葡萄糖苷酶活性明显提高，结合态的芳香化合物降解为游离态成分，增加可挥发芳香物质，从而提高最终成品茶叶的香味，自然清香、荡气回肠。与其同时，叶组织逐步失水，鲜叶的含水量下降，细胞膨压减小，使得鲜叶脆性降低，从而增强了后续工艺中鲜叶的可塑性，并且鲜叶水分的减少也有利于控制杀青时茶锅的温度，提高杀青的质量，从而使得最终的成品茶颜色更显绿黄新鲜。

/ 六步技艺之三：杀青 /

六步技艺中最重要的一步。高温杀青，破坏钝化鲜叶中的氧化酶活性，抑制鲜叶中茶多酚等的酶促氧化，蒸发水分，柔软茶叶，2 分钟内即可将青臭味悄然散去，只取叶中清爽香气。

杀青即通过高温破坏鲜叶的组织，使鲜叶内含物质迅速转化，是极白氨基酸白茶制作工序中最关键的一步，核心是控制茶叶温度和湿度。极白采用“高温杀青，先高后低”的步骤，在瞬间钝化鲜叶中的氧化酶活性以及抑制茶多酚等酶促氧化，进而蒸发水分，柔软茶叶，使短短 2 分钟之内即可将青臭味悄然散去而唯留清爽香气。极白还始终坚持“嫩叶老杀，老叶嫩杀”的原则，这是因为嫩叶由于含水量较高和酶的活性较强，在杀青中所需要的热量较多，受热的时间也相应要延长，若不老杀，则容易产生红梗红叶最终影响高品质，反之，老叶水分含量相对少，纤维素含量高，若杀青过老，不仅易产生焦边，而且条索也不易揉紧。在制作过程中，技艺娴熟的制茶师傅可通过感官来精确判断出杀青是否到位，随手轻握一把茶叶，若叶质柔软，光泽呈现为暗绿色，青臭味散失，取而代之渗透出的清香气，即为适度，便可进行下一道工序。

/ 六步技艺之四：理条 /

好茶叶，不仅需内置芬芳，亦应形美品佳。极白理条，遵循“松、高、轻、慢”，后“紧、低、重、快”的原则，抓匀，甩开，摆直，不可快一步亦不可慢一步，心手合一，塑形，失水，显毫，提香。

杀青后的茶叶虽柔软却仍为片状，不易于日后的贮藏保存，而上好茶叶，不仅需内置芬芳，亦应形美品佳。理条时茶叶的细胞壁被压迫，茶汁被释放出与空气中的氧气迅速接触进而氧化，进一步散发出清香。极白理条，紧紧遵循“松、高、轻、慢”，后“紧、低、重、快”的原则，抓匀，甩开，摆直，不可快一步亦不可慢一步，心手合一，全凭功底，塑形，失水，显毫，提香，可谓一气呵成。

/ 六步技艺之五：烘干 /

110℃初烘 10 分钟，摊凉 15 分钟，85℃复烘。温度高低，成品不一。极白所掌握的烘干技术，在历经数十年来的古法考验之后，经久不衰，自然锁定茶叶最佳品质，提升茶叶内在香气，内蕴柔和而愈加迷人。

100~120℃，斗温 80~90℃始上叶，将理条后的茶叶均匀薄摊于烘网之上，不翻不动，保持条形，静候 15 分钟待茶梗略硬即出锅摊凉，此乃初烘；85℃上叶复烘，每隔 4~5 分钟轻柔翻动一次，直至茶叶足干，挑拣最粗壮芽头，若指尖一捻便成粉末，即可下烘。烘干过程中，温度高低，成品不一，这极其考验制茶人的技术与手法。极白所掌握的独特烘干技术，历经数千年来古法考验而经久不衰，自然锁定茶叶最上乘品质，提升茶叶内在香气，内蕴柔和而愈加迷人。

/ 六步技艺之六：贮存 /

最后一步，亦需严苛要求。为保证极白氨基酸白茶的纯正品质，茶叶干茶的含水分需控制在 6% 以内，放入冰库，温度控制在 0~5℃。冰库取出 3 小时后打开，密封包装。

最后一步，极白亦遵循一贯严苛严谨的作风。为保证极白氨基酸白茶的纯正品质，茶叶干茶的含水量必须严格控制在 6% 以内，随后立刻放入温度被精确控制在 0~5℃冰库之中，冰库取出 3 小时后打开，密封包装成一盒盒精致典雅的礼盒，成为每逢佳节亲朋好友间必不可少的互赠佳品。

感怀于极白氨基酸白茶的天地人和，张默闻这厮特别为极白作《谢天 谢地 谢谢您》：

谢谢天：

赐给安吉这片1800年的绿水青山，

23度以下16度以上的绝世好温度，

让安吉白茶在这完美的温度里天真地生长，

阳光雨露，高山云雾，

造就了极白白茶的氨基酸含量比一般绿茶高出2~3倍，

诞生如此好喝的极白白茶，

不知不觉让安吉人健康了1800年。

谢谢地：

赐给了安吉白茶园温润多情的土地，

这里片片阔叶林，层层大竹海，潺潺小溪流，跳跳小动物，

让安吉白茶在世外桃源般的大地繁育发芽，

美到无法呼吸的山，清到无法不爱的水，

不是无量寿佛的点化和溺爱，

哪有这山这水这茶树，哪有这诗这画这仙境，

可以在1800年后让世界蜂拥而至，

为她神魂颠倒为她悲喜交集。

谢谢您：

谢谢安吉这座1800年的生态古城，

谢谢安吉白茶这片神奇的东方树叶，

谢谢极白氨基酸白茶把祖先的白茶味道和爱洒满整个世界，

无论你心里隐藏多少感谢，

极白都懂。

不管是难忘的师徒之恩，

还是难忘的养育之恩，

不管是难忘的提携之恩，

还是同学少年时初恋的声音，

也许所有的感情你都无法报答也无法忘记，

咔嚓一声，极白诞生。

极白氨基酸白茶，
愿意成为您感谢路上的一个使者，
愿意化作一口最美的茶水献身于您的感谢，
这感情，淡如水却深似海。

——中国营养型白茶领导品牌
极白氨基酸白茶，谢天谢地谢谢您！

达摩点化禅茶一味，品牌冒尖只为新生

神奇纬度，阳光雨露，高山云雾，独特的地理小气候成就了安吉白茶的天然屏障，摒除了世外一切尘埃，一切嘈杂，让安吉白茶在有机矿土中天然养分的滋养下，在树竹交荫的世外桃源里天真地生长。大自然这样厚爱的好茶，今天也终于能够得善人善待，在1979 年浙江安吉县天荒坪那座 800 米的深山里，被人发现，并福泽众生。

然而极白氨基酸白茶的诞生除了得自然厚爱，还与一位故人有关，与一幅画像有关，与一次传承有关。这些故事都藏在极白氨基酸白茶的达摩图腾中。当然，也正是有了这图腾，才有了后面这些故事：关于命名，关于卖点，关于品类，这些都是为谢而生，为新生而生。

图腾达摩，感化众生只为谢谢二字

说起这位故人，无论是安吉的百姓老少，还是杭州西湖孤山南麓的西泠印社的后人都应该知道他，并了解他的伟大艺术成就。他是清末著名的国画家、书法家、篆刻家，清末“海派四大家”之一，杭州西泠印社首任社长——吴昌硕大师。1918 年，吴昌硕大师创作《达摩像》，时年 75 岁，技艺精湛，《达摩像》被后人称为旷世巨作。而这幅《达摩像》正是描绘出了极白氨基酸白茶的精神画像——谢天谢地谢谢您。

昌硕大师，艺理证道心有高境自由骨

吴昌硕，初名俊，又名俊卿，字昌硕，又署仓石、苍石，多别号，常见者有仓硕、老苍、老缶、苦铁、大聋、缶道人、石尊者等。道光二十四年（1844 年）8 月 1 日，生于浙江省孝丰县鄣吴村（今湖州市安吉县）的一个读书人家。

1844 年，是鸦片战争刚刚结束的年代，既是中国近代史的开端，也是那个动荡不安的年代的开端。吴昌硕却在这时出生，似乎注定了他的一生历尽磨难，生活窘迫。

吴昌硕勤恳好学，幼时便随着他的父亲读书，后来就学于邻村私塾。他天资聪慧，10 多岁的时候喜欢上了刻印章，父亲稍加指点，便很快进入了门道。在吴昌硕 17 岁那年（咸丰十年，1860 年），太平天国与清兵战于浙西，战火燃到了他位于浙江安吉的老家。为避战火，吴昌硕一家四处逃难，躲于荒山野谷之中，弟弟妹妹先后死于饥馑。后在颠沛流离的路途中与家人失散，他开始替人做短工、打杂度日，先后在湖北、安徽等地流亡数年，21 岁时回到家乡务农。这时候，家中除了老父亲以外，其他人都去世了。蓬蒿满院，瓦砾遍地，吴昌硕与父亲相依为命，种地为生。这样的生活十分艰苦，但他立志要以一技之长改变命运，改善生活。于是耕作之余，苦读不辍，同时刻苦钻研篆刻书法。

同治十一年(1872年),吴昌硕在安吉城内与吴兴施酒(季仙,浙江归安县(今属吴兴县)菱湖镇人)结婚。结婚后不久，为了谋生，也为了寻师访友，求艺术上的深造，他时常远离乡井赴杭州、苏州、上海等地，经年不归。从俞樾学诗词和文字训诂，从杨岘学书法，后来，与他交往的还有任颐、张熊、胡远、蒲华、陆恢、施浴升、诸贞元、沈汝瑾、潘祖荫、吴云、吴大澂等画家、诗人、收藏家。因此，吴昌硕得以观赏不少书画真迹，并有机会加以临摹研究，也因此扩大了视野，提高了艺术修养。

直到光绪八年(1882年),吴昌硕才把家眷接到苏州定居,后来又移居上海,来往于江、浙、沪之间，阅历代大量金石碑版、玺印、字画，眼界大开。1914年秋便定居上海，广收博取，诗、书、画、印并进。

1913年，西泠印社在杭州正式成立，被公推为社长。勤于写字、刻印、作画、吟诗，直至晚年乐此不疲。

有人说吴昌硕的画好，但吴昌硕会说自己的字更好，有人说吴昌硕的字好，吴昌硕会说自己的印更好。但事实上，吴昌硕诗、书、画、印无所不精，他以金石入画入书，同样也以书画入金石。作为西泠印社首任社长的吴昌硕，他的篆刻成就确实达到了一个难以逾越的高度。

然而,与一般的篆刻家、国画家、书法家不同,吴昌硕出生在一个动荡的年代,生活艰苦,这就迫使他必须走上一条雅俗共赏的道路，要让自己的作品得到广大民众的认可，并促成交易，以换取家中食粮。譬如他的画里往往有水仙，有石头也有牡丹。水仙与梅兰竹菊一样高雅为文人所推崇,而石头坚硬的个性吴昌硕十分喜欢。但为了迎合市场,为了迎合世俗,吴昌硕也将并不喜欢的鲜红娇嫩的牡丹融入了画中，因此整幅画常常上面是牡丹，中间是石头，下面是水仙。雅与俗在吴昌硕的作品中和谐相处，而他之后的文人画也终于走上了一条雅俗共赏的道路，吴昌硕也成了开宗立派的一代大师。

正因为他的这种需要以及他的鲜明个性，这位从民间走过来的文人画家，拥有与常人不一样的对待绘画、对待书法、对待篆刻的心境，这份心境就是反复钻研各大名师之作，并不以刻意模仿徒求形似为满足，而是参以古往今来各大师的体势笔意，融会贯通，苦练造诣，以印之法写书，以作书之法作画，能将把三种钟鼎陶器文字的体势杂糅其间，能以石鼓文的篆法入画，能将篆、隶融为一体，能以篆隶笔法作草书，最终使得诗书画印熔为一炉，并最终独树一帜，获取艺术上的极大成就。晚年因其风格突出，篆刻、书法、绘画三艺精绝，声名大振，公推艺坛泰斗，无论是绘画、书法还是篆刻方面都是旗帜性人物，成为“后海派”艺术的开山代表、近代中国艺坛承前启后的一代巨匠，与任伯年、蒲华、虚谷合称为“清末海派四大家”，融金石书画为一炉，被誉为“石鼓篆书第一人”、“文人画最后的高峰”，其代表作品集有《吴昌硕画集》《吴昌硕作品集》《苦铁碎金》《缶庐近墨》《吴苍石印谱》《缶庐印存》等。

文人多傲骨，吴昌硕也不例外。除了书、画、印之外，他还善作诗文，苦吟数十年，从没有间断过。所作诗篇以傲兀奇崛古朴隽永见长。早年所作五古，有一部分含有讽刺意味，揭露了当时黑暗社会某些不平现象。此外，他的题画小品中也有很多精心之作，抒发生活实感，鞭挞丑恶现象，颇能以少胜多。而这也是他的真性情所在。据说民国时期担任国务院佥事的塘栖旺族劳家劳少麟告老还乡之后，四处托人向吴昌硕求书画墨宝，但大师一听劳的官场头衔，偏偏托词不给，急得劳四处探听先生的脾性嗜好，动起脑筋。

还有一回，民国初年，一位上海著名的房地产商哈同过生日，想请吴昌硕代画一张三尺立幅的画，用以烘托生日气氛。不料，吴昌硕早就听说哈同最早是靠贩鸦片起家的，况且，他平素最憎恶这帮横行十里洋场的人。于是吴昌硕决定不画。当时，哈同是英、法两租界工部局的董事，他深知像吴昌硕这样的人是值得拉拢的，于是，一方面诱以重金，另一方面又托当时在上海画界声望略逊于吴昌硕的吴杏芬、沙辅卿等人向吴说情。碍于同道情面，于是便磨墨提笔，画了一幅柏树图。画完尚未题款时，哈同就已经亲自来取画了。但当他看到柏树叶子画得比自然界的柏树大时，就问："柏树叶子如此之大，这里是否有什么含义？"吴昌硕说："正看这是一幅怪柏，但不妨倒过来看看。"哈同依言倒过来看后说："是一幅葡萄。"此时吴昌硕正色慨然说："我就是这个意思。"哈同不解地问："为何要倒画呢？"这时，吴昌硕忍不住笑了，说："我是按照你们办事的逻辑画的，你们喜欢颠倒，把黑说成白，把好说成坏，当然我给你的画也只好颠倒挂了。"一听此话，哈同哈哈大笑，忙说说得好，但心里却是十分恼怒的。

吴昌硕憎恶，同时也充满谦虚襟怀。光绪三十年（1904）夏，篆刻家叶品三、丁辅之、吴石潜、王福庵等聚于杭州西湖人倚楼，探讨治印艺术，发起创立一个研究金石篆刻的学术团体，定名为"西泠印社"，邀请吴昌硕参与其事。1913 年重阳节印社正式成立，各地金石学者纷纷参加，公推他为社长。当时他为印社撰联云："印讵无源？读书坐风雨晦明，数布衣曾开浙派。社何敢长？识字仅鼎彝瓴甓，一耕夫来自田间。"他也就成了杭州西泠印社第一任社长。到"民国"九年（1920 年），日本雕塑家朝仓文夫酷爱吴昌硕的书画金石，慕名来华，与吴昌硕结成忘年之交。回国后，朝仓文夫运用洗炼的手法，塑造了一尊吴昌硕的半身铜质胸像，并亲自将塑像送到杭州。吴昌硕观后，赞叹不已，并在铜像之后题字道："非昌黎诗，咏木居士；非裴岑碑，呼石人子；铸吾以金，而吾非范蠡，敢问彼都之贤士大夫，用心何以。辛酉八月昌硕戏题年七十八。"字里行间流露出这位艺术大师的宽广胸怀。

吴昌硕的一生历经坎坷，居无定所，在中国近代史的动荡时代背景之下，能够扛起中国篆刻、书法、绘画三面大旗，并在诗文方面有所造诣，已属不易。但他仍能够热心提携后进（齐白石、王一亭、潘天寿、陈半丁、赵云壑、王个簃、沙孟海等均得其指授）。同时，在他的作品中，多以“安吉吴昌硕”落款，浓浓爱乡之情让后人唏嘘。他能够在混乱的年代中谦虚立世，正义行世，爱国系乡，也难怪安吉后人设馆纪念。

达摩禅定，奥妙禅心感化众人心自静

吴昌硕生于苦难的年代，同样也在混乱的年代中与世长辞。那一年，有反革命政变，也有伟大的南昌起义，秋收起义，那一年中共中央还召开了“八七会议”。然而这位大师还是没能挺住——民国 16 年十一月（1927 年 11 月 6 日），吴昌硕突患中风，十一月初六（1927 年 11 月 29 日）病逝沪寓，享年 84。

吴昌硕大师一生追求艺理，精学上进，在艺术上所获得的成就，成为中国近代史极为宝贵的财富。然而，他的谦逊、正义、禅心对后来众多从事艺术创作的人来说，对中国人来说，更是难能可贵。试想，一个在鸦片战争年代诞生的人，在甲午中日战争中，在八国联军侵华战争中，在清政府的覆灭中，在民国政府执掌政权中，在新旧文化的一场历史之战中，能够经历多少身心煎熬，而最终屹立在艺术之巅，成就为后人所景仰的一代宗师?

我们在寻找和探索研究吴昌硕大师的各种作品之时，发现了吴昌硕的画作多以花卉为主，而人物像多以佛教人物为主，如观音，达摩，弥勒，所勾衣纹线条直接取自书法，中年多出以篆籀之笔，古拙凝重，晚年系用草篆之笔，粗犷苍劲。其中一幅《达摩像》，上有题文：

款识：

师来天竺，受法多罗。远泛重溟，乘贯月槎。慧可得髓，付与袈裟。一花五叶，结果自嘉。萧梁至今，万古刹那。翘首西望，海实多魔。魔假道德，机巧干戈。何不拂尘，为扫尘沙。咸归清净，世界太和。我图师像，自古颜酡。心皈秋月，衣染朝露。焚香顶礼，对诵楞枷。或学面壁，寿等羲娥。懒访安期，食枣如瓜。片纸金石，历劫不磨。子培老表兄大人八秩大寿，写此奉祝。

戊午十有一月朔，七十五岁表弟吴昌硕。

钤印：湖州安吉县 吴俊之印 吴昌石

尺寸：135×51cm

年代：1918 年

从字面上来看，显然，这幅《达摩像》，是时年 75 岁的吴昌硕在 1918 年的时候特别绘制送给莫子培（清同治贡生，安吉知名慈善家）表兄八十岁大寿的。本幅作品以“达摩禅定”为艺术题材，既表示自己对佛的虔诚心愿，又有祝人长寿的意味。画中达摩的禅坐姿势，实实在在地彰显着一位修行人的精神境界，那是佛法的境界，戒定慧的境界。

然而，这幅吴昌硕作于八十多年前的《达摩像》真迹在岁月的磨难中几近周折，险遭

毁灭。安吉吴昌硕纪念馆范一安在 2001 年 8 月 8 日《中国文物报》第 6 版《藏语》中发表过一篇文章——“吴昌硕《达摩像》的际遇”，详细记载了《达摩像》的故事：

浙江省安吉县吴昌硕纪念馆珍藏着一幅吴昌硕先生八十多年前作的《达摩像》。这幅真迹曾几经周折，险遭毁灭，幸而得到有识之士的大力保护，才幸免于难，流传至今，其中的故事令人感慨。

《达摩像》为设色立轴，纵 129.5 厘米，横 50 厘米，双色绫裱。此画是吴昌硕为表兄莫子培（清同治贡生，安吉知名慈善家）八十大寿而作。在吴昌硕不多的人物画中，此画在构图、用笔、题款上都独具匠心。在狭长的画幅上，人物只占了下端小部分的位置、画面上端留大片空白，左侧贯以长行题诗，使画面气势一下得以伸张，虚实相间。人物造型非常简洁，衣纹只用三笔勾勒而成，十分流畅，脸部神态刻画如生，是一幅高度概括的写意人物画。这种画风直接影响了以后的王一亭、齐白石等。

细心的读者可能已发现，《达摩像》装裱处有 4 团明显的黑色痕迹，这就是本文要叙述的一段不同寻常的经历。

1966 年“文革”浩劫遍及神州，安吉亦不能幸免，在破“四旧”运动兴起之际，吴昌硕书画首当其冲地成为横扫的对象。某日，安吉县一伙造反派来到县文化馆，扬言破“四旧”缺少实物材料，要将文化馆里的吴昌硕书画统统拿出去批斗。当时文化馆的工作人员全都赴外地大串联了，只有罗礼平一人在馆留守。危急之中，他挺身而出，先以领导不在等理由加以阻止，但造反派来势汹汹，大有非取不可的架势，他便巧妙周旋，经过两天的交涉，最后决定只选一幅有代表性的“四旧”作品拿去批斗，于是就挑出了这幅《达摩像》。一造反派展开画卷一看，是个老和尚，便很合口味地说：“好！就这张，这就是典型的‘四旧’黑材料。”其中一人信手拿来毛笔蘸上墨汁就要往达摩头上打 ×，罗礼平急中生智，一个箭步冲上前去连忙阻止，随后拿来一条 120 胶卷衬纸，截为二段，二端粘上浆糊，将黑色的一面朝外，交叉贴在画外装裱处，既满足了造反派的要求，又保护了《达摩像》。

这幅打上黑 × 的《达摩像》被造反派取走后游街示众了一番，随后悬挂在县革委会常委办公室，与被打倒的走资派一同接受批斗。不久，该画又被转移到街中心的大字报栏里张挂示众。一直牵挂着《达摩像》命运的罗礼平实在放心不下，又一次找到造反派进行交涉，使他们同意由罗礼平早上持画去张挂，晚上收回文化馆。这样的情形持续了一段时间才结束，《达摩像》又重归文化馆收藏。在除掉贴在画上的胶卷衬纸时，因粘得太牢，无法剥离干净，因此留下了四团黑色痕迹。

《达摩像》劫后余生，实属万幸。巧合的是吴昌硕题画诗的最后两句为：“片纸金石，历劫不磨”，难道是先生生前预感此画命运多舛，或在天之灵也在保佑它历劫而不灭吗？1986 年，为《达摩像》所有权的归属又引起了一场长达五年之久的争执，直到 1990 年才

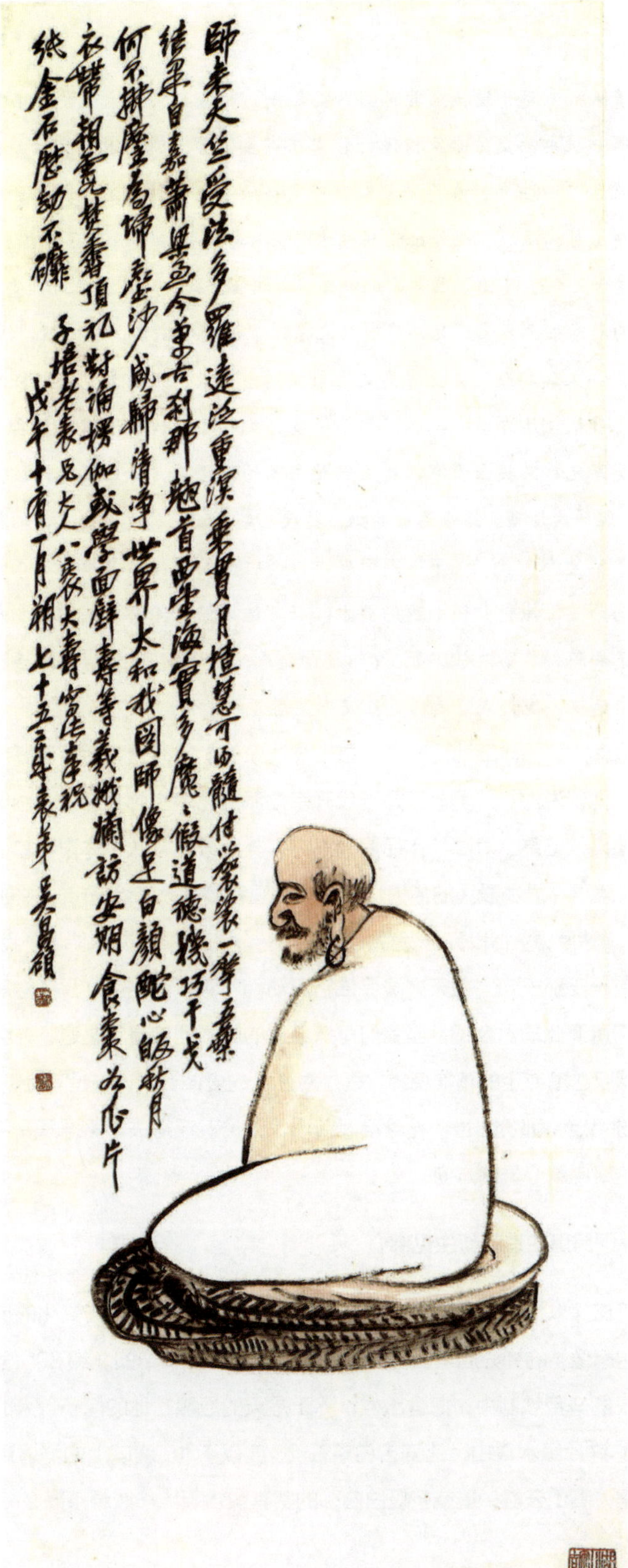

安吉吴昌硕纪念馆藏《达摩像》

得到圆满解决。

原来《达摩像》由莫子培传至其孙莫六笙之手。抗战期间莫六笙为防书画毁于战乱，将《达摩像》等一批书画交给老家梅溪的管家汪寅生保管。新中国成立后，安吉文化馆非常重视书画的收集，1961年，在得知莫家藏有吴昌硕书画的信息后，就派罗礼平、傅经书前去征集。同年7月，从汪寅生处征集到《达摩像》等书画，并开具了收据。

1986年，莫六笙之子莫钧等上书民进中央、浙江省信访办、省文化厅，要求归还在“文革”中被查抄的莫家书画。莫氏兄弟多次从北京、宁波赶赴安吉，持着罗、傅1961年开的那张征集收据，要求落实政策。安吉县文化局找到当事人，经多方调查取证后，弄清了事情的来龙去脉，确认《达摩像》不属“文革”查抄文物之列，文化馆征集名人书画是正常的业务工作。莫家兄弟又提出管家汪寅生只是书画的保管人，无处置权，故莫家有权收回《达摩像》。后经多次协商，终于达成共识。莫氏兄弟认识到，没有文化馆的征集和保护，《达摩像》早已不复存在（“文革”期间安吉民间收藏的吴昌硕书画十有八九被损毁）。他们决定以大局为重，撤销归还书画的要求，将《达摩像》等书画捐赠家乡永久保存。县政府为此进行了表彰和奖励，吴昌硕纪念馆还向莫氏兄弟颁发了纪念证书。至此，《达摩像》最终确定了其归属权，现仍完好地保存在安吉吴昌硕纪念馆。

范一安的这篇文章，详细地记载了吴昌硕《达摩像》的际遇，期间流露出对昌硕文化的热爱与心怜。他曾说过：“吴昌硕是近代开宗立派的艺术大师。熔诗书画印为一炉，成就卓越。先生德高、艺高、寿高。作品浑厚高古、朴茂雄强，从中体现出广博、包容、向上的民族精神，爱国、爱乡爱民的怀情，让所有参观者震撼，带给城市一种向上的力量。”

及至今日，《达摩像》得以完好保存，所到之处，观者如潮，众人唏嘘。我们愿意相信，或许真的应了范一安那一句“在天之灵保佑它历劫而不灭”，也或许是《达摩像》奥妙禅心的感化才让它避遭此劫。今天，当我们再携着它的故事回头看它之时，亦会感叹吴昌硕的妙手禅心，感叹达摩禅定的精神境界，既是对艺术的虔诚追求，亦是对上善若水的追求。那份初心，那份笃定，那份出世，无论凄风苦雨，无论沉浮得失，不浮躁，不随波逐流，不轻易岁月，始终向着心灵的方向。

后人授权，图腾诞生造就新生见佛心

如今，我们在探求极白氨基酸白茶的精神画像之时，受到了安吉文化的启发，更是受到了吴昌硕《达摩像》的禅心启发。极白氨基酸白茶能够在神奇的北纬30° 舒适地生长，能够在茶人茶匠的辛苦炒制中，携香出世，不正是天的恩赐，地的厚予，人的造物吗? 谢谢天赐予安吉的这片绿水青山，让安吉白茶在23度以下16度以上的舒适温度里天真地生长，阳光雨露，高山云雾，造就了极白白茶的氨基酸含量比一般绿茶高2~3倍，滋养如

此好喝的极白白茶，不知不觉让安吉人健康了1800年；谢谢地赐予安吉白茶园温润多情的土地，这里片片阔叶林，层层大竹海，潺潺小溪流，跳跳小动物，让安吉白茶在世外桃源般的大地繁育发芽；谢谢您赐予安吉白茶更加鲜活的生命，小心采摘，匠心炒制，摊放、杀青、理条、烘干，一步一步，自然传承，用慈悲、宽容、博爱、真心、虔诚最大程度地保全极白氨基酸白茶中的高氨酸，历练出世界上独一无二的传奇口感。

因为达摩坐禅的点化，极白氨基酸白茶在谢天谢地谢谢您的精神画像中开始诞生，并选用吴昌硕大师《达摩像》作为范本进行描摹，最终形成极白氨基酸白茶的图腾，并应用于极白氨基酸白茶的商标中。与此同时，在2016年3月25日的“天下第一白”极白氨基酸白茶全国经销商大会暨全球首家旗舰店盛大上市发布会上，安吉吴昌硕纪念馆馆长王青云先生将《达摩像》影印本赠予极白。在会议现场，他说——

说起安吉的文化，我们会立刻想到吴昌硕老先生，他用自己满腹的学识和才情，给我们留下了丰富而又珍贵的书画作品，让安吉这座拥有1800多年历史的小城更加富有文化底蕴。而说起安吉的农产业，为人们熟知的便是两片叶子，一片是竹叶、一片是茶叶。前者为我们带来了优美的生活环境，后者造福了安吉百姓，一片叶子富裕了一方百姓。毋庸置疑，昌硕文化和安吉白茶是咱们安吉的两张金名片，让整个世界的人们了解安吉。

而在今天，我们吴昌硕纪念馆感怀于安吉白茶领导者——极白氨基酸白茶“谢天谢地谢谢您”的感恩精神，特将吴昌硕老先生的《达摩像》赠与极白，并正式与极白达成战略合作关系。今后，我们将与极白一起弘扬昌硕文化，弘扬安吉的茶文化，一起为推进安吉的文化产业而不断努力。

这何尝不是一种“茶禅一味”的升华?

追溯历史，佛教与茶缘源颇深，茶文化起源于佛教，佛教发展了茶，茶帮助佛教人士诵经念佛，参禅悟道。佛门的茶事活动，为茶、禅的结合提供了物质基础。8世纪中叶，马祖道一率先在江西倡行“农禅结合”的习禅方式，鼓励门徒自给自足。之后，寺院栽茶、制茶、饮茶之风盛起，亦促进了茶业繁荣，制成了诸多独具特色的名贵茶叶，也因此有了后来的“自古名寺出名茶”之说。茶成了文人进入佛寺进行各类活动的最好中介，而僧人也是以茶来敬客，并对各类“行茶仪式”进行美学升华，出现了顺应佛教仪轨的茶道形式——寺院茶礼。

如今，古代僧人的茶道、茶礼，制茶、炒茶之心得到了最完美的传承。极白氨基酸白茶的制茶大师坚持手工采茶，第一时间采回的上等鲜叶，不翻不移，不吹不晒，自然萎凋，遵循严格的茶作手法，坚持古法炒茶工艺，自然锁定茶叶最佳品质，历练自然口感。而这不就是达摩禅学所提倡的“自然因缘”吗？正如“无本来兹土，传法救迷情，一花开五叶，结果自然成”一样。而达摩作为极白氨基酸白茶的图腾，展示出极白氨基酸白茶的一颗匠制禅心。吴昌硕纪念馆馆长能够将《达摩像》赠予极白，不仅仅是作为吴昌硕大师来肯定家乡的茶文化，支持家乡的茶文化发展，同时也是希望达摩的禅法精神能够净化极白氨基酸白茶，使得极白氨基酸白茶带着对天、对地、对人的敬畏之心，感恩之心，为安吉白茶文化的推广做出贡献。

由此看来，从古至今，从佛门茶事到茶学传承，从行茶仪式到达摩相赠，从茶禅心境相一到茶禅一心为安吉，茶与禅的关系可谓十分地紧密，千年不变。失去了茶，禅的精神，禅的境界无处寄托；失去了禅，茶的文化，茶的匠心无处而来。极白氨基酸白茶找到了吴昌硕大师之作，找到了《达摩像》，找到了其赖以生存的文化之根，可见佛心！

锁定极致，登峰造极只为养生二字

纵观中国茶叶行业，不少人士都知道，茶历史悠久，蔚然壮观，安吉白茶作为一种上天珍赐的罕见白化茶，虽自唐朝茶圣陆羽首提，宋徽宗赵佶在《大观茶论》中描述称其“其条敷阐，其叶莹薄”，发展至今，已有千年，但是及至 20 世纪 70 年代末 80 年代初才再次被科技人员发现。30 多年之后，我们能够看到安吉白茶安然地立于深山幽林，在绿竹交荫中，在阳光雨露中自然地生长，大抵也是上天的恩赐。

如今，我们找到了极白氨基酸白茶“茶禅一味”的文化之根，然而它的品牌之路从一开始却是令人担忧。众所周知，安吉白茶，作为浙江名茶的后起之秀，近些年名声大噪于世。每到3月份的茶季，来自全国各地的茶人茶商茶企，成千上万的茶人茶客茶商都会前往安吉，选购心中好茶。在很多人眼中，安吉白茶这片叶子不仅成为安吉的名片，也成了中国知名茶叶。然而当提及安吉白茶品牌，并没能出现一个代表性的品牌。

安吉白茶产业目前的状况就是：茶种植散户居多，因规模、资金等各种原因，造成技术上跟不上、品质上的风险；安吉白茶的企业生产方面，规模小、重复建设、资源浪费现象十分突出，从而导致企业整体实力不强，龙头作用不能很好地发挥，产业带动能力受到一定的限制。茶叶生产绝大多数处于一家一户的分散经营状态。规模小、产量低，以自产自销为主，是目前多数茶区茶叶生产的基本状况，根本谈不上什么品牌。市场上什么茶好卖就做什么茶或贴什么标签。很多曾经的“名茶”也由于化整为零，分散生产经营，失去昔日的辉煌，在时光流逝中无声地消失。

尽管安吉白茶品牌已拥有很高的知名度，并首创了“母子商标”管理模式。然而，作为“母品牌”的安吉白茶属于公共品牌，体现的是区域内的茶叶产品特征，代表的是安吉县区域范围内白茶产品的共性，并不能作为企业子品牌去参与市场化竞争，参与品牌化竞争。同类茶叶中，产品同质化程度越来越高，以质取胜的空间日趋狭小，打造品牌，实施品牌营销成为安吉白茶产业生存与发展的必由之路。

所以，我们认为，在中国宏观经济新常态之下，安吉白茶的发展已经进入了一个新的时期，需要从诸侯时代向统一时代全面迈进，需要出现一个强大的品牌来全面整合现有的产业资源，让安吉白茶迈上一个新的台阶。

所以，安吉当地最大的国资企业——安吉城投集团找到了张默闻这厮，告诉他："安吉白茶需要一场变革，一场产业整合的变革，一场资源整合的变革，一场品牌整合的变革"。无疑，张默闻这厮从此刻开始彻底兴奋了。不单因为张默闻这厮是个爱茶的人，更因为这次的安吉白茶项目是一场前所未有的、整合三大茶企业的伟大运动。

于是，在经过一番紧锣密鼓的准备后，张默闻这厮带领着团队通过多种渠道，包括互联网、实体店调研、茶企内部调研等方式收集并整理了安吉白茶的相关资料以及竞品资料。在对资料进行一番细致入微的分析后，张默闻这厮发现：一个成功的有销售的茶叶品牌，并不能拘泥于小打小闹的、所谓的小清新文艺风，这样的定位固然在品牌视觉和文字撰写等输出上具有赏心悦目的成分，但在实际销售中却往往败下阵来，难以动销。一个真正成功能动销的茶叶品牌，必须锁定一个关键词，抓住茶叶本身的特色，以独特的调性、显而易见的产品特点以及简单易懂的语言来打动消费者，影响消费者的心智。

于是，第一场变革，张默闻这厮从命名开始，将"极白氨基酸白茶"锁定"极致"两字进行深度思考，从"极白""氨基酸""白茶"三方面进行阐述，以好听、好记、简练为基础，将产品特色、产品功能、品类特点逐一解说和诠释，让消费者在接触到产品的瞬间便明白产品所有传达的内容，以及是否所需。

可以说，这样的命名完全符合张默闻这厮心中所有的构思和概念。同时对于极白氨基酸白茶来说，没有以伪艺术、伪文化的手段包装产品博取消费者一时的感官享受，而是从长远的发展及销售角度出发的。

汇天地人灵气，是为顶级好茶见天日

首先，我们来说说"极白"这两个字。

"极"是极致的意思，比如登峰造极；"白"是安吉白茶的意思；"极白"就是最好的安吉白茶，也意指将安吉白茶做大做强，做到极致。那究竟极白如何成为安吉白茶之极致呢?

第一，得益于安吉得天独厚的自然环境。

从地理要素来看，安吉地处天目山北麓，这里群山起伏，树竹交荫，云雾缭绕，雨量充沛，土壤肥沃。安吉还有"中国竹乡"之称，植被覆盖率为60%，而茶竹之缘，值得品味。"川源五百里，修竹半期间"，安吉白茶生长于原始植被丰富，森林覆盖率70%以上的浙江西北部天目山北麓，地形成"畚箕形"的辐射状地内，天目山和龙王山自然保护区为产业

极白氨基酸白茶的诞生地——安吉白茶生态圈。

嘘，别说话，别吓到熟睡中的极白。

区筑起了一道天然屏障。

从气候环境来看，安吉全年气候温和，无霜期短，冬季低温时间长，绝对低温一般在10度以下，空气相对湿度81%，直射的蓝紫光较少。再加上土壤中含有较多的钾，镁等微量元素。这些特定的条件，为安吉白茶返白过程和物质代谢提供了良好的生态环境，有利于安吉白茶中氨基酸等氮化合物及营养物质的形成和积累，为茶叶香郁味鲜的品质奠定基础。

在生产实践中，我们也发现，但凡四周为竹林或邻近竹林的茶园所采制的茶叶，一般都含有板栗香或蕙兰香，且越靠近竹林的其蕙兰香越明显。也许正是竹乡独特的生态环境，孕育出了惊世骇俗的安吉白茶树和安吉白茶。

第二，得益于一批真正用心做茶的茶人茶匠。

安茶集团生产总经理，峰禾园创始人马荣达先生曾说："卖茶叶其实就是卖文化、卖产地，但归根究底，其实是卖茶叶的品质，卖做茶人的技艺。只有好品质，才有好品牌。"极白虽然很年轻，但是却凝聚了一批批用心做茶的茶人茶匠。

比如他自己，三十多年种茶人。从20世纪80年代开始，便与茶叶结缘，从进口茶到种植安吉白茶，承包了山头，投资数百万引进先进的生产设备。他对安吉白茶所做的贡献可以说是安吉白茶的同步发展史。

比如陈锁，二十多年种茶人，也是茶业界知名的茶专家。20世纪90年代，在溪龙乡承包了50亩茶地，后来便专心做起了安吉白茶的种植和产品研发。每年安吉白茶开采之前，陈总每天记录茶园的生长过程，以及温度、天气对茶园生长的影响，又成功研制了白叶一号"老白茶"。

比如严铁尔，近二十年的种茶人。1998年，通过一次偶然的机会接触到了茶，随后便决定从国企退出而来从事茶业，大力弘扬中国茶文化，宣传普及国饮。

比如吴国宏，四川农业大学茶学硕士，学茶七年，长期接触全国各地茶叶产品，对各地茶叶品质非常了解，茶学知识扎实，对茶叶种植、加工、品控等具有非常扎实的实践经验。

比如李大鹏，韩国国立公州大学的农学博士，从业6年，非常擅长茶企的质量管理体系建设、生产管理、流程管理。

比如站在他们身后许许多多的一线种茶人，他们很多都有着二十多年、三十多年的种茶经验。他们是安吉白茶种茶史的亲历者和见证者。他们是极白出好茶的又一个重要保障。

第三，得益于极白完善的基地茶园建设。

目前，极白拥有数千亩的基地茶园。极白聘请了专业的农业种植博士进行专业指导，对自由基地、订单基地实行统一管理：统一栽培模式、统一农资投入、统一采摘标准、统一验收标准。与此同时，对于每一块茶园的土壤、农药残留等，极白都有严格的把控，符合并远高于国内的标准要求。

此外，极白还将建立专业的检测中心，每一道程序都经过规范化、清洁化的管理，每一项指标都远超国内标准，完全达到了欧盟的严苛标准。无论是从检测、制茶，还是从产品分拣、包装等，可以说，极白的生产中心一直代表了国内茶叶生产的一个风向标。

当然，极白之所以能够满足广大市场需求，还得益于长期紧密合作的订单农户关系。订单农户，也就是拥有茶园所属权的茶农们，只负责机械化地管理茶园，而用于管理茶园的农资产品、管理技术均由极白提供，用统一标准进行管理。同时，极白会对订单农户进行茶叶采摘质量要求的培训，并实行分级定价。同一天采摘的茶叶，采摘质量高的价高，从而提高茶农们对于高标准鲜叶采摘的意识。

所以，无论是得天独厚的自然环境，还是专心做茶的茶人茶匠，无论是完善的基地茶园建设，还是长期紧密合作的订单农户关系，极白可谓是汇聚了天、地、人三者的灵气，如此，才造就了今天极白氨基酸白茶登峰造极的品质。

赞氨基酸含量，是为养生茗茶天下冠

很多人喜欢喝安吉白茶，一是因为其外形挺直略扁形如兰蕙，色泽翠绿白毫显露，叶芽如金镶碧鞘，内裹银箭，二是因为其冲泡之后，清香高扬且持久，滋味鲜爽，饮毕，唇齿留香，回味甘而生津。无论是茶叶外形，还是茶汤口感，都有着极为出色的表现。而它真正被更多人认可的是其口感清爽、好喝，以及背后的氨基酸含量。

就像每年三四月份的茶季，成千上万的茶商茶客茶人前往安吉选购好茶一样，安吉白茶的高氨基酸含量也同样是被成千上万的人所了解、所熟知的，然而他们可能并不清楚地知晓高氨基酸含量带来好喝背后的真正奥秘。

其实，安吉白茶好喝是因为它不苦不涩还很鲜爽。那么茶的苦涩来自哪里，茶的鲜爽的好滋味又来自哪里呢?

经过现代科学的分离和鉴定，茶叶中含有机化学成分达四百五十多种，无机矿物元素达四十多种。茶叶中的有机化学成分和无机矿物元素含有许多营养成分和药效成分。有机化学成分主要有：茶多酚类、植物碱、蛋白质、氨基酸、维生素、果胶素、有机酸、脂多糖、糖类、酶类、色素等。无机矿物元素主要有：钾、钙、镁、钴、铁、锰、铝、钠、锌、铜、氮、磷、氟、碘、硒等。

其中，烈性子的茶多酚是茶叶苦涩味的一大来源。一般的绿茶都属于不发酵茶，茶中的茶多酚是原汁原味的，没有经过发酵氧化，大部分从鲜叶里被保留了下来。一般情况下，绿茶的茶多酚含量在 18%~36% 干物左右，如杭州的龙井茶在 20% 左右，而云南的大叶种晒青绿茶（也就是用来做普洱的生普的绿茶）的茶多酚在 30%~38%，所以有的人会觉得生普喝来性子比较烈，有时候胃受不了。

另外，温柔的茶氨酸是绿茶鲜爽滋味的主要来源。茶氨酸是氨基酸的一种，有氨基酸鲜的口感。茶氨酸越是高的茶，滋味越是鲜爽。一般的绿茶其茶氨酸在 2.3%~4%，但是安吉白茶却达到了 4.7%~10.6%，所以它很鲜，日本的雨露茶也如此，鲜得让人感觉好像在吃味精。

茶多酚和茶氨酸，一个苦涩，一个鲜爽，如果能够平衡他们的比值，自然能够提升茶叶口感。这个比值，我们叫作酚氨比：1）茶多酚高，茶氨酸高，而比值低时，味浓，鲜爽，不涩；2）茶多酚高，茶氨酸高，而比值高时，味浓，苦涩，不鲜爽；3）茶多酚含量低，茶氨酸含量高时，味淡，鲜爽，不涩；4）茶多酚含量高，茶氨酸含量低时，味浓，苦涩，不鲜爽。

据测定，安吉白茶春梢一芽二叶的氨基酸含量在 6% 左右，最高的甚至达到 10.6%，是普通绿茶的 3~4 倍（根据湖南农业大学杨伟利教授选用相同原料制作六大类茶，检测分析氨基酸含量的结果是：白茶最高 3.155%，绿茶 1.475%，乌龙茶 1.425%，黑茶 1.375%，黄茶 1.36，红茶最低 0.97%，白茶氨基酸总量是其他茶类的 2~3 倍。）；茶多酚在 10%~14%，酚氨比只有 1.6~2.3，这样的高氨低酚在我国众多茶叶品种中是极为罕见的，这也是安吉白茶香高味鲜的生化基础。更加珍贵的是，经生化测定，极白氨基酸白茶氨基酸含量在 6% 左右，最高的甚至达到 9%，是一般绿茶的 3~4 倍。正是由于白化期的比一般绿茶氨基酸含量高 2~3 倍的高氨基酸含量，使得极白氨基酸白茶滋味尤为鲜爽，风味独特。

此外，据 2003 年第 8 期《茶叶信息》称：《美国科学院学报》报道，美国科学家哈佛大学的布科夫斯基博士发现，喝茶使人体血液免疫的干扰素分泌量增加 5 倍。干扰素是人体抵御感染的“化学防线”。原因是茶叶中有一种叫做“茶氨酸”的物质，这种茶氨酸在人体肝脏内分解为乙胺，而乙胺又能调动名为“伽马 – 德耳塔 T 形细胞”的人体血液免疫细胞促进干扰素的分泌，从而能更大的提高抵御外界侵害的能力。据此研究成果认为，喝茶就能使血液免疫细胞干扰素分泌量提高 5 倍。氨基酸高特别是高含量的茶氨酸，有利于血液免疫细胞促进干扰素的分泌，从而提高人体抵抗外界的侵害力，对保护神经细胞、消除神经紧张、提高记忆、降血压、减肥、护肝、抵御病毒侵害等都有明显作用。可以认为，常喝安吉白茶，肯定对提高人体的免疫功能作用更大。所以，我国著名茶学专家庄晚芳先生高度评价安吉白茶，称其“具有观赏、营养、经济三大价值，普通绿茶不能与之相比”，也因此成就了其“养生茗茶之冠”之称。

看白化期一月，是为纯正白茶新领秀

正如上文所提，安吉白茶的罕见珍贵之处就在于其较高的茶氨酸含量。那么，为什么安吉白茶所含的氨基酸含量比一般绿茶高呢?

研究表明，茶氨酸在茶树的根部形成，通过嫩梗向新梢积聚，新梢嫩芽中含量高；在茶叶的种植过程中，酸性土壤有利于茶氨酸的生成；生态茶园多种植物间种，遮阴的方法能提高茶氨酸；当环境温度为 25℃时，最有利于茶氨酸的积累（茶树在生长过程中，内在的化学反应与光照强度，及气温高低有关，光照温和，温度低，茶树体内的氮代谢比较活跃，相反的刚碳代谢比较活跃，氨基酸主要化学物质是氮）；季节不同，茶叶新梢的茶氨酸含量存在显著差异，春茶新梢是夏茶的 4 倍，是秋茶的 7 倍；研究发现，嫩梗中氨基酸含量比茶芽和叶片多，其中嫩梗茶氨酸的含量是茶叶的 1~3 倍。

此外，茶氨酸的含量还因茶叶加工工艺不同而存在巨大差异，茶叶科研工作者在测定六大茶类中茶氨酸的含量时，发现白茶的茶氨酸含量最高，为 30079mg/100g；其次是绿茶和黄茶，在 17301~19447mg/100g；红茶为 14616mg/100g；乌龙茶为 6274mg/100g；黑茶的茶氨酸含量最低，只 711mg/100g。乌龙茶的茶氨酸含量较低，可能与嫩度和发酵有关；黑茶的茶氨酸含量最低，可能是加工过程中渥堆工艺造成茶氨酸的大量损失。另外，通过检测分析白茶中丝氨酸、赖氨酸、胱氨酸均高于其他茶类。所以，从营养角度来看茶叶的加工工序越少越好、加工工艺越简单越好。

对于安吉白茶来说，其生长在北纬 30 度的天目山北麓，阳光雨露，高山云雾，群山起伏，树竹交荫。因为生长在天目山的北麓，所以阳光相对于南面较少，也为安吉白茶的氨基酸积累提供了非常有利的条件。更为珍贵的是，作为一种珍罕的变异茶种，安吉白茶属于“低温敏感型”茶叶，其阈值约在 23℃。

而安吉温度适宜，湿度恰好，这些得天独厚的自然要素诞生了今天的安吉白茶。也正是因为唯有在特定的温湿度、阳光、土壤下，最好的安吉白茶才能孕育而生，偶然得之，且非人力可为。

但是由于阳光日照，温度湿度等会随着时间不断变化的原因，安吉白茶产“白茶”的时间很短，通常仅一个月左右。这一个月的时间，安吉白茶会产生“返白”现象，大家称之为安吉白茶特有的“白化期”。

白化期内，正好是春季二三月份。由于安吉白茶生长在天目山北麓，阳光较少，竹荫庇佑，无法产生足够的叶绿素，叶绿素缺失导致茶叶在清明前萌发的嫩芽为白色。等到了谷雨，颜色慢慢开始变淡，多数呈玉白色。谷雨之后，夏至之前，安吉白茶又逐渐转为白绿相间的花叶。到了夏天，日照充足，芽叶恢复为全绿，与一般绿茶无异。在前期的返白过程中，茶叶中的游离氨基酸总量随白化程度的加深而快速升高，而在复绿过程中又随之逐渐降低。

所以，安吉当地的老百姓会选择在最好的时期采摘茶叶，例如清明前采摘茶叶，是安吉白茶品质最高的茶叶，外形挺直略扁，形如兰蕙；色泽翠绿，白毫显露；叶芽如金镶碧鞘，内裹银箭。与此同时，此时的安吉白茶氨基酸含量最高，营养价值更好。再加上安吉白茶同绿茶一般的制作工艺，能够最大地保全茶叶当中的氨基酸含量，这也就是安吉白茶能够在氨基酸含量方面比其他茶叶略高一筹的真正原因，也是“白化期一月”能够使安吉白茶登上绿茶“新领秀”宝座的真正原因！

由以上三点而知，极白氨基酸白茶解决安吉白茶品牌化发展的过程当中，利用其自然优势、制茶优势、茶园优势、养生优势、罕见优势等，为安吉白茶成功塑造了一个“登峰造极”的形象，而安吉白茶的品牌之路也正式从这里出发。

布局品类，三杯好茶只为传承二字

世界营销大师菲利普·科特勒（Philip Kotler）认为，品牌的生命周期源于产品的生命周期，但又高于产品的生命周期。因此如何拉升品牌的生命周期，延长产品生命周期，是一个需要全方位调研与高度统筹规划的命题。

如果说品牌是一棵参天大树，那么品类就是主枝干，企业具体的产品就是树上的果实。品牌与产品作为相互依存的关系，一旦品牌建立，借助于品牌形象的影响，在其品牌麾下的产品往往就很容易被消费者认知及接受。反之，产品的生命周期也影响着这个品牌的形象与命运。

经过多日的研究和探索，张默闻这厮从高山云雾中，从阳光雨露中，从竹海山林中，从温润土壤中，从《达摩像》中，从白茶祖中，从白叶一号中，从一垄一垄地白茶园中，从制茶人几十年如一日的忠诚中，从 30 天的罕见白化期中，从比一般绿茶氨基酸含量高 2~3 倍的奥秘中找到了极白氨基酸白茶的品牌基因与脉络，发现产品表现方式与传达理念。

张默闻这厮认为，极白氨基酸白茶正处于品牌发展的初期，包装、广告、促销等各种手段都可以组合使用，其目的是为了打造声势，为其进入成长期作好准备。通过对安吉白茶的观察与分析，我们发现它作为特殊的变异茶种，采摘期极短，保存难度也高。

在这样的情况下，如何拉长产品的生命周期？也许，从源头出发，优化品类，扩充产品线会是一个有效的办法。它是对品牌的一种认可、一种信任的终极体现，它是极白氨基酸白茶的一次主动出击，也是经过深思熟虑之后的积极战术部署，优化全面产品线，打好“地基”建设，优化自身、强化自我，以不变的基础内功修炼、主动的姿态迎接市场的风云变幻。

白茶红茶滑茶，三族各有特色各得其味

大家熟知的安吉白茶产业就是白茶品类，当然从安吉白茶产业的发展角度来看，首推的自然也是白茶品类。每年开春时节的一个月时间，既是安吉白茶最佳的采摘时期，也是全国各地成千上万的茶人、茶商、茶客涌入安吉之时。安吉当地农户在最好的时间里以最娴熟的技艺采茶、炒茶，外形之美，品质之佳，香气清新，味道鲜爽，深深吸引着前来“收茶”的人们。

然而，众所周知，被奉为“绿茶上品”的安吉白茶与中国乃至世界其他产区的茶叶不可一概而论。生长在高山云雾树竹交荫的安吉白茶，因为受到温度的自然调控，只有在合适的地点、合适的温度（16 度以上 23 度以下）下，才得以生长。期间，也是安吉白茶的白化期，白化时间极短，仅一月时间，保存不易，因而十分珍贵，也十分罕见。也正因为安吉白茶的这种罕见，其对于茶叶品类的扩充、茶叶品牌的建设与发展有一定的限制性。

所幸，在安吉业内，有位知名的茶农，叫陈锁，他的经营规模不算最大，但“玩茶”的思路令人称道，被当地茶农戏称为“前卫农民”。陈锁对安吉白茶“白叶一号”原料进行了深入的研究与探索，按照中国其他产区的茶类制作工艺，研发出六大茶类，除原有的绿茶之外，他已经研制出了岩茶和红茶。

例如安吉红茶以白茶叶为原料，通过萎凋、揉捻、发酵、干燥等工序制作，独具特色，当地人称“安吉红”。安吉红干茶细卷如黛眉，轻嗅郁郁然；倾水入瓯，茗香升腾，清伦凛冽然；抿之，清奇甘润，渐觉幽幽然。后味胜似红酒，堪比佳酿，恍如游丝般沁彻奇经八脉。那缕缕茶气，寂静透逸而出，变幻为“红韵”织就的氤氲，引得和平鸽亦徘徊于屋顶。正因为安吉红茶有着奇特的口味，吸引了一大批老茶客争相品尝，而这也让“安吉红”成为了安吉茶的另外一道舌上风景。有茶友道：先品安吉白，再品安吉红，风味不一，却各有特色。而当年，陈锁生产的安吉红茶，原本准备秋季到全国各地巡展交流时供大家品尝的，刚下生产线就几乎被抢光了，可见其诱人之处。

此外，陈锁大师也在白茶与红茶的基础上，增加了第三大品类——滑茶。滑茶同样以安吉白茶为原料，以福鼎白茶的制作工艺来炼茶，入口醇香，荡气回肠，品一小口，香气似瞬间滑入心底。所以，张默闻这厮在品茗安吉老白茶之后，将其命名为“滑茶”，以体现安吉老白茶独特的口感体验。

如今，白茶、红茶、滑茶，这三大品类已经组成了极白氨基酸白茶的产品主线，以白茶为核心，红茶、滑茶为两翼的产品思路就此形成。无论是从品类的多样性，还说从品牌与产品的生命周期来讲，都保证了极白氨基酸白茶在产品方面的完整性，全面性，并形成

以安吉白茶为核心和基础展开的产品战略。

而随着陈锁这位大咖的加入，未来也不排除极白氨基酸白茶在其他茶品类上有更大的突破。届时，足够庞大的产品品类体系足以满足极白氨基酸白茶品牌扩张的需求。

经典国宝大师，齐聚门店品味至尊好茶

“白茶、红茶、滑茶”三大品类，以三驾马车的全力优势带着极白氨基酸白茶驰骋，而根据茶叶品质的不同以及消费者的不同需求，建立合理的产品规格体系，对产品进行优化组合，成为了迫在眉睫的一件大事。为此，张默闻这厮为线下门店定制了“经典极白”“国宝极白”“大师极白”“至尊极白”四个系列的好茶，并分别有便携装、2 罐装、4 罐装规格来支撑各自的体系，以独特的体验感、全品类的特点吸引门店消费者。

那为什么以“经典”“国宝”“大师”“至尊”来定义这四个系列呢?

“经典”即经过筛选，最能够代表极白的产品，也是大众消费者一般所需要和适合的产品，所以“经典极白”直接输出产品卖点“比一般绿茶氨基酸含量高 2~3 倍”，关注大众所关注的利益中心。

“国宝”即稀有的文化物品，象征着这个产品能够带来除了产品本身之外的附加值，所以“国宝极白”对消费者告白了安吉的绿水青山，浩瀚竹海，以及安吉特定的生长环境所带来的鲜嫩茶叶。

“大师”即造诣很深、享有盛誉的学者、专家、艺术家、棋手等，所以“大师极白”重在体现制茶大师炉火纯青的保密技艺所带来的炉火纯青的口感，也因为大师出品，所以大师级好茶极少。

“至尊”即至高无上的尊贵与崇高，所以“至尊极白”的消费对象一定是有身份的人，有高度的人。而这样的好茶，一年所产极为甚少，有的甚至因为气候原因也不能达标。

有了明确的系列之分，无论是导购员还是消费者在终端门店都会根据各自不同的需要进行推荐和购买。而极白的导购员也会在顾客品尝过程中与顾客不断沟通互动，了解顾客的饮茶习惯、个人喜好。因为茶好不好喝，不仅取决于茶叶的质量，还取决于是否“对味”“对水”“对温”。不同喜好的顾客，对于茶叶本身就有偏好，因此在引荐时，就要“对味”。而茶叶在不同的水源、温度的冲泡下，会展现不同的香味与口感。

同样，为了匹配极白氨基酸白茶的产品特性，极白氨基酸白茶特地邀请了国内著名室内设计师，专门为极白的旗舰店全新设计，改变了传统茶行业线下门店陈旧老套的设计思路，结合安吉本地的竹文化特色，并引进国际化设计思维，以新传统的概念重新打造了极白线下实体门店的整个设计氛围，高端大气，时尚典雅。

作为线下形象窗口，极白氨基酸白茶的门店陈列，其独特气质呼之欲出，产品与门店的装修互融共生，相得益彰。对此，张默闻这厮表示：视觉刻板印象的影响力一定是大大高于文字印象的。线下实体门店的这种直观展示，能够非常深入地占据消费者心智，为极白的品牌推广起到非常好的正面作用。而消费者也能够在极白氨基酸白茶的终端门店品味极白至尊好茶，感受极白的品牌文化及内涵。

独白表白大白，锁定互联对话年轻茶客

受互联网经济发展趋势的冲击，互联网产业与传统产业间相互碰撞且不断融合，催生出了众多新的商务模式与服务业态。互联网热潮在促进传统产业改造升级的同时，也在不断改变人们的生活方式。而茶业作为我国传统产业之一也难以避免如此强烈的“冲击”，众多茶企纷纷踏入互联网大潮，联动线上线下的渠道链双向布局，形成了“互联网＋茶”的新产业格局。

就目前而言，我国茶业的互联化较其他产业来说还较为落后，属于成长阶段，不少茶企仍旧是把销售的重心放在线下的销售渠道。而线上销售中，年轻消费群体占有很大比例，使得茶企为满足年轻消费者需求的同时，促使茶业市场更多样化与年轻化。再加上随着消费者对健康生活方式的追求增多，茶叶所包含的健康理念逐渐得到人们的重视，越来越多的茶企也开始注重对茶叶本身的宣传，把年轻消费群体当作是茶业消费市场的潜力股，培养年轻人对茶的消费力。

在互联网浪潮与年轻化市场的强势驱动下，极白氨基酸白茶也将部分的受众目标聚焦在互联网潮流前沿的年轻消费者身上，针对他们的消费习惯与消费需求，推出了“朋友圈”、“夜猫子”“贵芽”“领鲜”“独白”“表白”“大白”等一系列线上产品，以极白氨基酸白茶异于其他绿茶的独特韵味来征服年轻茶客。

当然，在设计这些线上产品之初，张默闻策划集团也对部分 80、90 后的年轻消费者进行取样调查。我们发现，80、90 后这一批人作为年轻消费者的代表人群，刚刚走上工作岗位，工作积极，生活热情，熬夜加班是常事，有事没事朋友圈，他们善于在互联网上隔空喊话，也善于在深更半夜想点创意，他们看起来很闹很调皮，其实也有一颗喝茶的心。所以，我们面对极白氨基酸白茶互联网产品这一课题时，我们认为一定要将这些年轻人的心声讲出来，要与他们对话，要把茶融入他们的生活。于是，就诞生了年轻的命名，年轻的文案，以及年轻的包装。

当然，作为极白氨基酸白茶的全案策划人，张默闻这厮认为茶叶需品饮的特性决定了其线下销售渠道存在的必要性。极白氨基酸白茶之所以推出线上系列产品来吸引消费者，一方面是为了适应产业的年轻化发展态势，先用互联网系列产品打开极白氨基酸白茶的线上销售市场，扩宽销售渠道；另一方面，由于茶业线上品牌的销售产品多数来自第三方生产商，而能够自主拥有生产线的品牌只占了少数部分。因此极白氨基酸白茶将自身的优势资源有效利用，推出线上系列产品，确保消费者买到的每一罐茶都是正宗的安吉白茶。

在经过全面系统调研的基础上，极白氨基酸白茶通过优化品类和完善线上线下产品线，明确“白茶、红茶、滑茶”三大品类的核心战略定位，规划并陆续推出“经典”“国宝”“大师”“至尊”四大系列线下产品，“朋友圈”“夜猫子”“贵芽”“领鲜”“独白”“表白”“大白”等一系列线上产品。所有在产品上的规划可以说都是为了“传承”二字，传承安吉白茶隐藏在 1800 年前的极致口感，传承安茶在皇帝宋徽宗口中的“其条敷阐，其叶莹薄”，传承 30 年前白茶祖被发现的那一刻惊喜，传承这一路上安吉白茶的产业梦想！

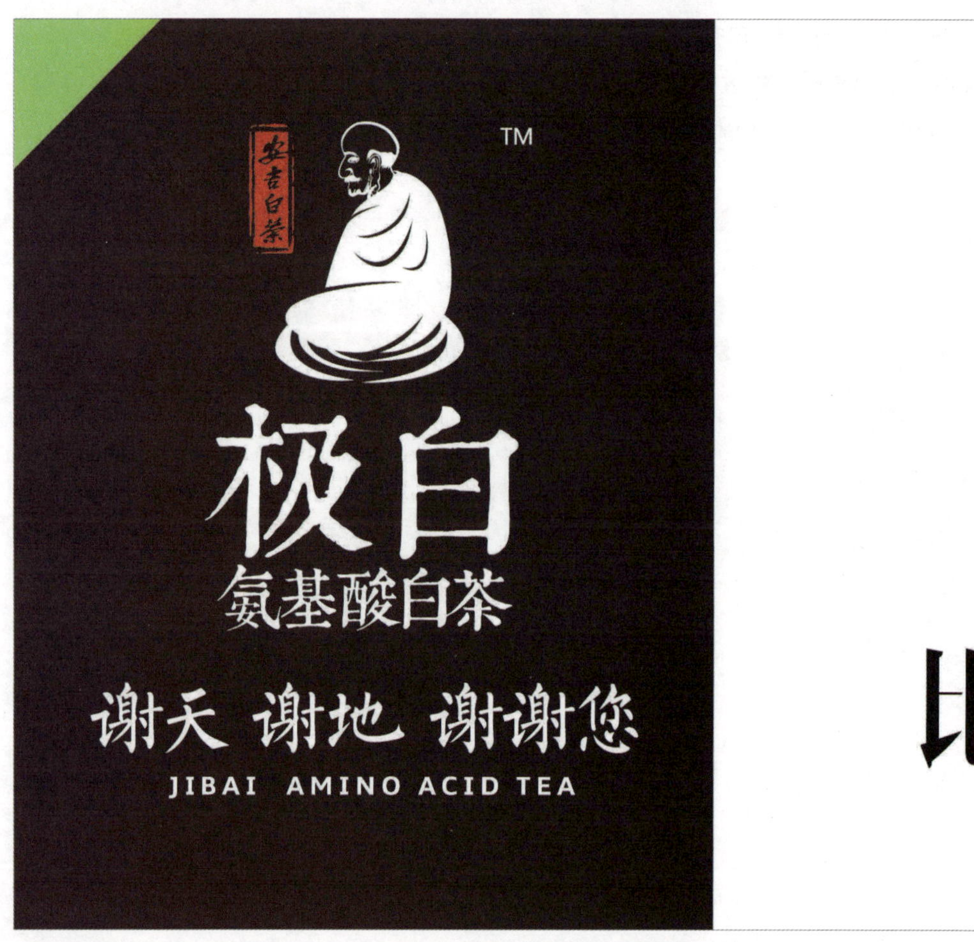

安吉白茶
TM
极白
氨基酸白茶
谢天 谢地 谢谢您
JIBAI AMINO ACID TEA

极白

茶氨基酸含量高2~3倍

极白氨基酸白茶旗舰店风光。

极白氨基酸白茶旗舰店风光。

黑白之间水墨精神，匠心传递千年茶味

成功的品牌的创意总能出奇制胜，层出不穷，而且能够带动产品迅速造势，并且掌控市场。

成功的品牌有充分的创意空间，比如说创意的预算充足，品牌创意意识强，创意任务明确，目标受众清晰等特点。

品牌创意要深入全面了解消费者、市场、渠道，通过对消费习惯、价值取向、文化背景、沟通方式等内容，从产品本身、顾客服务、质量体系、形象传达等方面进行系统分析，为产品品牌传播建立标准体系，树立产品品牌在消费者心目中的良好形象，通过品牌营销创造更多的消费需求。

有人说张默闻这厮是个很会做品牌营销的人，同时也是个很会做创意的人。

自 2015 年张默闻策划集团全面进入极白全案以来，张默闻这厮便以精准和极致的创意为极白氨基酸白茶全心打造了包含策划、标识、包装、视觉平面、TVC 等在内的众多创意性作品。

其中，“达摩禅定”品牌标识和氨基酸版、感恩版主画面等做到了统一色彩、统一风格、统一诉求、统一视觉，可谓一气呵成。以吴昌硕大师的“达摩禅定”含蓄阐述极白氨基酸白茶千年文明，以氨基酸和感恩两个版本的主画面向众人展示极白氨基酸白茶的特点以及感恩文化，将富有灵性、懂得感恩、比普通绿茶氨基酸含量高 2~3 倍的极白氨基酸白茶形象完美地呈现在消费者眼前。张默闻策划集团认真负责的工作态度和精妙的创意设计赢得了极白高层的高度赞扬。

黑白分明，描绘极白生命色

可口可乐以一抹红色火遍全球 100 年；

苹果以一抹白色征服了世界几十亿人；

三精更是以蓝色的瓶子取巧打出“蓝瓶的钙，好喝的钙”的广告语。

然而，随着现代文明的飞速发展，世界上每天都有数以万计的品牌崛起，随之带来的是品牌色彩的多种组合和运用，大量色彩绚丽的产品通过各种大众传媒进入消费者的视线，使得视觉感官的作用越来越重要。中国成语说“物极必反”是有一定的道理的，就如孔子教导弟子：过犹不及。当生活被大量的色彩所填写，成堆的色彩时刻充斥着消费者的视觉感官，这样反倒增加了消费者在视觉和心理上对色彩的视觉疲劳。所以，以艳丽色彩博眼球取胜的方式，在如今这个不是科班出生且从未正经学过一年半载设计软件都可上阵杀敌做设计的互联网时代，是万万行不通的。

当然，在这个社会产生厌倦情绪的同时，通常会在厌倦的边界滋生出另一条道路来压抑这份负能量的蔓延，就如同陡峭的悬崖总能滋养出俏丽且珍贵的鲜花，亦或是滋补延年的珍惜药草。于是在这样的色彩危机冲击下，消费者选择将疲倦的身心和视觉投向简单、纯朴的事物，这也就是近几年复古文化崛起的原因，因为足够简单。

人类是种很奇怪的生物，尽管我们已经顺应着时代的变迁进化百年千年，但人类总存在一种周而复始的心态，厌倦和喜爱总是交替出现，仿佛存在于一个不固定的周期列表里。而色彩，就是这份周期列表文件“项目”中的一栏。

只是消费者又或者说是人类并不是一个模具中产生的产品，所以我们并不能单纯的以这份周期列表来诠释并投其所好似的迎合消费者的喜好。因为我们无法确保全世界 70 亿人口会扎堆出现厌倦和喜爱的情绪，毕竟情绪归于个体，但每个个体都有属于它独有的情绪。

同时，众多品牌的发展经验也告诫我们，色彩对于成功塑造一个品牌的知名度以及持久度有着功不可没的功劳。一个钟情的品牌定比一个善变的品牌更容易成功，当然这里说的“钟情”并不包括品牌发展到一个阶段需要改革、升级的情况。依托着这些大品牌前辈们的经验之谈，作为新晋品牌的极白氨基酸白茶在包装、Logo 乃至主画面的色彩上都进行了极致的研究。

黑白两色述时尚

1979 年，在浙江省安吉县天荒坪一座 800 米的深山中，县林业局技术人员发现了一棵特别的千年白茶树，此茶性状独特，清明前叶色玉白，状如玉兰，谷雨前白色渐淡，夏至前逐步转绿，呈现出白绿相间的茶叶，夏至叶色全绿。技术人员如获至宝，通过技术成功育成第一批茶苗，后被定名为“白叶一号”。在每年开春时节的一个月左右的时间，“白叶一号”发出的嫩芽会出现叶绿素缺失的情况，呈现出莹白的外观，也就是茶叶的白化现象。在这一个月白化期内采摘的芽叶，做成干茶后仍然是黄绿色的，冲泡之后叶底会恢复为莹白色。

可以说，安吉白茶的“白”与生俱来，已经成为其生命的一种特殊存在，一种独特的生命迹象，一种独一无二的生命符号，既是天地赐予，又怎能为人们所改?

正因为这份弥足珍贵，所以极白氨基酸白茶才更懂得感恩天地万物的孕育之恩以及悉心照料她们的每一位侍茶人。

也正因为这份弥足珍贵，所以极白的“白”才更值得极白氨基酸白茶去保存和传承，值得极白氨基酸白茶去好好的诠释。白的反义词即是黑，黑的反义词即是白。黑白无疑是这世界上最纯粹的两种颜色，互为存在、互为依靠、互相衬托。在艺术作品中，黑白两种普通平常颜色的混合或者相互作用往往会产生意想不到的艺术效果。

所以，在选择品牌色彩之时，张默闻这厮始终钟情于黑白之间，他认为，黑色是白色天仙配，再也没有颜色比黑色更能彰显白、表达白、衬托白，这是一种时尚，亦是一种永恒。黑色与白色是对色彩的极致抽象，黑色号称色中王、白色号称色中母，黑白两色所具有的抽象表现力以及神秘感，超越任何色彩的深度。这两极的对比、组合巧妙的构成就能产生特殊极端的视觉效果。这种色彩的理念与极白氨基酸白茶的极致理念完全吻合。黑白两色的孕育与经久不衰，仿佛就是为了等待极白氨基酸白茶的出现。

茶，在中国人的印象里是历史，是家常，往往很难上升到时尚的高度。然而，此次张默闻这厮决定用黑白作为极白氨基酸白茶的设计颜色，实则上是种很大的创新与挑战，欲把极白氨基酸白茶从传统和墨守成规的桎梏里解救出来，把极白氨基酸白茶做成一个兼具卖点的艺术品，而不单单是一个只用于销售的商品。时尚艺术感加现代感与古典的碰撞，这样的融合与演变正是张默闻这厮所渴求的。

在当代的设计领域，很多设计师都钟情运用最基础的黑白色调作为品牌的设计元素，其原因不单是黑白两色的经久不衰，更因为黑白是时尚的代表，同时也是简约现代的缩影。一个品牌若能活用黑白的对比，黑白的节奏、韵律便能充实、增强设计的语言。少就是多，简洁就是丰富，单纯就是饱满。在现代的设计中，色彩不是越多效果就越好，设计是把繁杂的东西有序地组合表达出来传递信息，是化繁到简的过程，而不是把简单的东西作复杂了。用色上就要高度的概括提炼，要强调色彩的力度，使色彩在画面中形成对比又统一的视觉效果。使观者产生强烈的感官刺激，留下深刻的印象记忆，在传递信息的同时给观者留下美的享受，所以充分地理解及运用“黑白”的表现力将会使其在设计中发挥更好的作用。只有更好地发挥黑白灰对比的韵律作用，才能从单纯中求丰富，简练中求明快，形成现代的设计风格。

一个品牌，唯有与时俱进才能在这个快速发展、高速更迭的时代生存下来，而唯有站稳了脚跟、夯实基础，才能形成正向发展。

黑白两色生万物

当然，张默闻这厮确定将黑白作为极白氨基酸白茶的设计基础色的原因不单如此，更因为黑白是宇宙的颜色，是天地的颜色。黑和白，是世界万物的基础，是万物的生命色，就如中国道家所说：一生二，二生三，三生万物。张默闻这厮相信，黑白两色能创造出无限的可能，也能孕育出世人所不知的契机。中国传统的道家太极图是黑白两色极致运用的典范，黑色代表阴，白色代表阳，阴阳两极互生互长，生生不息。中国太极图是中国哲学意识的根源，其黑色与白色的运用正是体现了辨证对立、统一的两个极端，利用黑白两极所创作的阴阳相生形象表现出宇宙永恒的运动，在无限的轮回里湮灭、重生，孕育出一代又一代的生命; 而人类就是在这偌大的宇宙中，繁衍生息，传承文明; 在长期的自然环境中，日出而耕，日落而眠。

所以，黑白不单纯只是色彩上的两种颜色，这种黑与白构成了生物的长期生理进化，是宇宙、是万物、是生灵的生命色。正如极白氨基酸白茶，只有在宇宙的包容下才能寻找到合适的地貌、气候，才能在天地的孕育和滋养下，在雨水中开出鲜嫩的绿芽；只有在宇宙生出的生灵——人类手中，才能毫无掩饰的绽放出她的灵气与鲜爽，清香和甘甜。

当滚烫的热水涌动着极白氨基酸白茶稚嫩的绿芽、当瘦长的白茶在水中舒展开裙摆、当清爽的茶汤灌入口中滑入咽喉撩动口腔中的每一个味蕾、当每一个中国人、每一个消费者都陶醉在极白氨基酸白茶的清香里的时候，极白氨基酸白茶有了生命，这种生命正是诞生于这黑白之间，所以说，黑白两色描绘出了极白氨基酸白茶的生命色也并不为过。

此刻，当再回头观察中国偌大的茶叶市场时，当顿觉“黑白”之姿立于红橙黄绿青蓝紫之间，极白氨基酸白茶颇有几分时尚新星的模样，骄傲、特立独行。而这一抹黑白，正是安吉白茶的最好表达，也是极白氨基酸白茶最好的存在。

方寸之间，塑造极白品牌魂

在如今品牌星罗棋布、互联网激烈冲击传统行业的环境下，如何才能让品牌脱颖而出?答案是四个字——主动出击。品牌唯有主动出击率先抓住消费者的心智，只有成为该品类中的代表性品牌，消费者才会在第一时间内惯性购买，对该品牌形成认知和依赖。

要想让品牌在消费者心中存在依赖感，宣传是必不可少的。唯有产生曝光，才能在消费者心中留下有效的品牌信息。当然在宣传过程中，品牌需要严控曝光的程度。消费者的脑容量是有限的，在面对工作压力的同时，消费者其实更多的时候是在回避并且排斥无用的信息的。于是，张默闻这厮梳理出了 3 条关于品牌宣传时需要注意的要点。

1. 宣传信息要简略直接

在信息饱和的当下，消费者并没有过多的脑容量去容纳无用的信息，能被消费者纳入脑中并记住的信息往往是对他们来说有用的或者是有趣、有亮点的，这也给了极白氨基酸白茶在宣传上的启示。对此，张默闻这厮挑出品牌 3 个特点，分别凝聚品牌的 3 大特性策划文案，以做到让消费者能够最大程度地接纳并且记住极白氨基酸白茶的宣传信息。

2. 设计有聚焦点

一旦你想要在一个方寸间的平面上表达品牌的过多信息，那么这个平面广告注定不会成功。因为对于消费者而言，越是简单的东西，又或者只是聚焦一个明确信息的画面对他们来说是最为清晰的，是不会模糊他们心智的。所以，在设计上，可以聚焦文案也可聚焦画面，但切记只可聚焦一个点。否则，过多的信息表达只会让消费者产生逆反心理，从而让竞争对手有机可乘。此次极白氨基酸白茶的主画面主要以黑色和白色两种颜色为主色调，在画面上统一输出极白氨基酸白茶的图腾——吴昌硕大师的《达摩像》，寓意极白氨基酸白茶是受到菩提达摩点化而产生的灵芽瑞草，是天与地的慷慨馈赠。作为受馈赠者的极白氨基酸白茶需要“谢天谢地谢谢您”，以表达对菩提达摩、对吴昌硕、对自然的感恩之情。同时，反复输出的极白品牌的广告语：极白，比一般绿茶氨基酸含量高 2~3 倍。用精准的数据佐证全案的定位——氨基酸白茶，同时也直接描述极白的卖点——氨基酸含量高。

3. 有针对性的宣传

要点 1 中提到，张默闻这厮为极白氨基酸白茶撰写了 3 个版本的海报文案。

版本一：从极白氨基酸白茶本身出发，提出“比一般氨基酸含量高 2~3 倍”的氨基酸版本海报，旨在教育消费者极白氨基酸白茶富有高氨基酸，具有较高的保健功效。

版本二：从极白氨基酸白茶品类——安吉白茶出发，提出“极白氨基酸白茶，安吉白茶领导者”的概念，旨在从正面出发直接影响并撬动消费者心智，让消费者认定极白氨基酸白茶是最大的安吉白茶品牌，是安吉白茶的领导者。

版本三：从极白氨基酸白茶的情感定位出发，用“谢天谢地谢谢您”的情感文化感动消费者。情感是人类最原始的本能，唯有从心底感动消费者，消费者才会主动产生购买行为，心甘情愿打开钱袋子为品牌买单。所以，张默闻这厮为极白氨基酸白茶抓住“感恩”这个元素提出“谢天谢地谢谢您”的情感定位是具有创新性的。

从上面的 3 个要点可以看出，品牌宣传需要表达给消费者的东西必须是既简单又直击要点的，而这就要求品牌必须清楚知道自己的定位以及卖点。如果当一个品牌连自己的输出定位和卖点都不清楚，而做出试图用复杂来填满消费者心智的行为的时候，这个品牌注定将停滞不前。

此次 3 个版本的极白氨基酸白茶海报在反复强调品牌信息的同时，也达到品牌形象的最高化输出与传播，为极白氨基酸白茶下一步的传播做下坚实的基础。更值得一提的是，张默闻这厮提出的绿色小标创意，以色彩区分茶品类，绿色对应白茶，红色对应红茶。众所周知，人对颜色的敏感程度远高于对文字的，所以这一创新可谓是极度贴合人体机能的创新，是值得学习的创新。

线上线下，定制极白时尚装

随着张默闻策划集团对极白品牌的定位以及极白全局性营销思路的正式确立，极白的产品体系得到了较为全面的完善。而为了拓宽产品线，扩大消费群体，张默闻这厮特意为极白氨基酸白茶打造了线下产品："经典极白 V3""国宝极白 V5""大师极白 V6""至尊极白 V9"四大精品安吉白茶系列；线上产品："朋友圈""夜猫子""表白""独白""极小白""大白"等年轻化系列产品。

调查发现，现今消费者对商品的各项需求逐渐提高，对商品的选择也越来越广泛，而商品的包装也不再仅仅局限于对商品的保护功能，而是商品的一个载体，同时也是商品给消费者最直接的视觉感受，代表着商品的形象。在一定程度上，包装是商品与消费者之间无声的推销员，一个商品包装的精美程度实则上对消费者决定是否购买商品是有一定影响的。而对于初次购买的消费者来说，商品的包装往往会决定了他是否要进一步了解该品牌。

针对此种现状，作为极白氨基酸白茶的品牌创始人，张默闻这厮对线上线下不同的消费者需求和特征进行了充分研究，为极白氨基酸白茶分别定制了两套不同风格的产品包装设计方案。

至尊好茶稳抓线下市场

不同于线上年轻人市场，线下传统企业主要的消费对象依旧是 70 后和 80 后，这群人思想相较于 90 后会稍显传统。所以，在线下门店产品的包装上，张默闻这厮虽然固守传统，但在传统的基础上进行了创新，让原本沉默无趣的包装重新焕发出了新生机。

1）色彩

如上文所述，在极白氨基酸白茶的包装上，张默闻这厮选用了经典的黑白配色。不仅仅因为黑白是天地的颜色、是繁衍出万物生机的颜色，更因为黑白是时尚色彩的代表。百年来，无论时代如何变迁，时尚界的流行色每年都在改变，唯一不变的就是黑白色配色。所以，在设计和美学的概念上来说，黑白是时尚界的宠儿，同时也是美学的经典代表。

2）开盖形式

在盒形上，"经典极白 V3""国宝极白 V5""大师极白 V6""至尊极白 V6"四大精品安吉白茶系列都采用了长方体的形式，但张默闻这厮却在产品的开盖形式上做了极具小心机的创意。

“经典极白 V3”：采用正方体翻盖的形式，内部装有 3 盒盒装安吉白茶，通体的白色盒子点缀黑色的文字及 Logo，清爽的包装让人眼前一亮。

“国宝极白 V5”：白色的抽屉式外盒，内部整齐的黑色正方形盒子，借鉴珠宝盒的开盖形式瞬间提升了极白氨基酸白茶的档次。

“大师极白 V6”：斜切口的开口方式让产品包装在彰显时尚的基础上带上了一丝俏皮的味道，是对“经典极白 V3”和“国宝极白 V5”的一次提升。在内部分装铝罐上，设计师保留了铝原本的银色，不添加任何色彩修饰，这样的小心机与极白氨基酸白茶原生态绿色的种植理念完全谋合。

“至尊极白 V9”：作为极白氨基酸白茶四款安吉白茶经典系列中的最高等级，“至尊极白 V9”在包装上和前 3 款有明显的区别。白色的扁平长方体外盒，内部镶嵌白色陶瓷罐盛装安吉白茶；同时在考虑到购买“至尊极白 V9”的消费者可能是老茶客或是用于送礼，所以极白氨基酸白茶特意为其搭配了一套茶具作为赠品回馈消费者。更别出心裁的是，设计师在“至尊极白 V9”外盒翻盖上做了一个透明的天窗镂空，从外刚巧露出内部陶瓷罐盖上的极白 Logo，在美观、创意和品牌信息的表达上做到了一举三得。

3）达摩坐禅

除了在外包装上统一输出极白氨基酸白茶 Logo 和广告语“比一般绿茶氨基酸含量高 2~3 倍”外，张默闻这厮还别出心裁，将吴昌硕大师的《达摩像》运用到了极白氨基酸白茶的包装上。达摩，作为极白氨基酸白茶 Logo 的原型，对极白来说是品牌的灵魂。同时，达摩作为中国禅宗的始祖，弘扬佛法教化众生，强调清净之心，与安吉白茶纯净无瑕的气质相匹配，表达出了安吉白茶所蕴含的全部含义，即虔诚与感恩。所以将《达摩像》原画放在极白氨基酸白茶包装上，其一是为了致敬《达摩像》的作者吴昌硕先生，感谢其馈赠之恩；其二是为了传达极白氨基酸白茶的感恩理念，感谢每一位热爱安吉白茶的人，感谢天地的滋养与孕育；其三是在品牌概念上对品牌理念的再一次升华，有效做到品牌理念传播最大化。

极白氨基酸白茶包装欣赏之一 ——极白白茶

① 经典极白 V3

氨基酸对身体非常重要，

但不是所有的绿茶氨基酸含量都很高，

极白氨基酸白茶比一般绿茶氨基酸含量高 2~3 倍，

【经典极白 V3】

悦喝悦年轻，

极白氨基酸白茶谢天谢地谢谢您。

② 国宝极白 V5

浩瀚竹海清澈小溪，

踏雪采摘鲜嫩无比，

不是世外桃源般的青山绿水，

怎有极白氨基酸白茶的国宝之美，

【国宝极白 V5】

鲜嫩冠江南芳香满人间，

极白氨基酸白茶谢天谢地谢谢您。

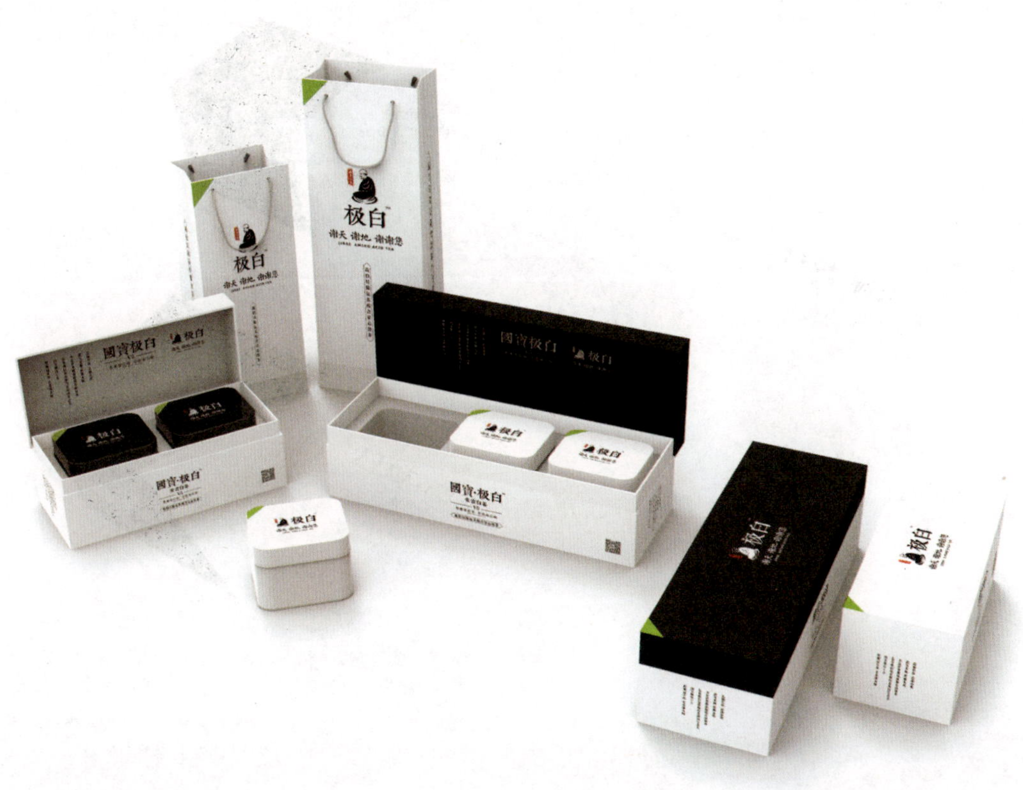

③ 大师极白 V6

三位安吉白茶大师联合炒制，

传承保密技艺口感炉火纯青，

是中国白茶时代的巅峰之作，

【大师极白 V6】

品味大师的味道，

极白氨基酸白茶谢天谢地谢谢您。

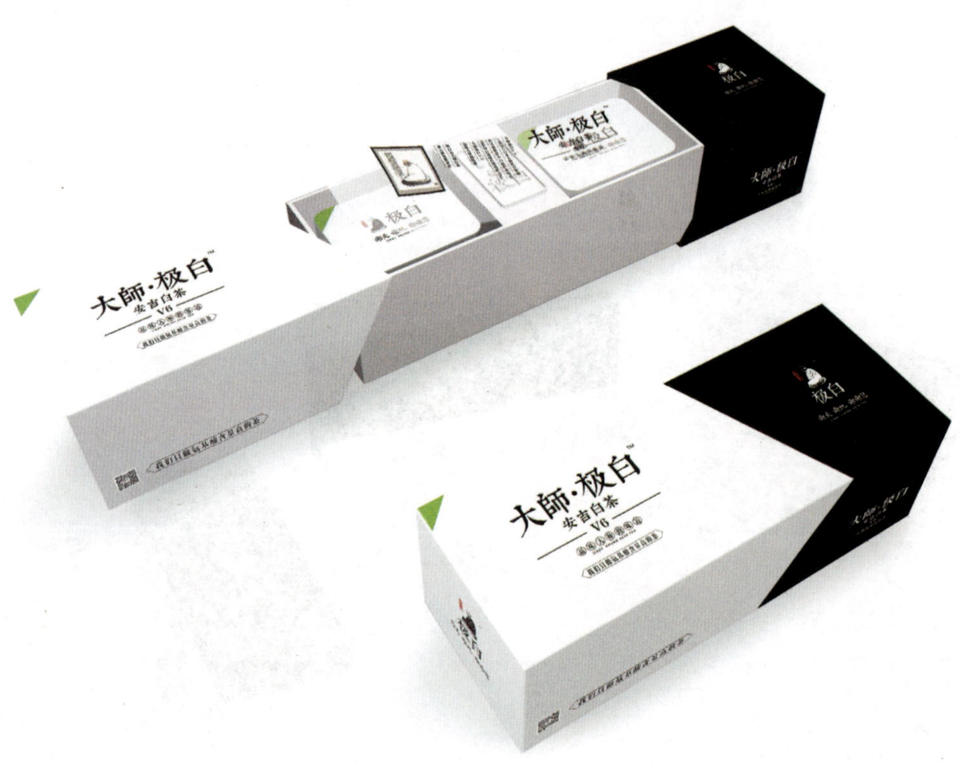

④ 至尊极白 V9

有一种茶只和有身份的人对话，

有一种茶只为有高度的人飘香，

【至尊极白 V9】

献给有高度的人，

极白氨基酸白茶谢天谢地谢谢您。

极白氨基酸白茶包装欣赏之二——极白红茶

①经典极白红茶 V3

有一种红，
只为知己怒放，
任凭历次冲泡也不失本色，
经典极白红茶 V3，
茶逢知己千杯少。

②国宝极白红茶 V5

一场小雨，不大不小，

一场瑞雪，不厚不薄，

完美气候只为滋润这千年一叶，

国宝极白红茶 V5，

醉美红茶这一叶。

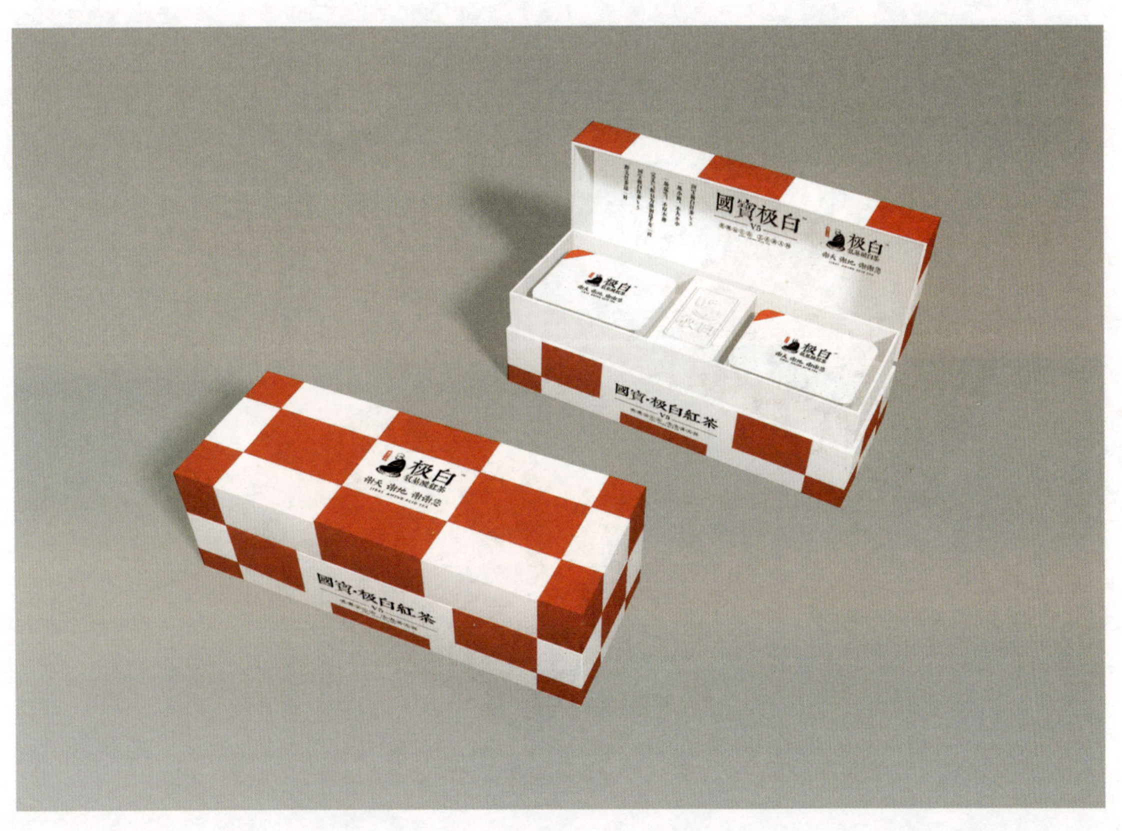

③大师极白红茶 V6

取天地灵气，采阳光雨露，

历经安吉白茶三位大师联合炒制，

才等来这一杯匠心红茶，

大师极白红茶 V6，

大师致敬大师。

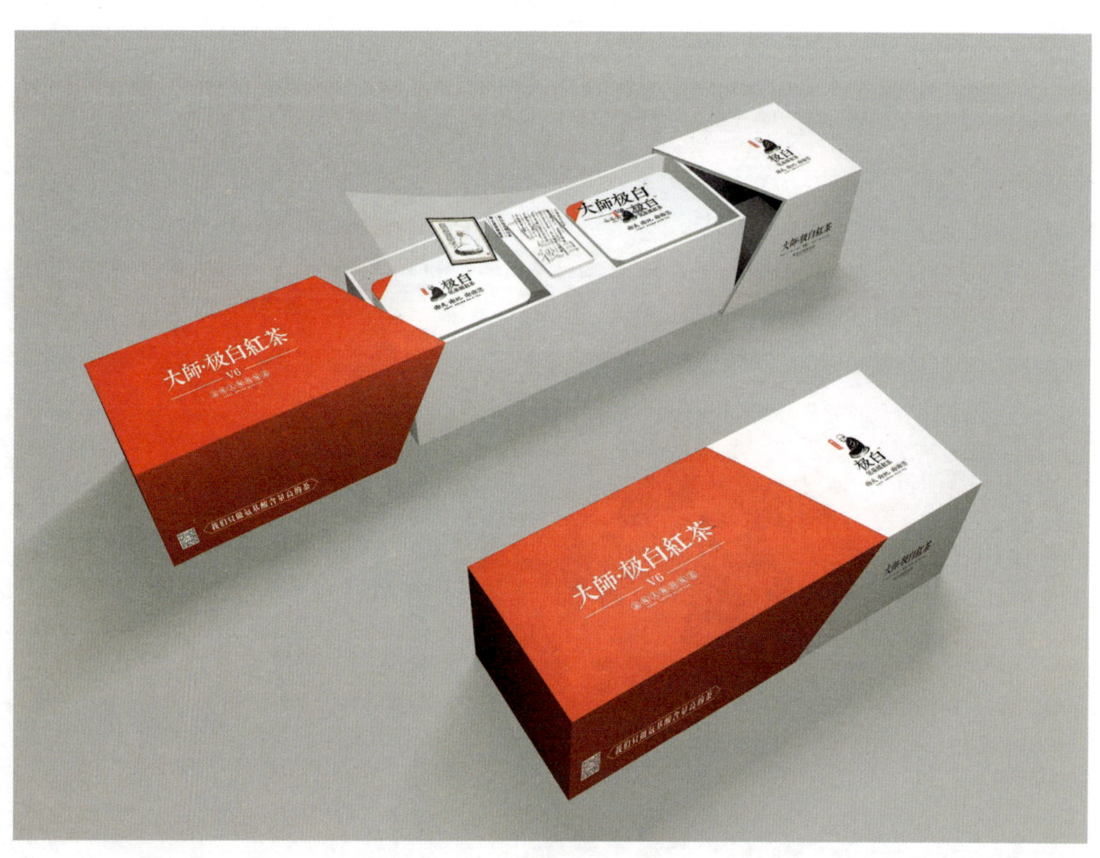

时尚包装上演线上诱惑

自古以来，茶就被视为一种生活必需品，从未离开我们生活。但有一段时间，喝茶一直被认为是老人的专利。如今，这种习惯和观念逐渐被打破，越来越多的年轻人加入喝茶的行列中。据了解，时下大部分的 80 后甚至 90 后都已走上工作岗位，以往偏爱碳酸饮料、咖啡等时尚饮料的年轻人，开始喜欢在工作时泡上一杯热茶，他们认为喝茶会比以往喝饮料健康。同时，也有业内人士表示，如今年轻人随着社会接触层面的提升，茶文化也会渐渐渗透到他们的生活中。

根据有关资料显示，他们将成为未来五年中国消费增长的主要驱动力。在各行各业的转型浪潮中，许多厂商都瞄准了年轻人市场这块大蛋糕，茶行业也是如此。走过了躺着也能赚钱的黄金时代，茶行业迎来了一个转型时代。有人言，年轻人市场或是救活茶行业的最后一根稻草。对与错姑且先不去论证，但年轻人市场肯定是未来茶企商业布局的一个重要板块。从各大茶企对自身产品、营销等作出的改变，可以看出，这些传统茶企正在朝着年轻人的口袋前进。

在当下互联网浪潮和年轻化市场的强势驱动下，极白氨基酸白茶也将部分的受众目标聚焦在年轻消费者身上。针对这部分年轻消费者的消费习惯和消费需求，极白氨基酸白茶特意推出“独白”“表白”“大白”“朋友圈”“夜猫子”等一系列线上互联产品。试图用年轻化的渠道和品牌元素抓住消费者的心以撬动他们的口袋。

然而，如何在革新换代迅速的互联网茶产业闯出一片天地、玩转年轻消费者市场，这是值得考虑的问题。对此，作为极白氨基酸白茶的全案策划人，张默闻这厮深入互联网茶行业，透彻分析同品类产品，亲自操刀极白氨基酸白茶的互联网产品文案和产品包装，只为确保能让极白在延续线下产品的优良基因的基础上，发散出其网络年轻化基因。

以下我们用极白氨基酸白茶经典互联网产品：“朋友圈”和“夜猫子”做分析：朋友圈和夜猫子，都是当下网络流行词语，极白氨基酸白茶将其作为互联网产品名称，旨在用熟悉的语言符号让消费者与产品产生共鸣，从而促使消费者产生购买产品的欲望。

1）朋友圈，把朋友圈起来

百度上，朋友圈有两个比较贴切的含义：

一是指：一个由熟人、半熟人组成的“关系圈”，在“朋友圈”中，有同学、家人、亲戚、同事等。

二就是当下普及率甚广的 App 软件——腾讯微信的一个社交功能，用户可以通过朋友圈发表文字和图片，同时可通过其他软件将文章或者音乐分享到朋友圈。

在极白氨基酸白茶“朋友圈”的包装设计上，张默闻这厮下足了功夫，借势微信经典的绿色加上安吉白茶的白色，同时，还借用了微信 Logo 对话框的元素。其意，一是为了和产品名“朋友圈”相呼应，让产品带上消费者熟悉的符号，增强产品和消费者之间的共鸣；二是为了提倡人们在忙碌工作的同时不忘和朋友、亲人多沟通。

在包装字体的选择上，极白氨基酸白茶“朋友圈”别出心裁，大胆选用了不同于其他系列产品的圆润的字体，选择了比较细窄的字体；在盒形的选择上，朋友圈选择了比较修长的长方体盒形，与“朋友圈”这三个字体相呼应，给人一种精致且活泼的视觉体验。

张默闻这厮一直认为，一个好的产品除了出色的策划和视觉是不够的，还要站在消费者的角度去思考，所以人性化体验是产品的关键点。极白氨基酸白茶“朋友圈”是基于互联网渠道为年轻人设计的一款产品，于是张默闻这厮决定选用小泡袋作为“朋友圈”内部包装，给年轻消费者提供一种便捷的生活体验。

2）夜猫子，越夜越精彩

提到夜猫子，我们的第一反应就是黑黑的大眼圈、生活在夜晚不爱睡觉的生物，也能联想到夜猫子隔天颓废的样子。然而，极白氨基酸白茶的“夜猫子”却是一只可爱时尚的夜猫子。

简单的几何图形原本是乏善可陈的搭配，但在张默闻策划集团设计师的手下，三角形、圆形、长方形的组合竟能化腐朽为神奇，一只瞪着大眼睛、憨态可掬的猫咪诞生了。

在包装字体上，设计师选用和“夜猫子”形象相接近的字体，丰满圆润的形象让“夜猫子”整体看起来更有亲和力；在盒形上，夜猫子沿用“朋友圈”修长的长方体盒形；在色彩上，根据夜猫子在晚上蛰伏、行动的形象只简单运用黑白两色作为搭配；在内袋上，极白氨基酸白茶“夜猫子”依旧采用了小泡袋的形式，主要考虑到现阶段的年轻人简单的生活理念。

极白氨基酸白茶包装欣赏之三——电商系列

① 朋友圈

左三圈右三圈，

每天要刷朋友圈，

一声早安开始圈，

一声晚安还在圈，
极白氨基酸白茶【朋友圈】系列，
把朋友圈进来。

②夜猫子

所有工作都是菜，
成功就要先熬夜，
老板不坏 发展不快，
极白氨基酸白茶【夜猫子】系列，
晚上有极白，越夜越精彩。

③明前：贵芽

我用整个冬天的等待，才换来这珍贵的嫩芽俏叶，

极白贵芽，因香而贵。

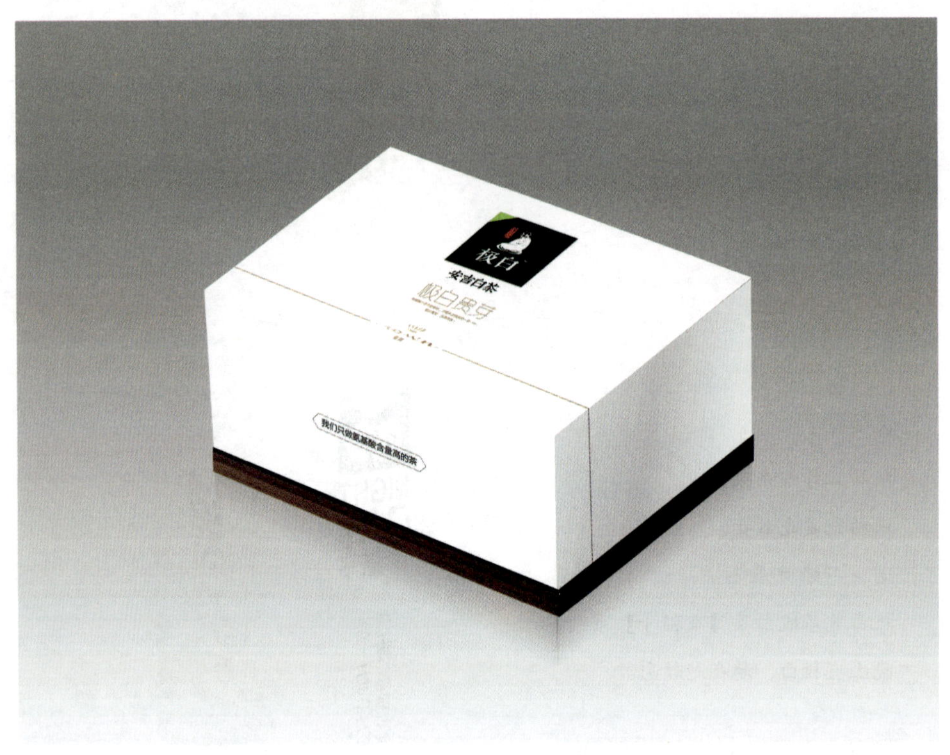

④雨前：领鲜

骑着春天的白马，穿过滴答的春雨，才摘得这片领鲜的叶子，极白领鲜，因鲜而美。

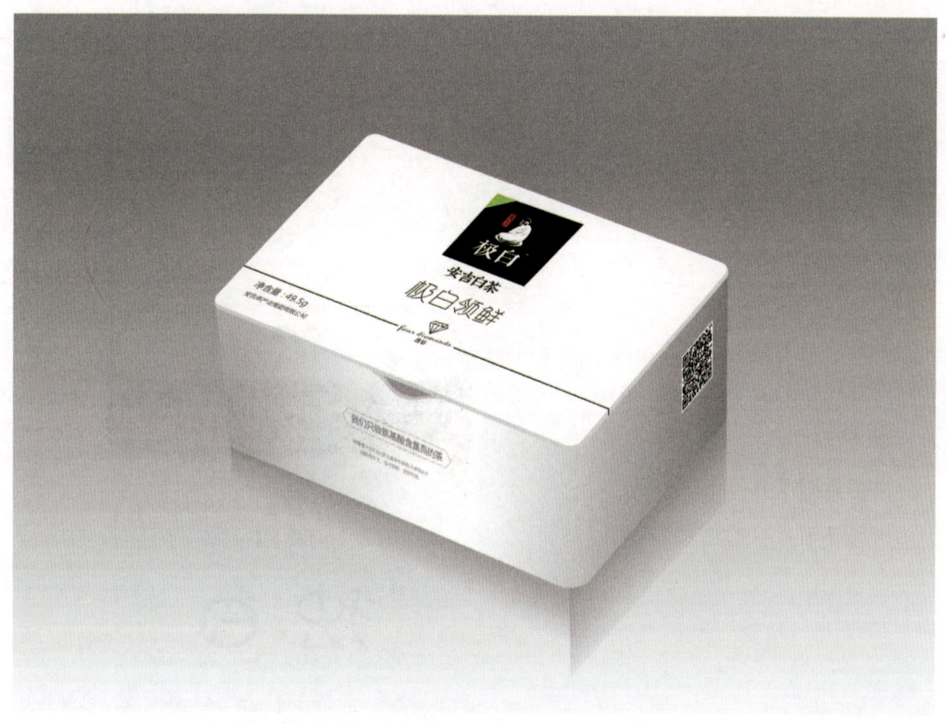

⑤ 表白

所有想对你说的话都在这杯茶里。

⑥ 独白

你只看到了我的一个身影，

却看不到我心里的千万风景。

⑦ 极小白

生活中的每一件小事，
感恩在心。

⑧ 大白

我不是胖嘟嘟，
只是料很足。

帧帧幕幕，传递极白好诉求

2015 年张默闻策划集团为极白氨基酸白茶倾心打造了全新的广告片。作为安吉白茶第一条高规格的广告片，极白氨基酸白茶首支广告片在安吉实地取景拍摄。片片阔叶林、层层大竹海、潺潺小溪流，安吉茶园里温润多情的土地让极白氨基酸白茶得以在这世外桃源般的绿水青山中繁育发芽，也使得极白氨基酸白茶的广告片能有如画的美景来展现其高端的品质与精准的创意。

本次极白氨基酸白茶广告片共包含“年轻篇”和“好喝篇”两个版本，由张默闻这厮亲自创意并监制拍摄。在短短 15 秒的广告创意中，张默闻这厮将极白氨基酸白茶的核心要素聚焦在“氨基酸”一词上，完美展现极白氨基酸白茶——“比一般绿茶氨基酸含量高 2~3 倍”的强大卖点，用每一帧每一秒都极致呈现了极白氨基酸白茶作为中国养生白茶领导品牌的品质与品位。

同时，张默闻这厮还表示极白氨基酸白茶作为安吉白茶的领导品牌，有着独一无二的传奇口感，让众多爱茶人士叹为观止。极白氨基酸白茶就是要通过品牌化的运作方式来打造一个响当当的品牌，将极白氨基酸白茶富有灵性、高氨基酸含量以及氨基酸对人体益处的特色传递到消费者眼里、心里、口里，成功告诉世界，极白氨基酸白茶的氨基酸含量比一般绿茶高 2~3 倍，从而喜迎众多经销商加盟极白氨基酸白茶，让更多消费者关注到极白氨基酸白茶对身体的高营养。

“年轻篇”

年轻，往往是由内而外的。但在保持一个好心情的同时，身体的滋补也是必不可少的。

作为中国历史上有名的汉族名茶，不管是在百年前还是当下，安吉白茶都深受茶客们的喜爱。当然，其中也不乏一部分爱茶的女性。

相比绿茶，中国的女茶客们似乎更偏爱安吉白茶一些。在她们看来，绿茶、红茶毕竟太过苦涩，安吉白茶的口味却清淡、甘甜，更适合温柔的女性们饮用。当然，注重保养的女人们选择安吉白茶的原因远不如此。安吉白茶对人体还有众多的保健作用，如保护神经细胞、提高人体抵抗外界的侵害力、提高记忆、降血压、减肥、护肝等。其中防衰老更是让女性朋友对安吉白茶情有独钟的原因之一。凭借着这一点，极白氨基酸白茶跻身财富女性健康饮用茶榜单，前途无限。

那又是何种因素造成了此种现象呢？答案是：极白氨基酸白茶的高氨基酸含量。

根据检测报告显示，极白氨基酸白茶的氨基酸含量比一般绿茶高 2~3 倍，这也就很好地佐证了张默闻这厮撰写的极白氨基酸白茶 TVC 文案：悦喝悦年轻。

“年轻篇”TVC 文案：

极白氨基酸白茶，

比一般绿茶的氨基酸含量更高，

悦喝悦年轻，

极白氨基酸白茶。

因为受天地眷顾——所以氨基酸含量惊人

得天地厚爱，汲日月精华。想来，似乎没有其他事物能比极白氨基酸白茶更配得上这句话。

懂茶的人都知道，安吉白茶的“白”是因为绿茶的返白现象造成的。那又是何种原因引起的绿茶返白现象呢?

一般情况下，成熟茶树在充足光照、温度较高的环境下，茶叶中的茶氨酸会被分解成谷氨酸和乙胺。但如果光照不足或者温度较低，茶氨酸的分解就会受到抑制，茶的芽和叶中就会积累比较多茶氨酸; 又或者，在阳光或者温度不适宜的情况下，茶叶中的叶绿素不足，光合作用弱，茶氨酸的分解也会较弱，茶的芽叶中也会积累比较多的茶氨酸。

百年来，极白氨基酸白茶有幸生在北纬 30° 这道黄金维度上。这条线上有适宜茶叶生长的充沛雨水、适宜温度和独特的土壤。同时茶园的高海拔赐予了极白氨基酸白茶发生返白现象适宜的低温环境，而这种特殊的返白现象，让极白氨基酸白茶茶叶中所含的茶氨酸含量逐渐升高，达到 4.7%~10.6%，是一般绿茶氨基酸含量的 2~3 倍。

对此，产品本身的优异之处自然不言而喻，那么如何在广告片这样一种表现形式多样化却又需要精炼准确表现产品特点的载体上传达出极白氨基酸白茶“氨基酸含量高”的特点呢?

任何形式的展示往往都比不上“耳听为实”四个字。所以，一句朗朗上口、耳熟能详的文案就能很好地解决这个问题，通过 TVC 实现在消费者之间的传播。

比一般绿茶氨基酸的含量高 2~3 倍。

比较总是能很好地在消费者脑中形成具象的概念，当消费者习惯于饮用绿茶，就会对绿茶这种茶叶进行充分的了解。而极白氨基酸白茶氨基酸含量比一般绿茶高 2~3 倍，在保健数值上很好地打败了其他绿茶取胜，自然会吸引很多消费者驻足研究，这就是成功的第一步。

因为含量惊人——所以悦喝悦年轻

记得有句话说：一个没有信仰的民族是可悲的，一个没有信仰的人是可怕的。

而在张默闻这厮看来，一个没有好好品尝过安吉白茶的人也是可悲的，一个不曾用心

“年轻篇”TVC 文案：

极白氨基酸白茶 \ 比一般绿茶的氨基酸含量更高 \ 悦喝悦年轻 \ 极白氨基酸白茶。

我们只做氨基酸含量高的茶
比一般绿茶的氨基酸含量更高

我们只做氨基酸含量高的茶
比一般绿茶的氨基酸含量更高

我们只做氨基酸含量高的茶
大師极白
极白
极白氨基酸白茶

极白
氨基酸白茶
谢天 谢地 谢谢您
JIBAI AMINO ACID TEA

扫一扫观看视频

去品味安吉白茶的人也是可怕的。茶，是有灵性的植物，你用心品味就能发现其与众不同的地方，就能品尝到它别具一格的味道。因为热爱极白氨基酸白茶、把茶当作一生的兴趣和信仰，所以每一个茶客都能从喝茶喝出好心情，喝出好心境。

人一旦有了好的心境，面相自然会显得比实际年龄来的年轻。这也就是上文所述的：相由心生的道理。当然，喝极白氨基酸白茶“悦喝悦年轻”，这里的年轻不单是因为“心境的喜悦”，更是因为极白氨基酸白茶的氨基酸含量比一般绿茶高 2~3 倍。

根据科研成果显示，茶叶中的氨基酸可以明显促进脑中枢多巴胺 (dopamine) 释放，提高脑内多巴胺生理活性。多巴胺是一种活化脑神经细胞的中枢神经递质，其生理活性与人的感情状态密切相关，且饮茶还具有一定的抗疲劳作用。

当然，多巴胺的分泌只能在一定程度上影响人体情绪的变化，而不会让人体产生兴奋和喜悦的心情。于是为研究茶叶和人体中枢神经兴奋之间的关系。在 1975 年，科研人员发现，茶叶中含有的较少的咖啡因在茶氨酸的作用下使人们在饮茶时能享受到一种喝咖啡和可可所没有的心旷神怡的感觉，而这种感觉就被人体感官系统归纳为：兴奋、喜悦。

同时，古语有云：相由心生。一个人的容貌外表是由心灵思想等因素影响的。换言之，人的思想、感情、心灵往往会由内而外表现在人的身体和脸上。即：一个人的精神世界虽是内在不可见的，但实际上会给人直观感受。

从心理学的层面来说，每个人的面相都反应着其相对应的身体和心理的状态，比如一个身体健康、身心愉悦的人，其通常在相学中都天庭饱满、红光满面、神采奕奕。相反，一个身体有病，或者苦恼忧愁的人通常愁云密布、眉头紧锁，其多半是很难有顺心的事。眼界即是心界，而面相即为心相，相由心生就是这个道理。

所以，极白氨基酸白茶在 TVC 中提出“悦喝悦年轻”的广告语是有一定的依据的。

回归到极白氨基酸白茶的 TVC 中，身穿白衣素裙的女子，双手执起茶杯，鲜嫩的极白氨基酸白茶在热水的冲击下释放出清香，每一口都仿佛行走在青葱的茶园里，每一次呼吸仿佛都能闻到带着清明露水的安吉白茶茶青的清香；当茶汤上舌，喜悦跃然脸上。

因为悦喝悦年轻——所以情感充沛

极白氨基酸白茶的品牌和产品无论内涵如何丰富、品质如何优良、文案如何惊奇，在呈献给消费者的时候，画面依旧不能轻心。如何将“比一般绿茶氨基酸含量高 2~3 倍”的特点表现在画面上，传递给每一位消费者呢？这是一个关键的问题。

“年轻篇”通过大量的镜头展现了极白氨基酸白茶茶园的自然风貌，充满生气的绿色茶园营造出一种自然气息，清新自然的画面带给消费者恬淡安宁的心情，泡茶的每一个镜头消费者仿佛都能身临其境，闻到极白氨基酸白茶淡雅的清香，女子脸上的笑容，白皙的肌肤在每一次端起茶杯的瞬间都能让人联想到极白氨基酸白茶高氨基酸、悦喝悦年轻的诉求和特点。同时，人与茶园的合一境界，也将极白氨基酸白茶“谢天谢地谢谢您”的情感诉求完美的呈现。

“好喝篇”

“好喝篇”TVC 围绕极白氨基酸白茶的口感主线，着重对极白氨基酸白茶为何口感遥遥领先进行了阐述。

“好喝篇”TVC 文案：

白茶越白 氨基酸含量越高，

所以口感遥遥领先，

好喝传天下，

极白氨基酸白茶。

安吉白茶越白，氨基酸含量高

加工工艺上，安吉白茶无论是炒青还是烘青，都采用的是绿茶工艺。同时，在茶叶的品质系统性上来看，安吉白茶和绿茶类茶叶都具有共同破坏海酶的活化和制止黄烷醇类氧化的杀青过程。

那么，安吉白茶为什么要叫“白茶”呢?

原因是因为安吉白茶采用的茶树品种“白叶一号”。

“白叶 1 号”是一种珍罕的变异茶种，属于“低温敏感性”茶叶，其阈值约在 23℃。在早春低温期间，其叶绿体的形成存在障碍，叶绿素合成受阻，从而导致在清明前萌发的安吉白茶嫩芽为白色。在谷雨前，色渐淡，多数呈玉白色；雨后至夏至前，安吉白茶芽叶逐渐转为白绿相间的花叶；至夏，芽叶恢复为全绿，与一般绿茶无异。

更为神奇的是，生物学家在对安吉白茶白化期状态和物质分析中发现，在安吉白茶叶绿素合成受阻的状态下，与这种突变相应的是芽叶细胞中蛋白质解体严重，导致了游离氨基酸的含量显著升高。同时，茶氨酸的分解也受到抑制，所以茶氨酸含量也很高。

也就是说，低温的环境不仅抑制了极白氨基酸白茶内部叶绿素的合成，同时也会抑制其芽叶内部氨基酸的分解。这样的研究结果也就很好地佐证了张默闻这厮创意的“好喝篇”TVC 文案：白茶越白，氨基酸含量越高。

而如何将“白茶越白，氨基酸含量越高”的创意体现在 TVC 画面，传递给消费者，则成了这则广告片的关键点。抽象的概念和具象的画面看似风马牛不相及，给张默闻这厮和影视公司落下了一个大难题。在经过一系列缜密的探讨和研究后，“好喝篇”决定通过特写极白氨基酸白茶和茶园原生态的环境来体现“白茶越白”以及极白氨基酸白茶“氨基酸含量高”的事实。

氨基酸含量高，口感遥遥领先

因为茶树品种的珍罕性和突变特质，极白氨基酸白茶的氨基酸含量比一般绿茶高2~3 倍。

一般品种的鲜茶芽叶，游离氨基酸的含量占干重的 3%~4%，茶氨酸的含量占干重的1%~2%。而在“白叶一号”中，游离氨基酸的含量超过干重的 6%，其中茶氨酸大约一半，此外茶多酚只有常规品种的一半左右。在成熟的茶叶中，茶氨酸和茶多酚的占比会严重影响茶叶的口感。茶氨酸带来茶叶的甘甜，而茶多酚则负责了茶叶的苦涩。但生物学家发现，当茶叶中的茶氨酸含量增加，与之相对分泌苦涩的茶多酚含量则会相应减少。这也就是为何用高茶氨酸低茶多酚的“白叶 1 号”制成的绿茶涩味低而鲜爽味浓郁，风味比普通绿茶就要更好的原因。

而极白氨基酸白茶，根系于“白叶一号”。同根而生让极白氨基酸白茶继承了“白叶一号”优良的基因，不管是在外观还是品质上都属于上等，口感也遥遥领先绿茶等其他品种的茶叶。

极白氨基酸白茶，好喝传天下

因为好喝，所以极白氨基酸白茶毫无疑问能在瞬间抓住新老茶客的心。但，如何让极白氨基酸白茶传天下，唯独依靠“好喝”这个特点是远远不够以的。浓厚的情感文化是打动消费者以及新茶客的不二因素。

正如一个品牌在推广过程中，需先打破其和消费者之间的隔阂，才能深抓消费者痛点，从而进行后续的买和卖一样，情感作为每个生命体独有的感受，以情动人对极白氨基酸白茶在往后的宣传中起到了潜移默化的作用。

“好喝篇”通过大量的镜头展现了极白氨基酸白茶茶园的原生态。绵延的茶场、氤氲的水汽笼罩着清澈湖面和山林，说明了极白氨基酸白茶的生长环境并没有受到人为破坏，人们对于孕养极白氨基酸白茶的这片土地是心存感激的，就如极白氨基酸白茶的情感定位：谢天谢地谢谢您，是天地孕育了安吉白茶这株神奇的灵芽瑞草；是吴昌硕和侍茶人赋予了极白氨基酸白茶以灵魂。而唯具有动人的灵魂，极白氨基酸白茶才能传天下。同时，

TVC还运用了大量的篇幅去展现身穿长裙的女子与极白氨基酸白茶之间的互动，转动茶壶、观极白氨基酸白茶外观、烹水泡茶，一系列的举动展现出女子的从容不迫和淡薄；端杯品茗，女子举手投足间的优雅仿佛印证着极白氨基酸白茶清明、干净、不染世俗尘埃的遗世独立，这样的“清净之心”与吴昌硕笔下的达摩不谋而合。

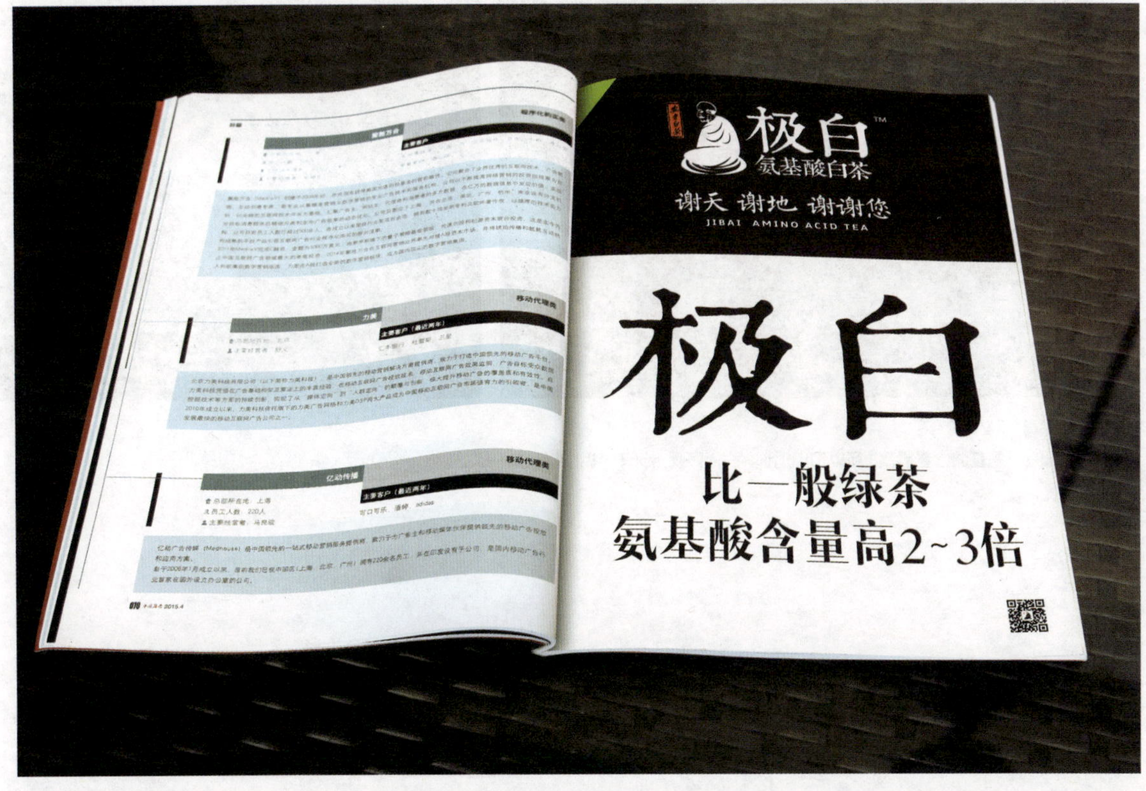

“好喝篇”TVC 文案：

白茶越白，氨基酸含量越高 \ 所以口感遥遥领先 \ 好喝传天下 \ 极白氨基酸白茶。

我们只做氨基酸含量最高的茶
氨基酸含量越高

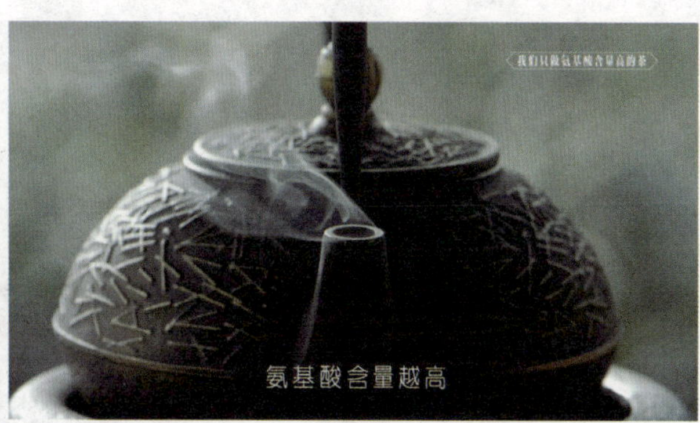
我们只做氨基酸含量最高的茶
氨基酸含量越高

我们只做氨基酸含量最高的茶
大師极白
V6
极白
极白氨基酸白茶

极白
氨基酸白茶
谢天 谢地 谢谢您
JIBAI AMINO ACID TEA

扫一扫观看视频

极白
氨基酸白茶
谢天 谢地 谢谢您
JIBAI AMINO ACID TEA
比一般绿茶

白
酸含量高2~3倍

极白™
氨基酸白茶
谢天 谢地 谢谢您
JIBAI AMINO ACID TEA

极白

比一般绿茶氨基酸含量高2~3倍

守正出奇告白天下，营销一曲唱响中华

所有的准备工作都是为了最后的精彩亮相。极白氨基酸白茶虽然年轻，但是在经历了许久的创意激荡之后，它所沉淀下来的品牌内涵已然非常丰富。无论是品牌的塑造，包装的设计，生产的稳定，还是传播的启动，所有的元素都需要一个舞台。因为只有通过舞台，才能够真正地让观众完整地看一场关于安吉白茶的、关于极白的品牌大戏。

城投推介初出茅庐，风采尽显

21 世纪是多种力量合成的年代，科技力量、市场力量、互联力量、生态力量、金融力量、教育力量、商业力量，多种力量的展示、多种观念的交融，构成了美丽世界、美丽中国、美丽安吉。在多种力量里，有一种力量非常珍贵。这，就是市场的力量。

市场自由度越高，商业氛围就越活跃；市场越开放，我们获得的发展机遇就越多。为此，安吉城投集团全面启动更具有市场自由度、透明度的市场战略，形成了落地性非常强的市场自由化合作模式，为实现美丽安吉的两山战略贡献力量。也正因此，安吉城投集团于 2015 年 12 月 8 日召开了“相信市场的力量”——安吉城投集团中介招商推介会暨集中签约发布会。

安茶集团项目（旗下品牌：极白氨基酸白茶）作为城投集团投资重点项目，终于迎来第一个大戏上演的机会！

中国养生白茶，氨基酸成极白最大卖点

安吉白茶属绿茶类，叶形美观、味道鲜爽，但氨基酸却比普通绿茶含量高。有关数据显示，安吉白茶经生化测定，氨基酸含量可高达 10.6% 以上，为普通绿茶的 2~3 倍，其中茶氨酸含量接近常茶的氨基酸总量。常饮安吉白茶，有利于血液免疫细胞促进干扰素的分泌，从而提高人体抵抗外界的侵害力。

基于安吉白茶高氨基酸的特点，张默闻这厮在此次推介会上为极白氨基酸白茶的创意做出了详细的诠释，他表示：第一，安吉白茶品牌已然遍地开花，渐臻成熟，有足够的资本和产业资源脱离传统绿茶而成为独具个性的大品类，并从“氨基酸”角度全面定位“氨基酸白茶”，进行细分品类创新；第二，提出“比一般绿茶氨基酸含量高 2~3 倍”，充分将茶叶的卖点功能化，进行卖点创新；最后，以艺术大家吴昌硕为白茶主要代言人，其代表作品《达摩像》作为品牌精神诉求，提出“谢天谢地谢谢您”的情感诉求，与茶文化、与安吉白茶高氨基酸的特点高度吻合，进行文化创新。

安吉白茶产业的整合和品牌的建立正在走向一个茶文化内涵更加丰厚、茶功能卖点更加独特、茶品牌诉求更加精准的未来。张默闻这厮此次对极白氨基酸白茶发布的诠释，在一定程度上为安吉白茶产业带去了极大的发展信心。

8341 战略发布，极白白茶航母正式起航

随着国内经济的快速发展，人们的消费心理、消费习惯和消费方式都发生了翻天覆地的变化。中国传统茶行业的发展模式日渐受到局限，原来以礼品茶为主要销售定位的方式受到冲击，品牌根基不稳，难以跟上现今年轻人的消费节奏。如何改变传统茶行业现状成为所有茶企、茶商的重要课题。

对于极白氨基酸白茶来说张默闻这厮认为，做强品牌是第一要务，并提出知名的 8341 战略，同时在此次城投推介会上正式发布。据悉，8341 战略，即全面实施含广告、实景演出、极白博物馆、走进联合国等在内的 8 个品牌行动，启动陆羽、宋徽宗、吴昌硕 3 大代言人战略，规划含白茶、红茶、滑茶、花茶在内的 4 大品牌，坚持“比一般绿茶氨基酸含量高 2~3 倍”的强大卖点。

8341 战略的正式发布，意味着作为安吉白茶产业的整合者，中国养生白茶领导品牌——极白氨基酸白茶航母正式起航；意味着安吉白茶产业的品牌格局将得到全面突破，产业规模、品牌规模得到进一步提升。极白氨基酸白茶的时代已经来临，未来安吉白茶产业崛起，可拭目以待！

战略签约合作，产业整合呼唤行业领导

据了解，安吉白茶，作为中国名茶的后起之秀，自 1982 年中国白茶祖在安吉大溪村横坑坞 800 米的高山上被再次发现以来便迎来迅猛发展的新时期。如今，安吉白茶的栽种面积已达 17 万余亩，产量高达 850 吨，产值近 10 亿元。但与此同时，安吉当地也出现了规模不等的白茶企业，互相竞争又相互合作，群雄割据、标准不一，安吉白茶的品牌发展受到局限，“有规模没有大品牌，有市场却总在几千万徘徊”。

对此，安茶集团副总经理兼营销总经理徐旻垚先生认为，在中国宏观经济新常态之下，在安吉白茶现有的品牌现状之下，安吉白茶的发展已经进入了一个新的时期，需要从“诸侯时代”向“统一时代”全面迈进，需要出现一个强大的品牌来全面整合现有的产业资源，让安吉白茶迈上一个新的台阶。

在此次会议上，极白氨基酸白茶分别与张默闻策划集团、万向信托、浙商传媒、网营电商达成了战略合作，为白茶产业的整合与崛起提供策划创意、资本、传播等各方面有力的支持。与此同时，极白氨基酸白茶也已完成了对当地白茶龙头企业——峰禾园、千道湾

极白氨基酸白茶首次亮相的大美图景。

极白氨基酸白茶首次亮相的大美图景：张默闻这厮与张默闻策划集团 CEO 和广告人杂志社陈晓庆老师。

极白氨基酸白茶首次亮相的大美图景：战前思考中。

以及中国最大的安吉白茶互联网品牌——芳羽的收购。极白氨基酸白茶正在用资本的力量、规模的力量、品牌的力量，联合茶企、茶商、茶农，推动安吉白茶产业的全面升级与发展。

茶艺表演首秀，用艺术敬献天地您的恩情

在这场市场大会中，极白的茶艺表演让极白氨基酸白茶的首秀大放异彩，不少观众叹为观止。

茶艺，萌芽于唐，发扬于宋，改革于明，极盛于清，可谓有相当的历史渊源，自成一系统。它是“茶”与“艺术”的有机结合。茶人把人们日常饮茶的习惯，根据茶道规则，通过艺术加工，向饮茶人和宾客展现茶的冲、泡、饮的技巧，把日常的饮茶引向艺术化，提升品饮的境界，赋予茶以更强的灵性和美感。

与传统茶艺表演不同的是，极白氨基酸白茶以“达摩坐禅”为艺术背景，大量留白，让三两片茶叶漂浮在黑白水墨画中。“安吉白茶”四个字的红色印章则告白了它的真实身份。与此同时，极白邀请了 3 位专业茶艺师进行安吉白茶的茶艺表演，由主持人朗读由张默闻这厮亲自题写的《谢天谢地谢谢您》这篇饱含着浓浓深情的诗歌。无论是背景、茶艺、音乐、朗诵、诗歌，都美妙地结合在一起，在《谢天谢地谢谢您》勾勒的阳光雨露下，高山云雾里，与片片阔叶林，层层大竹海，潺潺小溪流，跳跳小动物尽情畅想着白茶的美好生长。而这个艺术般的茶艺表演更将极白氨基酸白茶的感谢文化传递给观众，来感恩天地的恩赐与厚爱，才得以孕育出如此好喝的极白氨基酸白茶。

在欣赏完这唯美的艺术表演之后，很多嘉宾也都认为，茶艺作为茶文化的一部分，应该继续加以传扬，让茶艺走下舞台，走进千家万户，融入寻常百姓的家中，给人们的生活以诗意、以情趣、以健康、以感恩。

当然，这幅唯美的茶艺制作最后也成了极白氨基酸白茶的专属之作，也成了极白“谢天谢地谢谢您”的传递窗口。

浙商大会二度获奖，誉满中国

继城投推介会之后，极白氨基酸白茶并没有停下它产业发展的脚步。在 2015 年末，极白氨基酸白茶与浙商传媒达成战略合作协议，成为浙商唯一指定用茶。与此同时，在由《浙商》杂志主办的“财智女性 · 闪耀东方”2015 首届亚洲财智女人论坛上，极白氨基酸白茶作为唯一受邀茶企，被授予了“亚洲财智女性首选养生茗茶”荣誉。

张默闻这厮认为，作为极白氨基酸白茶走出安吉的第一步，浙商大会的二度获奖无疑是以浙商为代表的消费者们给予极白最大的褒奖与肯定，标志着以极白氨基酸白茶为代表的安吉白茶产业将正式进入品牌化运作，迈出产业变革的第一步。

正式牵手浙商传媒极白氨基酸白茶成浙商唯一指定用茶

中国是茶叶的故乡，茶叶作为我国农耕经济下极具特色的产物，自古以来就是国民经济的重要组成部分。在经济全球化的今天，我国茶企的发展也不断受到自身的限制以及外国强势资源的冲击，导致国内市场上茶企的竞争异常激烈。面对如此形势，以极白氨基酸白茶为代表的安吉白茶异军突起。在 2015 年 12 月 23 日的第八届浙商年会上，极白氨基酸白茶公开亮相，正式成为浙商的唯一指定用茶。这预示着我国茶企正逐步打破渠道限制，迎合互联网经济形势下的大潮流，进一步实现多渠道合作共赢的新态势。

1）浙商传媒战略合作，极白氨基酸白茶全面进军商界

纵观我国茶业市场，安吉白茶虽作为中国名茶的后起之秀，有着源远流长的白茶文化，但由于安吉当地的白茶企业发展规模不等、茶业发展信息缺乏标准化、终端销售覆盖面不广、缺乏行业标杆、外来产品无序竞争等诸多问题，严重制约着安吉白茶产业的壮大发展，导致安吉白茶有大规模却没有大品牌的发展现状。

对此，极白氨基酸白茶率先迈出产业变革的第一步，利用品牌化的运作打破安吉白茶的发展现状，整合优势的产业资源，多角度、全方位地推进极白氨基酸白茶在全国市场占有率的有效提升，向有规模、有品牌的发展方向全面迈进。也正因如此，在走出安吉之际，极白氨基酸白茶选择浙商传媒作为品牌发展路上的事业伙伴，积极开展战略合作，借助浙商的品牌力与影响力，打响极白氨基酸白茶的知名度，让安吉白茶踏上一个新的台阶。

此次，极白氨基酸白茶与浙商传媒的战略合作，不仅拉开了极白氨基酸白茶营销战役的巨大帷幕，更向业界正式宣布了极白氨基酸白茶自此开始全面进军商界，全面发力白茶产业崛起。

2）正式亮相浙商年会，安吉白茶或将迎来发展良机

打破渠道限制，实现合作共赢。极白氨基酸白茶携手浙商传媒的成功合作，既是品牌知名度不断获得提升的体现，也是安吉白茶作为茶企生力军主动承担社会责任、展现自我的良好契机。

作为浙商的唯一指定用茶，极白氨基酸白茶不仅以此特殊身份亮相浙商年会，还在大会中献上了极白氨基酸白茶精心编排的茶艺表演。茶艺师们优雅的姿态，巧妙地把艺术与茶韵进行完美结合，将白茶文化的独特韵味在舞台上展现得淋漓尽致。

浙商传媒相关负责人感言，此次极白氨基酸白茶的首次亮相，不仅为双方今后的战略合作打下了坚实的基础，也为安吉白茶产业未来的发展提供了新的思路和机遇。浙商也愿意为中国茶产业的深入变革贡献出一分力量，希望中国茶文化能够有更深远的影响，也希

极白氨基酸白茶首次亮相的大美图景：张默闻这厮做极白首次演讲。

极白
氨基酸白茶
天 谢地 谢谢您
JIBAI AMINO ACID TEA

横空出世！

极白氨基酸白茶首次亮相的大美图景：张默闻这厮讲述极白命名。

登峰造极 好到极致

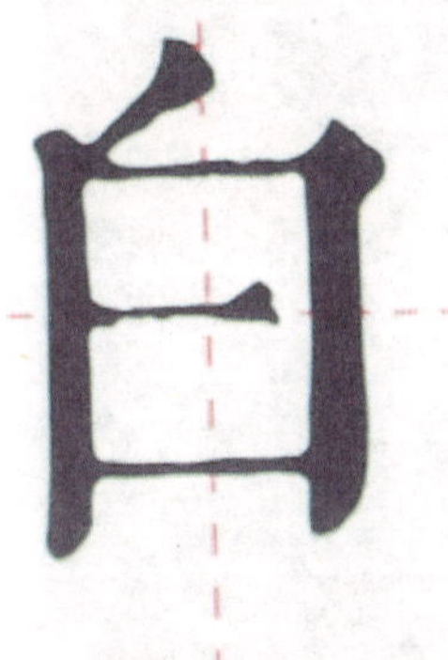

安吉白茶 以白为贵

极白氨基酸白茶首次亮相的大美图景：这不是安吉城投集团原董事长周江龙吗？真低调。

极白氨基酸白茶首次亮相的大美图景：这不是安吉城投集团现董事长周斌吗？真高兴。

极白氨基酸白茶首次亮相的大美图景。

集团
酸白茶整合营销
划集团
创始人张默闻连续五年蝉联央视广告策
，因成功服务娃哈哈和恒大集团而被誉
。
白茶整合营销全案策划，通过“8431”
过5亿的中国白茶领导品牌。
签约台

极白氨基酸白茶首次亮相的大美图景：采访间隙，亲切交谈。

望以极白氨基酸白茶为代表的安吉白茶产业能通过浙商这一平台，迎来更多的发展良机。

如今，随着人们生活水准的提高和对健康、社交、传统文化等的追求，预计我国茶叶消费量在未来一段时间仍有每年 3%~5% 的增长空间，未来我国的茶叶消费市场蕴涵着无限商机。对此，张默闻这厮坦言，从茶行业目前的发展形势来看，极白氨基酸白茶与浙商传媒的战略合作，成为浙商唯一指定用茶，不仅顺应了茶行业信息化转型的需求，也是在一定程度上为安吉白茶行业的振兴与发展提供一个良好的发展平台。

首次亮相论坛峰会，极白喜获“亚洲财智女性首选养生茗茶”

2015 年 12 月 23 日，由《浙商》杂志、浙商财智女人会、世界浙商网主办的“财智女性 · 闪耀东方”2015 首届亚洲财智女人论坛在杭州洲际酒店正式拉开帷幕。极白氨基酸白茶作为首次亮相论坛峰会的特殊嘉宾，被授予了“亚洲财智女性首选养生茗茶”荣誉。这不仅为极白氨基酸白茶成为我国养生型白茶领导品牌奠定了坚实的基础，更标志着极白氨基酸白茶正式迈出品牌化运作的第一步。

据悉，此次会议共吸引了来自全国各地的女企业家及创业组织共 500 人参会，包括韩国、日本的女性商业组织、浙商财智女人会、浙商全国理事会、浙商少帅会组织成员及国内外重量级专家学者，共同探讨女性在商业中的成长与创造。值得一提的是，浙商财智女人会作为目前长三角最活跃、最高端的女性社团组织之一，经过八年时间的历练与发展，汇聚了众多浙江商界的女性精英。此次会议的召开，不仅是女性力量的完美展现，更体现了在新时代的经济形势下，女性已成为社会发展历程中一支不可忽视的重要力量。

极白氨基酸白茶作为安吉白茶的代表品牌，在此次盛会中荣膺“亚洲财智女性首选养生茗茶”之名，并且凭借其茶叶中含有比一般绿茶氨基酸含量高 2~3 倍的强大卖点，获得了现场女企业家们的青睐。安吉白茶素为“茶中至胜”，多年来深受消费者的喜爱。其鲜爽的口感与较高的氨基酸含量，不仅满足了消费者对茶叶产品的基本物质需求，还在一定程度上满足了她们对营养与健康的追求，使得极白氨基酸白茶出入杭城便斩获嘉誉，当之无愧成为女性养生茗茶的首选品牌。

安茶集团董事长兼总经理吴剑先生感言，极白氨基酸白茶吸收充沛的阳光雨露，在拥有着 23 度以下 16 度以上的舒适好温度的安吉天真地生长，才得以造就了极白氨基酸白茶如此高的氨基酸含量。常饮极白氨基酸白茶，有利于血液免疫细胞促进干扰素的分泌，从而提高人体抵抗外界的侵害力。他表示，此次会议的荣誉褒奖，不仅是消费者对极白氨基酸白茶的认可，而且使得更多人了解了极白并愿意亲自尝试极白氨基酸白茶那独一无二的传奇口感。

作为极白氨基酸白茶全案的策划者张默闻这厮认为，自极白氨基酸白茶诞生以来，极白借助自身的优势资源，尽心为消费者提供高质量、好营养的产品，同时凭借“比一般绿茶氨基酸含量高 2~3 倍”这一卖点在茶叶市场中异军突出，为整个安吉白茶产业的全面升级与发展起到了强大的推动作用。

如今，极白氨基酸白茶正积极推进整合营销矩阵，全面深入市场布局，不断打造安吉白茶品牌文化，在运用其资本的力量、规模的力量、品牌的力量的同时，联合茶企、茶商、茶农，完成了对文化、环境、品牌、市场、竞争力等一系列综合层面的打造及攻克，全面启动以茶为媒多产业并存的新时代茶产业发展模式。未来的安吉白茶，乃至中国茶行业，也必将迎来新一轮的产业革新！

营销大会极白主场，硕果累累

现代营销学之父科特勒曾说过，品牌是销售者向购买者长期提供的一组特定的特点、利益和服务。而作为初出茅庐的极白氨基酸白茶而言，品牌知名度的打响无疑是品牌现阶段的重要环节。

在确立了全国性的市场推广战略之后，极白氨基酸白茶在春茶上市之际正式面向全国经销商召开大会，成功迈出了进军全国市场的第一步。

2016 年 3 月 24 日，“天下第一白”——极白氨基酸白茶全国经销商大会暨广告片全球首发仪式在安吉县隆重举行。本次会议邀请了包含浙江农林大学文化学院院长 / 茅盾文学奖获得者王旭烽老师、浙江广电评议中心专家 / 浙江传媒学院教授张雨雁老师、陆羽金融服务集团总裁王国良先生、张默闻策划集团董事长张默闻这厮、广告人杂志社陈晓庆老师、永达传媒总裁赵清先生、SGS 检测机构浙江区经理郑俊先生、吴昌硕纪念馆馆长王青云先生等在内多位重要嘉宾以及来自全国各地的 500 多名经销商共同参会，一同见证极白氨基酸白茶的全新面貌。

在经销商大会现场，极白氨基酸白茶正式发布了品牌发展战略及营销模式，是极白品牌自创立以来的首次品牌宣告仪式，标志着极白氨基酸白茶作为安吉白茶领导者已经向中国茶行业全面发出号角，特别是张默闻这厮提出的“氨基酸”概念在行业内抢先占位，得到了与会经销商和媒体的热切关注！自此，安吉白茶产业成功迈入统一时代！

战略发布，展现安吉白茶领导者风范

新事物的出现必然推动旧事物的创新与改变。时至今日，在以市场需求为导向的市场经济大环境下，传统企业正面临着产业转型的迫切需求。随着资本市场的进一步打开，土地安全分离改革的不断落实，以及“一带一路”等国家战略的持续推动等现状，都在不断地冲击着安吉白茶产业的发展，茶行业的产业升级愈演愈烈。2015 年安吉茶产业集团有限公司在“绿色浙江”“生态大省”的战略部署下，坚守习总书记所提出的“绿水青山就是金山银山”的“两山”论断，创立了中国养生白茶领导品牌——极白氨基酸白茶，率先完成对安吉白茶产业的转型与变革，标志着安吉白茶已全面进入产业整合发展的时代！

大会现场，极白氨基酸白茶正式公布了其全新的企业宣传片，视频用“资本的力量”“品牌的力量”“教育的力量”和“传播的力量”四个篇章全方位地展现出了极白氨基酸白茶的优势特点，并且将安吉的唯美山水完整摄录其中，运用强有力的语言文字以及震撼的视听效果，展现出了极白氨基酸白茶作为安吉白茶整合者的领导风范。与此同时，宣传片中还表达了极白氨基酸白茶关于品牌未来的发展规划，正式宣告极白氨基酸白茶将继续带领安吉白茶产业逐步走出安吉，走向全国市场，让安吉白茶能够被更多人所熟知和喜爱，在迎接品牌新高度的同时，为安吉白茶争取更好的发展与未来。

在欣赏完全新的企业宣传片后，极白氨基酸白茶总经理吴剑作为企业的领导代表上台发表致辞。他表示，极白氨基酸白茶通过前期的努力与发展，已拥有了一定的知名度与影响力，并且正在努力实现品牌的目标规划。未来，极白氨基酸白茶还将全方面地整合产业资源、资本资源、品牌资源、管理资源、人才资源、媒体资源等各个方面的强有力优势，联合极白氨基酸白茶越来越多的事业合作伙伴，打造厂商利益共同体、价值共同体、生命共同体，一起发力极白氨基酸白茶的品牌建设！

目前，极白氨基酸白茶已经完成了对安吉县内多家省级标准化茶企的并购，并且在华东林交所大宗农林产品现货电子交易平台成功挂牌上市，成为浙江省第一个上市的茶叶品种。在未来的品牌发展之路上，极白氨基酸白茶还将通过资本纽带、市场运作、共享增值这三大基本原则去实现产业的整合与品牌的发展，进一步稳固极白氨基酸白茶作为安吉白茶领导者的地位。

抢先占位，氨基酸核心诉求广受认可

现如今，我国茶叶的种植面积和产量正在逐年增加，国内的消费量更是明显增长。随着我国政府、茶叶行业主管机构和重点茶企业对产品质量、安全的高度重视，国内消费者的质量安全意识的提高，食品安全法规更加严格、规范和有效地运行，使得我国茶叶从种植、加工和销售的整个环节都有了更高的质量安全标准及要求，同时也迫使一些违反农残法规、农药和肥料用量超标的部分茶企逐渐被市场所淘汰。极白氨基酸白茶自成立以来始终秉持着“健康为本”的生产种植理念，在生产的各个环节严格把关，极大程度地保证了其产品的安全性和营养性。

据资料显示：经生化测定，发现极白氨基酸白茶氨基酸含量普遍在 6% 左右，最高的

兄弟，就要抱一下。

兄弟，就要喝一杯。

极白全国经销商大会期间独家珍藏照片揭秘。

甚至达到 9%，而一般绿茶的氨基酸含量则为 1%~4% 左右。基于安吉白茶高氨基酸含量的这一特点，张默闻这厮为极白氨基酸白茶提出了“比一般绿茶氨基酸含量高 2~3 倍”作为极白氨基酸白茶的核心卖点，通过极白氨基酸白茶这一特质将其与其他产品区别开来。为了使这一数据有证可依，极白氨基酸白茶委托 SGS 专业检测机构对极白氨基酸白茶的茶叶品种进行专业的检测。在大会上，SGS 专业检测机构还来到了大会现场，并且还公布了极白氨基酸白茶氨基酸含量的测试结果。据专业的检测结果显示，极白氨基酸白茶的氨基酸含量达到 7.8g/100g，也证实了极白氨基酸白茶比一般绿茶氨基酸含量高 2~3 倍的这一事实。

作为一个公正、严谨的第三方，SGS 专业检测机构已经成为多个省级茶叶行业协会和茶叶出口企业的战略合作伙伴。多年来，凭借其丰富的经验、专业的器材和人员标准，一直致力于为行业和企业提供茶叶种植、加工、销售及品牌建设等多环节的国际国内法规解析、质量管理体系认证和培训、农残 / 重金属 / 稀土 / 蒽醌 / 高氯酸盐等检测服务以及综合性质量安全监控和提升管理服务，得到了各级政府、行业协会及企业的高度认可。基于此，极白氨基酸白茶选择 SGS 为其进行专业的数据检测，以确保数据的准确性与公正性。

众所周知，茶氨酸是茶叶中生津润甜的主要成分，有利于血液免疫细胞促进干扰素的分泌，促进人体的新陈代谢，提高人体抵抗外界的侵害力，对提高记忆、降低血压、减肥护肝、改善经期综合症、保护神经细胞、抗氧化等都有明显作用。我国知名茶学专家教授庄晚芳曾高度评价安吉白茶，称“具有观赏、营养、经济三大价值，普通绿茶不能与之相比”。极白氨基酸白茶抢先占位，率先将“氨基酸”作为品牌名称及核心的诉求点，得到了参会人员的高度认可！

全球首发或成安吉白茶首支广告片

安吉，山川隽秀，绿水长流，竹海常青，云雾缭绕。在北纬 30.68° 神奇纬度带上，安吉有着广阔的植被覆盖，其舒适的温度与湿度，也使得极白氨基酸白茶能够在这片土地上天真地生长。经过天地万物的滋养，极白氨基酸白茶在这世外桃源般的绿水青山中繁育发芽，将最新鲜的茶叶带到消费者面前，为消费者奉上最鲜美的茶汤。

作为安吉白茶产业中最具影响力的品牌，极白氨基酸白茶拍摄了首支品牌广告片，并于经销商大会上首次公布。这不仅是极白氨基酸白茶的第一条广告片，也是安吉白茶史上第一支真正意义上的广告片。广告片于安吉当地取景拍摄，是自然与艺术的完美结合，它不仅把安吉如画的美景完整记录，更运用精美的画面将极白氨基酸白茶的形态完美呈现给观众，为观众展现出极白氨基酸白茶高端的品质与深厚的文化底蕴。

极白全国经销商大会期间独家珍藏照片揭秘。

国好声音
2016
一路上有你
第一季
极白·氨基酸白茶
好声音》《一路上有你》
唯一茶企赞助商

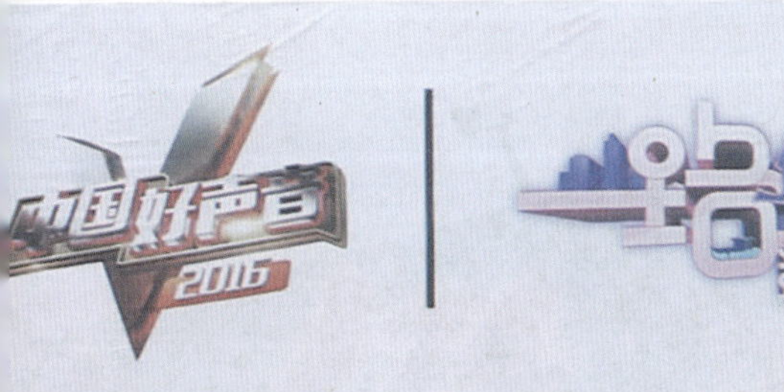

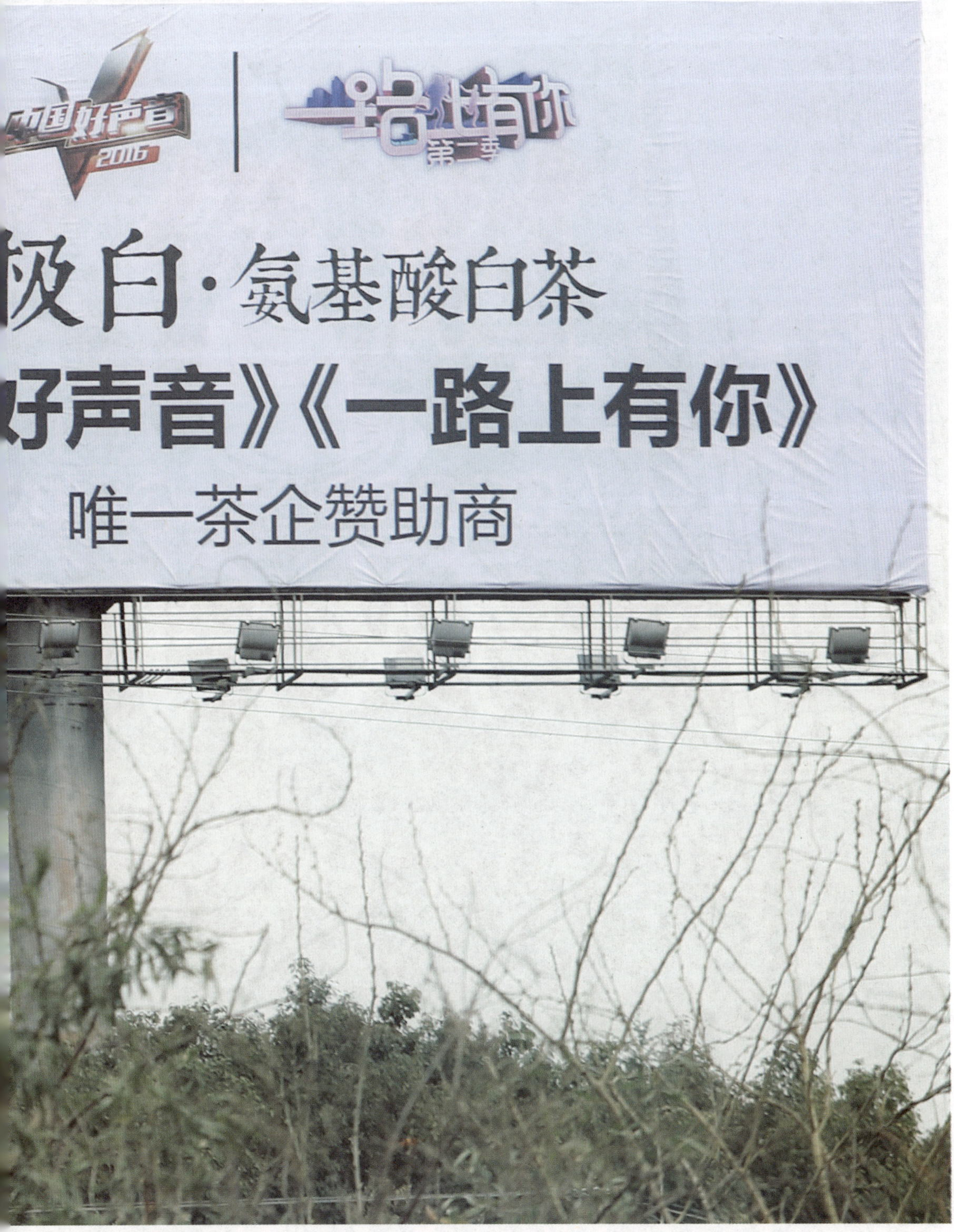

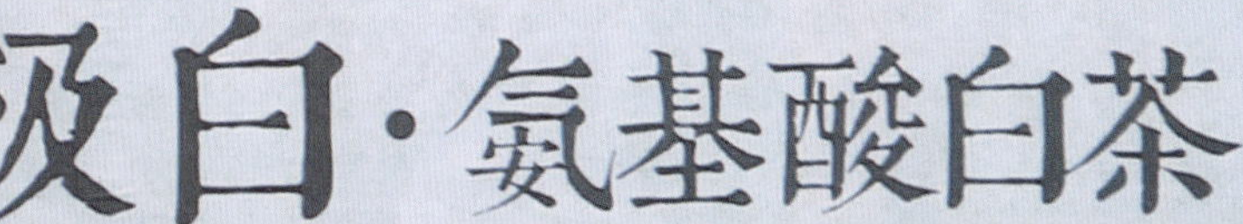

极白全国经销商大会期间独家珍藏照片揭秘。

天下第一白
2016极白氨基酸白茶全国经销商大会
暨广告片全球首发仪式
时间：3月24日13:00 地点：安吉大年初一度假酒店

极白全国经销商大会期间独家珍藏照片揭秘。

领导品牌

据悉，此次广告片的发布包含了“年轻篇”和“好喝篇”两个版本，由张默闻这厮亲自创意并监制拍摄，并且还亲赴广州参与广告片的后期指导。在短短 15 秒的广告创意中，张默闻这厮将极白氨基酸白茶的核心要素聚焦在“氨基酸”一词上，完美展现了极白氨基酸白茶的强大卖点，每一帧每一秒的画面都在呈现极白氨基酸作为中国养生白茶领导品牌的品质与品位。

大会现场，张默闻这厮还就此次极白氨基酸白茶首支广告片的创意作了详细阐述。他表示极白氨基酸白茶作为安吉白茶的领导品牌，有着其独一无二的传奇口感，让众多爱茶人士叹为观止。会上，还首次公布了极白氨基酸白茶广告片的拍摄花絮。花絮中不仅记录了广告片的整个拍摄过程，还细心地将台前幕后的点点滴滴记录在摄影师的镜头下。安茶集团副总经理兼营销总经理徐旻垚先生在观看后感言，花絮中每一位台前幕后的工作人员的辛苦付出都令他尤为感动，极白氨基酸白茶广告片能有如此完美的效果呈现离不开每一位工作人员的努力。

作为安吉白茶产业的整合者，极白氨基酸白茶经过不懈努力，打造出了安吉白茶第一条高规格的广告片，这不仅是安吉白茶品牌化的巨大进步，更是茶行业多元化发展的展现。极白氨基酸白茶广告片唯美的画面与精彩的创意不仅获得了大会现场观众们的一致好评，还给他们留下了深刻的印象。此次极白氨基酸白茶全球首发仪式的成功举办，为极白氨基酸白茶进军全国市场的战略奠定了基础，也是其品牌化发展的良好开端。

剖析品牌，张默闻这厮深化品牌运作

在产品同质化的今天，企业该如何打破发展中的瓶颈呢？最好的办法就是进行品牌建设。如今，品牌建设已经成为市场的必然推动力，也成为商家手中获取利益的筹码。品牌之所以能够在市场中占有越来越重要的位置，为企业带来最大的利益，是因为品牌将企业置于了整个市场环境的中心，致使企业与消费者之间的联系被拉进，从而增加了消费者对企业的向心力；而对于那些忽视品牌的企业而言，企业与相关的消费者之间却或多或少产生了一定的距离，使非品牌企业与品牌企业之间的盈利能力相差甚远。

作为极白氨基酸白茶的全案策划人、极白品牌的缔造者之一，张默闻这厮在经销商大会上与数百位经销商关于品牌化的运作这一问题进行了深入讨论。他说道，在过去的几十年里，安吉白茶经过长期的发展壮大，种植面积已达到了 17 万亩、产值达到了 20 多亿元，成了安吉当地农业增效、农民增收效果最为突出的产业。但由于长期受传统农耕经济的影响，导致茶农对于品牌的意识较为薄弱，也使得安吉白茶自产自销的比重占到了整个产业的 70%，茶农只需在家门口就能完成交易。散茶的交易模式严重影响了整个安吉白茶产业的标准化与品牌化进程。

张默闻这厮认为，虽然茶农只需负责管理茶园里生产相关的事宜，但是由于安吉白茶产业普遍缺乏标准化的营销体系，因此茶企应该站出来，主动去承担品牌化营销的重担，负责把关产品从加工到市场的关键环节。极白氨基酸白茶自成立以来，从产业整合到品牌运作、从品牌运作到标准化规模，不断丰富的背后，是其整个品牌体系的充实。只有当产业逐步走向标准化时，品牌才能走上良性循环的发展之路。

伴随着人们生活水平的逐渐提高以及市场年轻化的明显趋势，茶企必须采取新的营销思路和方法来拓展市场的占有率。对于极白氨基酸白茶今后的品牌化运作，张默闻这厮在演讲中提到，应该努力提升极白氨基酸白茶的品牌形象，扩大品牌的知名度与影响力，加快品牌的多渠道建设，建立类快消品营销模式，推动茶产品的互联化与年轻化，让安吉白茶成为中国白茶类产品的货币化产品，让极白氨基酸白茶成为中国白茶的第一品牌和市场占有率最高的品牌。

全面互联，签约卫视布局高铁大传播

在这个信息流爆炸的时代，企业想在产品同质化的市场上建立自己的品牌、推广自己的产品，便不能再坚守“酒香不怕巷子深”的传统理念，而要借助以多媒体为载体的媒介形式，利用现代化的信息流传播，在激烈的竞争中独树一帜，树立品牌，在市场占据有利地位。

此次的经销商大会上，极白氨基酸白茶与中国高铁广告的巨擘永达传媒、中国电视行业的收视担当浙江卫视正式达成战略合作，并当场签订传媒战略协议，打开了极白氨基酸白茶在全国市场的传播新局面。受互联网的影响，虽然移动端媒体与人们的生活的联系越来越紧密，但是作为传统媒体老大的电视行业依然占有不可撼动的重要地位。因此在电视媒体的选择方面，极白氨基酸白茶选择了近几年收视飙升的浙江卫视作为传媒战略合作伙伴，强势植入浙江卫视的黄金栏目《中国新歌声》（原《中国好声音》）和《一路上有你》，并成为两档节目的唯一茶企赞助商，用其精准的定位与创意，来提升品牌的形象，吸引更多的潜在消费者。而在线下的传播媒介方面，极白氨基酸白茶将目标聚焦在有着巨大影响力的高铁广告媒介上，并与永达传媒展开合作，成功进驻北京、上海、西安、杭州、南京、天津、太原、石家庄、济南等 24 个主流白茶消费城市的高铁站点，全范围、高密度地投放 LED 大屏广告。毫无疑问，不论是永达传媒还是浙江卫视的黄金栏目，都拥有着强大的传播影响力与广泛的人群辐射力。而人群经济的导向对于如今的市场走向也有着极为重要的影响，消费者常常通过品牌的影响力与用户的社会舆论导向来判定品牌的价值与产品

极白全国经销商大会期间独家珍藏照片揭秘：大会能量汹涌而来。

极白
大師极白
V6

极白全国经销商大会期间独家珍藏照片揭秘：极白就是领导者。

质量，这也使得品牌的传播变得尤为重要。

大会现场，浙江广电评议中心专家、浙江传媒学院教授张雨雁老师作为浙江卫视的媒体代表与极白氨基酸白茶签订战略协议，并就目前电视传媒行业与品牌的互动合作做了简单的分享。他介绍到，由于互联网电视行业的迅猛发展，在 2015 年上半年全国广播电视媒体的广告收入较之前明显有所下滑，而 CCTV 和省级地面台依然是品牌的主要选择。作为省级卫视的翘楚，浙江卫视在 2015 年以“奔跑”的姿态“高歌猛进”，广告营收达到 85 亿，尤其是标杆综艺《中国新歌声》（原《中国好声音》）节目收视率持续走高，也间接地带动了植入品牌的影响力与知名度。张雨雁老师表示，2016 年以湖南卫视、浙江卫视为首的省级卫视将会持续引领传统媒介的发展，在以创新为基础的节目宗旨上继续创造新的收视神话，为合作品牌带去更好的效益。

对此，安茶集团副总经理兼营销总经理徐旻垚表示：传播是品牌建设至关重要的一个步骤，极白氨基酸白茶希望通过高铁、卫视、互联网以及各种其他传统媒体向全国发出安吉白茶的品牌最强音，促进中国茶产业发展的全面升级。

畅谈营销，用实战分享极白营销思路

安吉白茶的发展可以分为三个十年：第一个十年，是引种繁育的十年；第二个十年，是进行标准化探索的十年，从茶园的基地建设、茶园管理到加工工艺，安吉白茶的标准从无到有，逐步完善；第三个十年，是品牌化建设的十年。随着产业规模的扩大，传统的散茶经营已经到了不得不转型的地步。于是乎，安吉白茶开始尝试举办各类活动，为拓展市场创造条件。

对于安吉白茶之前的经营状况，安茶集团副总经理、千道湾联合创始人严铁尔先生坦言：“茶农只有在市场行情不好时，对企业的依赖才会更强，否则，尽管企业收购价高出市场价，但农民情愿粗放经营，直接入市”。面对如此的情况，市场对茶企的要求就会变得更高，需要茶企把品牌与服务做得更细致、更到位。

会上，安茶集团副总经理兼营销总经理徐旻垚就如何营销与动销发表了演讲。他表示，对于安吉白茶产业的转型升级，极白氨基酸白茶的市场潜力是巨大的。随着互联网商业模式带来的共享经济、社群经济、大数据经济等新商业形态的颠覆，传统产业的价值链分崩离析，全新的市场变化迅速构筑起了全新的商业价值，在中国经济的新常态驱动下，安吉白茶产业甚至整个茶行业都在由“品质时代”逐步走向“品牌时代”。

作为极白氨基酸白茶营销矩阵的关键性人物，徐总用其多年的实战经验向现场观众们讲述了极白氨基酸白茶的营销思路。他表示，2016 年极白氨基酸白茶在品牌的发展道路上实现了 4 个转变：第一是从“产地品牌”向“产品品牌”的转变，即把极白氨基酸白茶塑造成为全国性的知名品牌，引导极白氨基酸白茶成为我国养生型白茶的领导品牌；第二是从“价格导向”向“价值导向”的转变，明确了极白氨基酸白茶的品牌定位，通过满足消费者的消费需求提升了安吉白茶品类的产品价值；第三是从“传统茶文化”向“时尚茶文化”转变，把目标消费者的方向渐趋向于年轻化的消费群体，逐步以年轻化态势，带动传统型的产业发展，塑造安吉白茶产业的品牌特有的茶文化市场；第四是从“农产品传统销售方式”向“消费品营销方式”转变，建立健全产品的标准体系和价格体系以及完整的品牌系统和销售体系，实现了极白氨基酸白茶的成品化销售以及企业的品牌运作，从而实现了从品类运作到品牌运作的转变。

谈及此次经销商大会的成功召开，徐总表示这既是极白氨基酸白茶第一次与经销商的相聚相知，也是极白氨基酸白茶作为安吉白茶领导者身份的第一次完美亮相。极白氨基酸白茶将通过联合品牌的力量来把控渠道发展，与经销商伙伴们一起带领极白走向全国。

正式授画，达摩坐禅点化深深感谢情

提到安吉，让人首先联想到的一定是安吉的浩瀚竹海与隽秀茶山。当然，除了茶叶与竹叶这两张金名片以外，以吴昌硕老先生为代表的安吉文化也是安吉给人们所留下的又一显著特征。

众所周知，吴昌硕老先生诞生于安吉，是一位在中国画坛上颇具影响力的大师，他是“清末海派四大家”之一，集“诗、书、画、印”为一身，融金石书画为一炉，被誉为“石鼓篆书第一人”、“文人画最后的高峰”。在传统文化融合、会通的大背景下，吴昌硕先生博采众长，兼收并蓄，他以金石入印、入书、入画，以最传统的艺术因素和审美理想塑造了崭新的艺术风格和风气。他在艺术与文化上极高的造诣，不仅让绘画体现出了野逸与高古之气，还把中国画推进到一个新的境界，对现代中国绘画界产生了极其深远的影响。极白氨基酸白茶的品牌标识正是受吴昌硕先生《达摩像》这一作品的点化，经过张默闻这厮的创意与指导，才有了如此的形态，也使得极白氨基酸白茶与吴昌硕从此有了不可割舍的联系。

在经销商大会的现场，吴昌硕纪念馆馆长王青云先生代表吴昌硕纪念馆，将吴昌硕老先生的画作《达摩像》授予极白氨基酸白茶。他表示：“虽然昌硕先生已仙去，但是他将自己的满腹学识与才情创作成书画作品留给了世人，让安吉这座拥有 1800 多年历史的小城更加富有文化底蕴。我们吴昌硕纪念馆感怀于安吉白茶领导者——极白氨基酸白茶‘谢

吴昌硕

极白全国经销商大会期间独家珍藏照片揭秘：安茶集团董事长兼总经理吴剑接受吴昌硕纪念馆赠送大师名作《达摩像》。

念馆授

天谢地谢谢您’的感恩精神，因此特将吴昌硕老先生的《达摩像》赠与极白。”

作为安吉白茶的领导者，极白氨基酸白茶自诞生以来便与安吉的文化、与昌硕文化有着千丝万缕的联系。极白氨基酸白茶有责任、也有义务去传承昌硕文化，弘扬安吉的文化。如果说竹叶与茶叶是安吉产业发展的象征，那么安吉的文化则是这座城市的精神指引。正是由于安吉能有如此深厚的文化底蕴和文明指引，才使得安吉人不辞辛苦、默默付出，培育出了如此好喝的极白氨基酸白茶。

每一座城市都因为其不同的文化，而有着不同的美丽故事。城市文化是一座城市形态具象的外显，它不仅能够激发人们的思想情感，更能彰显出这座城市的文明与实力。无论它如何发展壮大，它所涵盖的物质文明、精神文明、政治文明都不会被它的子民所遗忘。对于此，安茶集团董事长兼总经理吴剑表示，极白氨基酸白茶作为弘扬安吉茶文化的中坚力量，已经正式与吴昌硕纪念馆达成合作协议。今后，双方在传承昌硕文化和茶文化的同时，也将共同推进安吉的文化产业，以带动安吉各个产业的迅速发展，让更多的人了解安吉、爱上安吉，把安吉变得更加美好。

隆重授牌，战略经销商打响全国市场

从安吉白茶产业的新生代到如今的绝对领导者，极白氨基酸白茶历经产业整合，在国资、市场双重力量的保护下，在张默闻策划集团金牌策略的护航下，在以浙江卫视、永达传媒等传媒高地的支持下，急速发展，稳步前进，将安吉白茶产业推向了全国市场。

在此次的全国经销商大会上，极白氨基酸白茶向全国 11 个地区（包括北京、上海、南京、杭州、西安、合肥、石家庄、无锡、苏州、兰州和呼和浩特）的经销商代表颁发了战略合作伙伴的授牌，打响了极白氨基酸白茶进军全国市场的营销战役。

正值春茶上市之际，极白氨基酸白茶选择在这个时间节点“广发英雄帖”，高调邀请了来自全国各地的战略经销商合作伙伴共同参会。一方面是便于经销商伙伴在春茶上市的阶段对极白氨基酸白茶的新产品进行实地考察与近距离的接触；另一方面，也是为极白氨基酸白茶的众多经销商制造一次相聚的机会，让大家能有时间坐在一起，分享做茶路上的营销经验。

对于经销商的加盟与管理，安茶集团副总经理兼营销总经理徐旻垚认为，极白经销商管理的核心战略是“用我的投资，换你的通路精耕”，通过 2~3 年的合作实现经销商做强、做大。他认为，在与经销商铺设营销渠道的同时，应该积极完善产销、售后、物流等各个服务环节，以形成极白氨基酸白茶专属的营销渠道体系。

会上，来自南京地区的张道余作为极白氨基酸白茶品牌的第一批战略事业伙伴代表上台发表感言，分享了他做茶多年的心路历程。他表示，一直以来，自己都是以经营散茶为主，粗放经营，之前也并没有考虑到品牌的重要性。如今受新经济模式的影响，品牌在茶行业的发展中占有越来越多的比重，消费者也更趋向于对品牌茶的选择，散茶经营一时间陷入了瓶颈的状态。在与极白氨基酸白茶接触后，他毅然决然地选择加入极白，成为极白营销战略中的一员。这不仅是因为极白为经销商提供了丰厚的政策与服务，还因为极白氨基酸白茶所提倡的企业文化与精神，让他看到了极白作为安吉白茶代表品牌的广阔发展前景与巨大的市场潜力。“相信很多人会跟我一样困惑，不知道是否要放弃散茶去经营品牌茶，但极白会告诉你选择极白是正确的”，张道余说。

纵观中国茶行业大势，2016 年是充满机遇而又充满转折的一年，互联化与年轻化的不断冲击，促使着传统茶产业的转型与升级。而极白氨基酸白茶作为安吉白茶产业转型的先驱，率先迈入全国市场，争取到了更多的发展机遇，深化了安吉白茶产业的品牌化运作。此次经销商大会的顺利举行，也意味着极白氨基酸白茶正在逐步完善线下的销售渠道，同时也做好了充分准备去发力扩张全渠道的销售网络。

成立学院，打造安吉白茶的黄埔军校

常言道，商场如战场。如今，在这个云谲波诡的市场竞争中，人才已然成为企业的第一资本。十八大以来，习近平总书记就在不同场合不同会议上多次强调了人才的重要性。他指出，适应和引领我国经济发展新常态，创新是引领发展的第一动力。抓创新就是抓发展，谋创新就是谋未来，创新驱动实质上就是人才驱动。要学会招商引资、招人聚才并举，择天下英才而用之，广泛吸引各类创新人才特别是最缺的人才。由此可见，创新人才的培养是各产业发展壮大的必经之路。

极白氨基酸白茶作为安吉白茶产业的领导品牌，在实现产业整合的同时，建立了专属的创新人才培养机制，为极白氨基酸白茶的事业发展输送更多的专业人才。在经销商大会上，极白氨基酸白茶联合张默闻中美联合商学院集团成立极白营销学院，聘请张默闻这厮担任极白营销学院院长，安茶集团副总经理兼营销总经理徐旻垚担任学院副院长。而在产品授课导师方面，则由千道湾创始人严铁尔、陈锁、陈林，峰禾园创始人马荣达亲自担任，由国家高级茶艺师赵文逸老师担任茶艺老师，全方面完善极白氨基酸白茶的人才培养机制，助力极白营销队伍建设，让大家在经营极白氨基酸白茶的同时，更懂极白、懂营销、懂管理、懂茶艺。大会现场，安茶集团董事长兼总经理吴剑给各位导师亲自颁发了商学院的聘书，向业界宣告极白营销学院的正式成立。

作为极白营销学院的院长，张默闻这厮坦言未来的市场是人才竞争的战场。极白氨基酸白茶不仅需要发掘优秀人才的敏锐度，更需要培养人才、凝聚人才的良好机制。就目前而言，中国茶行业的散茶买卖现象仍旧存在，部分茶商严重缺乏品牌意识以及营销实战经验，而一些茶园也并没有得到标准化的管理，导致茶行业鱼龙混杂，发展混乱。因此极白氨基酸白茶率先成立极白营销学院，免费对各级经销商、营销团队、导购员、茶艺师等进行综合教育和培训，将极白氨基酸白茶体系内的所有事业伙伴打造成为会管理、精专业、高技能、通营销的专业团队。这里不仅有营销大师亲自传授实战经验，还有制茶大师深度解析极白氨基酸白茶的生产与管理，更有专业的茶艺师传承悠久的茶道文化，让极白营销学院成为中国茶行业最专业的教育培训机构。

安茶集团董事长兼总经理吴剑认为，极白营销学院的建立，不仅是为了让极白能够更科学地发展与进步，更重要的是带动整个安吉白茶产业的标准化、制度化。相信在大师们的共同努力下，极白氨基酸白茶将建立系统而全面的营销管理培训机制，打造出极白氨基酸白茶特有的实战资源体系，让极白营销学院成为安吉白茶产业的“黄埔军校”。

气质门店旗舰首开，门庭若市

品牌形象店，一直是品牌进行传播、营造氛围的极佳载体。它既能满足企业对品牌的深度传播，又能带动产品在终端的销售，在提升品牌形象的同时促进企业在线下的产品销量。伴随着消费者在市场经济中主体地位的提升，以顾客体验为核心的品牌形象店也越来越多，而品牌精心为消费者呈现的周全的服务体系，也使得越来越多的消费者愿意走进形象店，去参与品牌的互动，对品牌进行深入了解。

2016 年 3 月 25 日，极白氨基酸白茶首家品牌形象店落户安吉。这是极白氨基酸白茶面世以来的第一家品牌形象店，不仅宣告着极白氨基酸白茶的正式运营，更标志着极白氨基酸白茶将作为安吉白茶的领导品牌正式打开国内市场。

作为“整合安吉白茶产业”、打造“安吉白茶领导品牌”战略的重要一步，极白首家品牌形象店的落户，使得极白在为消费者带来原汁原味的品牌体验的同时，更加速实现了品牌不断向上发展的愿景。

形象店落户安吉，全面助力产业整合

安吉，作为安吉白茶的原产地，一直以来受众多茶客所喜爱，每年的茶季都会吸引大批的茶商汇集于此，而安吉白茶也由此成为安吉这座城市的名片。正所谓：“茶者，精灵也；爱茶者，友也。以茶而会友者，天下之共识也”。2016 年 3 月 25 日，极白氨基酸白茶

极白全国经销商大会期间独家珍藏照片揭秘：参加记者见面会的张默闻这厮。

首家品牌形象店在安吉正式开业。开业当天，不仅吸引到了安吉当地的众多消费者前来围观，更有不少外地的茶商也相伴而来，一时间形象店外门庭若市，数百人欢聚一堂，共同见证极白氨基酸白茶的这一重要时刻，领略极白氨基酸白茶深厚的文化底蕴，品味最鲜美的极白氨基酸白茶。

开业仪式上，安茶集团董事长兼总经理吴剑发表了致辞。他表示，2015 年，极白氨基酸白茶在安吉县委县政府的支持和鼓励下，已顺利完成了对县内多家省级标准化茶企的并购与合作，并且携手张默闻策划集团、万向信托、浙商传媒、永达传媒、浙江卫视等强势资源全面助力品牌建设，为品牌的发展保驾护航。他感言，极白首家形象店的成功落户，不仅是极白氨基酸白茶品牌化运作的正式起步，更是安吉白茶产业整合路上的重要一步。

作为安吉白茶的领导品牌，极白氨基酸白茶在 2016 年正式开启全媒体营销传播模式，并且还计划一年内将在北京、上海、杭州、南京等各大安吉白茶主流消费城市开设 20 家旗舰店，让全国各地的爱茶人士能有机会与极白亲密接触，品尝到安吉白茶的鲜与美。

高水准形象门店，全方位的品牌体验

在新形式的市场经济影响下，各产业都正以迅猛之势急速发展，市场上的商品琳琅满目，品牌也越来越多。受市场环境的影响，消费者的消费行为与消费观念也随之改变，这也意味着传统的单极营销时代已经逐渐没落，多极化时代正在来临。而在多极化营销的环境下，要想打造店铺的火爆销售，顾客体验尤为重要。所谓顾客体验，就是改变原来单纯的卖方市场行为，更多关注买方市场，强调顾客体验，感受产品价值，在顾客参与中，自主自发地产生购买行为或多次购买，最大化地提升销售业绩。

对此，张默闻这厮认为，在如今的大环境下，品牌应打造周全的服务，建立品牌与消费者的良好关系，获得消费者的信赖，创造品牌的好口碑，提升品牌的美誉度。对于极白氨基酸白茶首家品牌形象店的运营开业，他认为品牌形象店在注重经营管理的同时，应该更注重客户的体验与感受。

极白氨基酸白茶首家品牌形象店落户于安吉经典 1958 商业区，形象店采用了时下最流行的设计风格与设计理念，将艺术与现代化完美结合，运用简约却不简单的设计形式，体现出极白氨基酸白茶品牌形象店的优雅与别致。为了将极白氨基酸白茶品牌形象店成功打造成为茶行业中高品质、高水准的终端门店，店内的所有布置都为消费者提供极白的专属体验。在产品陈列区所放置的每件产品，都在向消费者讲述着极白氨基酸白茶独特的品牌魅力；极白品茗体验区，让消费者能够亲身体验茶艺，不仅能满足消费者对于品茗的基本需求，更为消费者展现了极白独有的文化体验。用鲜美的茶汤呈现出极白的品牌精神与文化底蕴，把极白氨基酸白茶“谢天谢地谢谢您”的精神诉求深植到每一位消费者心中。形象店内精彩纷呈的体验内容不仅诠释了极白的品牌文化内涵，更体现出了极白作为安吉白茶代表品牌的领导者风范。

在开业当天，消费者们不仅可以参观店内所陈列的极白氨基酸白茶线下系列的各款经典产品，还可以欣赏由专业的茶艺师所呈现的精彩茶艺表演。现场更有店员主动为消费者介绍极白的品牌与产品；在游戏互动区，更设置了消费者游戏互动专区，并且还准备了精美的礼品；同时店内准备了开业优惠券给每一位到场的消费者，让消费者能够沉浸在购物和品茗的乐趣中。除此之外，店员还积极处理消费者的咨询与反馈，为消费者呈现出最完美的服务，增加与消费者的互动，在互动中加深认识，让消费者在品味最纯正、鲜美的极白氨基酸白茶的同时，还可以享受极白所带来的视听盛宴与最周全的服务。

随着极白首家品牌形象店的顺利起航，极白氨基酸白茶将逐步带领安吉白茶产业深入到国内市场，实现安吉白茶从“品质时代”昂首迈入“品牌时代”的愿景。为此，以极白氨基酸白茶为龙头的安吉茶产业航母正加速前行！

南京分销大会召开，进军江苏

每年的三月份，是安吉白茶最为繁忙的时候。采茶、制茶、卖茶，成千上万的茶人、茶商、茶客都会聚集在安吉茶叶交易市场，足足一月有余。然而，茶季一过，这些人便纷纷离去。安吉的茶叶市场也算是圆满结束。然而，极白氨基酸白茶作为品牌化运作的标杆企业之一，并没有满足于 3 月 24 日的那一场经销商大会，而是等到茶季过后，迅速扑入新的战场，并且将战场从安吉转移到江苏，直指金陵腹地。

金陵相逢上演极白品牌诱惑

据专业机构调查研究，南京是主要的绿茶消费城市，安吉白茶在当地的口碑与销售情况都比较好。就目前来看，安吉白茶在南京当地的市场仍然拥有巨大的市场空间。

然而，品牌是产品质量无言的保证，消费者将品牌作为产品质量的代表，安吉白茶虽然受消费者喜爱，但同时市场品牌杂乱无章，缺乏一个龙头品牌对市场的培育，使得消费者盲目购茶的几率大大增加，以至于在安吉白茶的市场中，急需一个具有领导作用的品牌诞生。

极白，作为安吉白茶品类的代表品牌，在整合了安吉县多家著名茶企（峰禾园、千道湾、芳羽）的产业资源之后，在产品、品牌、传播等各方面都有了强大的保证。可以说，此次

张默闻这厮开讲。

听张默闻这厮演讲，董事长笑了。

听张默闻这厮演讲，嘉宾笑了。

听张默闻这厮演讲，代理商笑了。

极白进入南京市场，对安吉白茶在江苏地区的市场布局、品牌布局起到了巨大的推动作用。

与此同时，张默闻这厮作为南京分销大会的特邀嘉宾，就茶企的品牌化以及极白氨基酸白茶品牌战略发表演讲，精彩演绎《品牌的诱惑》，并分享了“成就品牌的 20 要素”，让在场的茶人茶商充分了解品牌、理解品牌，并更好地参与极白品牌发展的建设。

大师说茶，品质护航产业发展

众所周知，安吉白茶树为茶树的变种，极为稀有。春季发出的嫩叶纯白，在“春老”时变为白绿相间的花叶，至夏呈全绿色。其口感清爽，不苦不涩，这均得益于其极高的茶氨酸含量。经检测机构检验，极白氨基酸白茶随机抽取的样茶氨基酸含量高达 7.8g/100g，比一般绿茶氨基酸含量高 2~3 倍。

因此，张默闻这厮认为，极白应该牢牢锁定高茶氨酸，并在产品的品质上严加把控。对此，峰禾园创始人、种茶 30 多年的老茶人马荣达先生介绍：极白在产品品质方面的要求非常严苛，不仅邀请了茶学硕士吴国宏、农学博士李大鹏、种茶 20 多年的老茶人陈锁、严铁尔以及拥有丰富经验的专业制茶团队作为极白产品生产的首席力量，还积极创新了基地茶园统一管理模式，实现订单农户的高标准作业，并投入安吉县最大规模的机械化茶叶生产流水线设备，全程自动化生产，茶叶不落地，完全实现清洁化生产。每一道程序都经过规范化、清洁化的管理，每一项指标都远超过了国内标准，让我们的经销商们卖好茶，让我们的茶客喝好茶，用品质护航安吉产业的品牌发展。

进军南京，大力布局江苏市场

中国茶叶行业是一个成长性非常好的行业，从 2005 年至今的十几年里，中国茶叶产量年均增长率达到 13%。但纵观整个中国茶叶行业，规模这样庞大且历史悠久的市场却并没有一个大品牌，买卖散茶的比重依然占据着中国茶叶市场的半壁江山。行业标准不统一，市场混乱，导致茶叶消费量每年的增长比例仅在 5% 左右。

在分享极白对于江苏市场的布局的同时，安茶集团副总经理兼营销总经理徐旻垚先生也同样分享了中国茶叶现在面临的问题，他认为：“我们的茶行业不是没有市场、没有利润，而是缺少消费量的增长！而品牌的缺失在一定程度上影响了市场本身的成长！”在缺乏行业市场准入标准和规则的情况下，茶叶行业的品牌不突出，经营规模跟不上产业的发展需求，自然限制了整个市场的发展。

因此，在南京市场乃至江苏市场，极白势必通过品牌化运作的方式快速介入南京市场渠道，不仅在南京、无锡等地投放了高铁广告，并且授予来自南京、扬州、滁州等地的 36 名分销商为极白合作伙伴，共同参与极白的品牌建设。

极白深耕江苏市场，相约苏州

极白氨基酸白茶整合营销品牌发布会定点苏州，以苏州为支点，撬动江苏市场的大战略布局。对于极白氨基酸白茶来说，深耕市场，多点连线，运用品牌化、产业化杠杆，进一步拓展极白氨基酸白茶在江苏地区的品牌营销矩阵，对于极白氨基酸白茶稳固江浙沪等周边市场有重要的发展意义，更是奠基极白氨基酸白茶领导者地位的核心妙手。

茶商齐聚，极白二度进军江苏市场

众所周知，长江三角洲是全国经济活力最强、发展最迅速的地区。而江苏省作为长江三角洲经济腹地的重要省份，不仅拥有较强的经济实力和交通运输能力，而且城乡居民生活水平普遍较高，再加上其拥有众多的港口、码头，市场辐射范围较广，受地理、气候等因素的影响，江苏地区居民对优质茶叶的需求量非常大，且常常以茶为主要非加工饮料。

早在 2016 年 5 月，极白氨基酸白茶整合营销品牌发布会就在江苏的省会城市——南京震撼上演，已在江苏地区引起了不小的轰动。而这次，极白氨基酸白茶又一次进入江苏市场，在有着“东方威尼斯”美誉的苏州召开整合营销品牌发布会，将极白氨基酸白茶带给更多的爱茶人士，也将极白的品牌提升到一个新的高度。

安茶集团董事长兼总经理吴剑表示，安吉白茶因其鲜爽的口感与较高的营养价值，长期以来深受江苏地区居民的喜爱，每年都会有不少茶商特地前往安吉购买安吉白茶。可以说，安吉白茶本身在江苏地区拥有巨大的市场空间与潜力。

此前在南京上演的品牌战略发布会奠定了极白在江苏省会城市的地位，辐射了包括南京、扬州、滁州等在内的地级市场，而此次苏州战略发布会则辐射了上海、嘉兴、苏州、无锡、宜兴等核心市场圈，覆盖范围更广，近 300 名的茶商齐聚苏州，进一步巩固了极白在江苏市场的布局，对极白今后突破区域品牌限制的成长与发展起到了巨大的推动作用。

聚焦本质，尽显极白品牌雄厚实力

随着人们健康意识的提升，产品的营养价值也受到越来越多的关注。极白氨基酸白茶因其享有得天独厚的地理优势，促使其氨基酸含量比一般绿茶氨基酸含量高 2~3 倍，这也是极白氨基酸白茶深受消费者青睐的重要因素。基于此，中国知名策划大师张默闻这厮认为，极白氨基酸白茶应该牢牢锁定“比一般绿茶氨基酸含量高 2~3 倍”这一强大卖点，严格把控产品的质量与营养价值，以保证极白氨基酸白茶的品牌与品质。

现如今，在这个“内容为王”的时代，产品的品质始终是品牌良性发展的根本保障。基于此，安茶集团生产总经理马荣达介绍到：自成立以来，极白始终深谙“健康为本”的

这次请来了中国茶叶界互联网营销第一人王龙先生，他绝对是茶叶电商大师。

生产种植理念，在源头上打造品牌的全产业链模式，从茶园基地、茶叶加工厂到品牌渠道，都严格把控。与此同时，极白还聘请了拥有丰富经验的专业制茶团队参与极白产品的生产与管理，使每一道程序都经过规范化、清洁化的管理，每一项指标都远超过国内标准，极大程度地保证了极白氨基酸白茶的安全性和营养性。

作为安吉白茶产业的代表品牌，极白氨基酸白茶在时光的淬炼中不断成长，成功整合了安吉县多家省级茶企（峰禾园、千道湾、芳羽）的产业资源，在产品、品牌、传播等各方面都有着强大的保证。毫无疑问，极白氨基酸白茶的优质品牌与品质，将进一步助力极白的品牌化发展。

双线运作，深度挖掘茶叶发展潜力

纵观整个茶业市场，茶叶产品不仅有着广泛的市场消费需求，其发展规模也在日益增长。伴随着产业规模的扩大，传统的散茶经营已经到了不得不转型的地步。因此，茶业品牌化已成为大势所趋。

对此，安茶集团副总经理兼营销总经理徐旻垚坦言，就茶产业的转型升级而言，极白氨基酸白茶的市场拥有巨大潜力。极白氨基酸白茶审时度势，紧紧跟随茶行业品牌化的步伐，在全国范围内开拓极白营销矩阵，在启动全媒体覆盖的同时，全面深入渠道布局，推动极白的产业化运作。而此次极白氨基酸白茶二度进军江苏市场的重要举措，也正是将这一战略具体落实，同时也是将江苏市场作为极白氨基酸白茶的战略市场进行培育，深耕江苏，发力长三角经济圈。

伴随着互联网商业模式带来的共享经济、社群经济、大数据经济等新商业形态，在中国经济的新常态驱动下，安吉白茶产业甚至整个茶行业都在由“品质时代”逐步走向“品牌时代”，品牌茶的发展具有极大的机会。

红茶新品类首公开，布局北京

作为安吉白茶的领导者，极白氨基酸白茶的战略发展方向十分明确，向南深入江浙沪，向北翘望京津冀等核心市场，南北合围形成主动攻势，进一步稳固行业地位。2016 年 7 月伊始，极白氨基酸白茶就战略布局北京，通过强化北方市场力量，夯实极白氨基酸白茶北方版图，另外，品牌化运作也以品类化拓展为先锋力量，此次红茶新品类首度公开，引起行业内外不俗反响，帮助极白氨基酸白茶赢得了先机。

立足北京，深入辐射京津冀核心市场

作为中国的政治经济文化中心，北京一直被称为北方茶叶的风向标，市场容量巨大。

被掌声包围。

郑

据调查显示，北京每年的年消费茶叶达到了 20 亿元左右，占据了北方茶叶市场极其重要的地位，并拥有不可替代的作用。

与此同时，在国家及安吉县政府对安吉白茶产业的大力支持与推广之下，近些年来，安吉白茶在行业内外已经形成了一定的影响力。而安吉本土茶企也纷纷将安吉白茶送入“京城”，参加各式茶叶博览会，抢占北京茶叶市场份额，安吉白茶也因此开始走俏。然而，遗憾的是，截止到目前，安吉白茶在北京市场仍然存在着品牌知名度低、终端乏力等问题。

对此，安茶集团副总经理兼营销总经理徐旻垚先生认为：北京作为中国的经济政治和文化中心，在位势上有不可替代的作用，高经济、高商务、高消费是这里的主要表现，且消费者对茶叶安全质量的关注度越来越高，而品牌化是解决问题最有效的方式。不仅如此，伴随着互联网商业模式带来的共享经济、社群经济、大数据经济等新商业形态的颠覆，在中国经济的新常态驱动下，安吉白茶产业甚至是整个茶行业都在由“品质时代”逐步走向“品牌时代”。

可以说，极白氨基酸白茶此次正式进驻北京市场，正是希望利用品牌的力量立足北京，全面构建安吉白茶在北京的品牌影响力体系，布局以北京为核心的京津冀战略市场，使其成为极白未来营销战略中的重要矩阵，推进安吉白茶乃至中国茶行业的品牌化运作。

红茶首发，颠覆行业重点聚焦氨基酸

品质是品牌的保证。随着人们对食品饮料安全质量的要求越来越高，茶叶行业也在不断提升产品的品质。会上，安吉茶产业集团马荣达先生强调，作为安吉口茶领导者，极白氨基酸白茶自诞生以来就将品质放在最重要的位置，只有品质保证才能成就品牌价值。据介绍，2016 年，极白氨基酸白茶已投入数百万引进先进的生产设备——安吉第一条生产螺形茶的生产流水线，所生产的茶叶颜色、条形、口味方面都有了极大的提升，更重要的是产品品质更加稳定。然而，这也对极白的产品创新提出了更高的要求。

所幸，在安吉茶产业集团技术总监陈锁的带领下，极白氨基酸红茶众望所归，在此次北京品牌战略发布会上首次公开亮相，并得到了众多在场茶叶经销商的高度青睐。

据悉，早在几年前，陈锁就开始了对安吉白茶“白叶一号”原料的深入研究与探索，按照中国其他产区的茶类制作工艺，研发出六大茶类，极白氨基酸红茶正是研究日趋成熟的成品之一。他介绍：极白氨基酸红茶以白茶叶为原料，通过萎凋、揉捻、发酵、干燥等工序制作，干茶细卷如黛眉，泡开时随着水温上升，香味慢慢散发出来，清新不浓烈，入口甘醇。不少老茶客也因其独特的口感而争相品尝并念念不忘。

不过，最重要的是其中的高茶氨酸并没有因此而损失。正因如此，中国著名策划大师张默闻这厮将其命名为“氨基酸红茶”，并亲自为其指导设计了一系列红白相间的时尚包装。他认为，中国的这杯茶终究是要端给年轻人的，只有回归到茶叶的物理属性中来，才能够让年轻人更加了解茶叶的本身。可以，极白氨基酸红茶彻底颠覆了中国传统茶理念，为开创年轻人的茶叶市场打开了一扇新的大门。

如今，极白氨基酸白茶在北京的首次品牌战略发布会成功举办，这也意味着极白氨基酸白茶在以北京为代表的京津冀战略市场正式打响了中国品牌茶叶营销的第一枪。我们有理由相信，随着极白氨基酸红茶的逐步上市，中国茶行业终将面临新一轮茶叶品牌的洗牌。

安吉白茶在经历了近二三十年的探索后，已经到了一个产业整合的品牌化发展时期。而极白在此时作为产业的整合者，为安吉白茶产业的发展带来了极大的发展机会。此次极白召开南京分销商大会，既是极白品牌作为产业整合者走出安吉真正意义上的第一场会议，也是安吉白茶产业品牌战略在江苏地区的第一次伟大布局。未来，围绕品牌为核心的行业竞争也会将中国茶叶行业带入一个良性的发展模式。可以说，品牌茶叶将大有作为。

极白北京旗舰店盛大开张：开张大吉。

极白北京会议张默闻这厮致辞。

极白北京会议张默闻这厮致辞。

极白北京会议张默闻这厮致辞。

极白北京会议张默闻这厮致辞。

极白北京会议张默闻这厮致辞。

子评如潮

极白北京会议张默闻这厮致辞：张默闻这厮又把大家逗乐了。

北有冬虫夏草
南有霍山石斛

中国高端滋补领导品牌九仙尊7S霍山石斛整合传播策划纪实

【策略：我们卖的是石斛，卖的更是借势棋】

高端滋补品市场竞争激烈，与竞争对手的较量犹如博弈，伯仲之间，最终要看的是谁更棋高一着。张默闻策划集团扎根市场调研数月，创造性地提出了“北有冬虫夏草，南有霍山石斛”的策略定位，巧妙借势虫草，一语三关，由此传达九仙尊 7S 霍山石斛的地位和价值可与冬虫夏草相媲美的核心诉求。“九仙尊 贵在真”的核心价值定位高度概括了九仙尊“求真”的品牌精神和“保真”的产品品质，“一吃就有感觉”更是传递出霍山石斛位居中华九大仙草之首的滋补价值和傲人的产品功效。至此，九仙尊 7S 霍山石斛品牌内涵得到了脱胎换骨的变化，最终凭借这盘借势棋让九仙尊 7S 霍山石斛跻身高端滋补品品牌前列。

【战绩：滋补品从虫草时代迈入九仙尊时代】

2016 年 7 月，由张默闻策划集团倾力策划的九仙尊全国招商大会隆重召开，九仙尊代表中国高端滋补品强力发声，引起行业热议，开启了九仙尊品牌营销的帷幕。大会上，张默闻策划集团为九仙尊提出的全新品牌战略定位和全新品牌形象撼动业界，包括极草代理商在内的数十家合作商纷纷签约，堪称高端滋补品行业招商的一大奇迹。可以说，九仙尊已成为滋补行业瞩目的焦点和新希望，强势推动中国高端滋补行业从冬虫夏草时代迈入九仙尊 7S 霍山石斛时代。

鉴于张默闻这厮出色的品牌创意和九仙尊踏实的营销传播，九仙尊 7S 霍山石斛荣耀获得 2016 中国广告长城奖 · 广告主奖 · 年度营销传播案例奖和 2016 中国广告长城奖 · 广告主奖 · 年度品牌贡献人物奖。

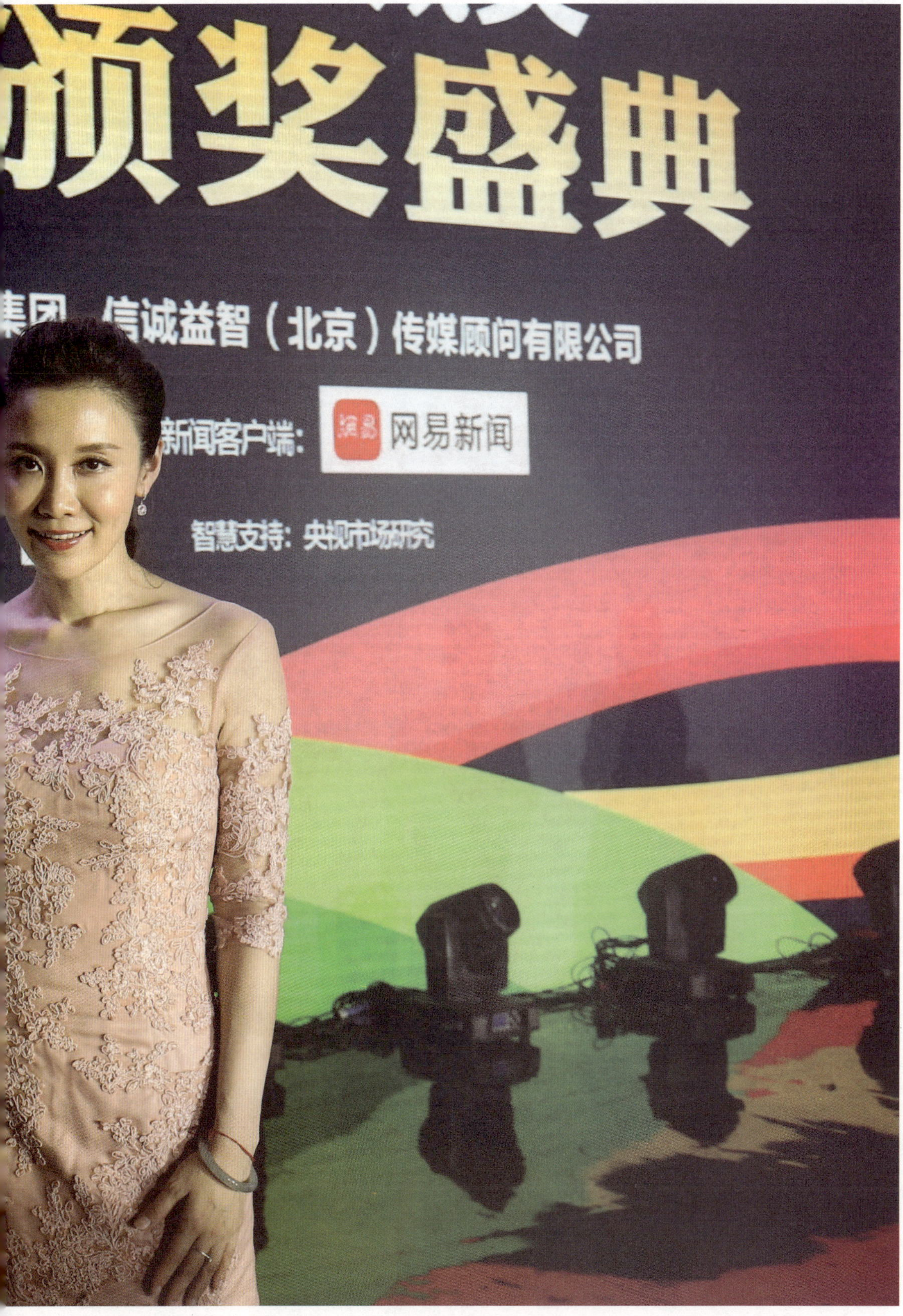

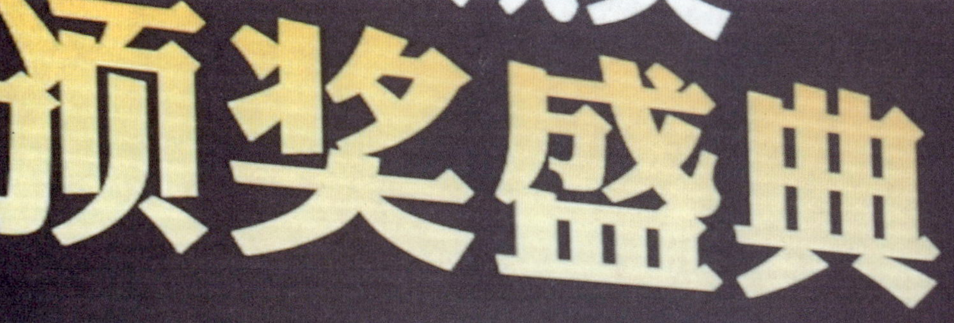
奖盛典
信诚益智（北京）传媒顾问有限公司
新闻客户端：
智慧支持：央视市场研究

网易新闻

1996~2016 年是张默闻这厮策划和创意 20 周年。安吉茶产业集团极白氨基酸白茶产品成功入选张默闻这厮策划 20 年经典创意案例榜，特此纪念并祝贺。

保健食品
霍山石斛
HUOSHAN SHIHU
清养浸膏
九仙尊霍山石斛股份有限公司

霍山石斛
中华瑰宝

吴邦国 二〇一二年六月廿六

皇帝最爱吃的就是这一斛。

北有冬虫夏草 南有霍山石斛

中国高端滋补领导品牌九仙尊 7S 霍山石斛整合传播策划纪实

【董事长观点】

真山真水真石斛，尊品尊者尊奢享

方朝阳董事长在 2016 九仙尊 7S 霍山石斛全球招商盛会上的深情演讲

■ 方朝阳 精工控股集团有限公司、九仙尊霍山石斛股份有限公司董事长

尊敬的各位领导、专家、嘉宾，女士们、先生们：

大家上午好！

盛夏七月，骄阳似火，我们热情四射的九仙尊人迎来了四面八方各位领导、专家、嘉宾朋友们。首先我谨代表精工控股集团和九仙尊 300 将士，对你们百忙之中冒着酷暑莅临九仙尊霍山石斛全球滋补高峰论坛暨大中华区招商盛会致以最热烈的欢迎和最诚挚的感谢！

承蒙旧恩，感念新惠

从 2010 年九仙尊创建至今，九仙尊已走过近 6 个年头，但在创业的路上，我们并不孤单，我们得到来自各级党委、政府、社会各界的大力支持和鼎力相助。

历届霍山县委、县政府对精工发展霍山石斛产业不遗余力的给予了支持，将最适合发展野生栽培和符合原产地要求的山林土地提供给我们，并推出了一系列优惠扶持政策。刚才在霍山县政府项县长的发言中，就可以看出政府对我们的重视可见一斑。六安市委、市政府更是高瞻远瞩，在推动九仙尊 500 亩产业园建设，全产业链发展模式上更是倾力相助。从国家到地方，各级食药监局、行业协会、市县相关部门，在基地产业化、产品申报、GMP 申请等方面帮助我们做了大量的工作。借此机会，我对长期以来给予我们支持和帮助的各级领导，表示衷心感谢！

除了政府的重视，我想九仙尊的发展也离不开社会各界的大力支持。特别是行业先驱、专家学者，伸出了无私援手。如以陈乃富教授为代表的皖西学院专家们，从我们创业初期

中国精工控股集团、九仙尊霍山石斛股份有限公司董事长方朝阳先生。

至今，在组培、栽培技术方面倾情相助；如以刘守金教授为代表的安徽中医药大学专家们，在滋补保健品研发上给予支持；如以郭顺星博导为代表的中国医学科学院专家们，在药用研究领域方面给予了大力支持；还包括广州中医药大学魏刚教授、上海中医药大学顺庆生教授以及今天出席大会的王莒生国医大师、钱玉老师等等。有了你们的支持，九仙尊在传承创新发展、“九仙尊 · 贵在真”的品质理念才得以践行，并将走得更远。

这里我还要特别感谢我们九仙尊家族的特别成员，也就是我们现有的合作代理商：有东营的蔡成海老总，有南京的张宇光老总，有呼市的李炜老总，济南的王鑫老总，淮北的高小丽老总等。特别是东营的代理商蔡成海老总，最早于2014年就开始选择与九仙尊合作。你们在我们一无品牌，二无广告的情况下选择了我们；你们在我们一缺专业团队，二缺营销体系的情况下选择了我们。你们愿意与我们一起试错，同舟共济，共同成长，这是一份多大的信任！在此，对你们的信任表示最诚挚的感谢！同时，你们的信任，更是我们一往直前的决心和动力！

六载坚守，不忘初心

当然，至今也有很多人问我，方朝阳你们投了这么多钱，几个亿砸进去了，到了目前还没看到一分回报，你悔不悔？ 2010 年到现在，你如果投到房地产上，投几个亿下去，早就翻几番了。如果仅以商业角度，以短期投资眼光来看，那的确是这样。精工在上海一个房产项目，差不多是在 2014 年投资开发的，也已经赚了好几个亿了。但我们做九仙尊一开始就没有打算做短线，就没有打算赚快钱。

所以关于这个问题，今天我想利用这个机会，多占用一些时间和大家分享一下我对九仙尊的过去和未来的理解。

我第一次知道霍山石斛是在很多年前，精工刚进入六安投资时间不长，但印象很深刻。因为身体的原因，当时六安市副市长张祥安（现滁州市市长）带了一些霍山石斛来看我，介绍说对提高免疫力、养胃护肝都有很好的效果，一开始我也没有在意。后来在上海碰到了一位老朋友，是位中医老教授，快 80 岁了，但他从来没有高血压心脏病什么的，聊到霍山石斛，他说他喝这东西几十年了，身体一点毛病没有，霍山石斛功不可没。所以我开始关注霍山石斛。

但是，把霍山石斛当成一个产业来做，最后的临门一脚是皖西学院的几位专家。当我们了解到皖西学院陈乃富教授在实验室已成功掌握生物育种技术时，我们立即赶到学校和陈教授进行深入交流沟通，当时我们十分激动。我感觉我们发现了深山藏的金凤凰。回去后，我们对霍山石斛再次组织了几次实地考察，越深入了解，我们就越觉得这么珍贵的东西未被开发保护可惜了。这么好的一个珍稀高端滋补中药材，几千年、多少代人像小白鼠一样做科学实验验证出来的神奇的中药，却要面临濒临灭绝？跟我们的管理层商量后，我们立即组建圣农生物（也就是九仙尊霍山石斛股份有限公司的前身），我们开始搭建平台，网罗人才，和皖西学院的专家们进行产业化研究与开发。我们通过野生米斛种源的保护，利用生物技术、产业化驯化技术和仿原生态野生栽培等一系列技术研发，把这个国家一级濒危药材——老祖宗留给我们的千年滋补瑰宝拯救下来了，这比什么都强！就凭这一点，我们就觉得无怨无悔。

另外，从一开始我们就决定，既然要做，就做真的，做实的。做真的，我们就利用大别山独特的环境，按照古籍上所述的山谷水旁石上的环境，选择原生态野生栽培的米斛。我们做真山、真水、真米斛。也是我们现在倡导的“九仙尊 · 贵在真”的品牌价值。

我们从野生种源保护，生物育苗，智能驯化，野生栽培，深加工产品研发、加工，营销，到霍山石斛的养生、旅游体验全产业链发展。虽然慢了一点，但每一项工作都扎扎实实。因为我们希望做一家有良心、有责任感的企业。我们希望打造的是一个百年品牌，我们不在乎一城一池得失，所以我们至今尚未见到回报，一点都不后悔，因为这就是我们的初心。

当然，这么做的确也很艰辛。我们一开始进入这个行业，不像今天，霍山石斛已成为霍山一个响亮的产业品牌，从业人员，专业人员越来越多。我们几乎从零开始，缺人才、缺技术，什么都缺，过程中还碰到去年霍山特大台风、暴雨、泥石流。我在上海家里凌晨四点被九仙尊领导电话叫醒，说山洪暴发，政府叫我们黑石渡基地人员全部撤走，我们的几百亩基地全毁了。那一刻简直是五雷轰顶，因为倾注了太多的精力和感情。无独有偶，去年下半年再逢严寒，太平畈基地最低气温达到零下 19.2 度，因为米斛全部在野生生长状态，我们无计可施，那真的叫揪心啊！所以九仙尊也如我们的孩子一般，我们投入的不仅是金钱和时间，更是一种情结和感情。所以要问我做这个产业、做这个行业，这么认真做苦不苦，那还真的有点苦，不但苦，还有点险。 因为不但你自己要努力，还需要老天爷帮忙。但没有付出，哪有回报？不经风雨，怎么见彩虹？我们深信天道酬勤，厚积薄发。去年底，我们历经五年多时间，第一批野生栽培的米斛正式可以规模化采收，当时大家的心情是多么激动，所以我们无怨无悔！

那这么做到底值不值？我觉得值！ 2012 年，吴邦国委员长视察九仙尊，当我向他介绍什么是霍山石斛时，他说你不用解释，我知道霍山石斛是软黄金。当听了我们全产业链模式后，他说：“小伙子，好！你拯救了霍山石斛，做了一件很有意义的事情。”当在展厅看到霍山石斛生津利胃的功效时，他说你们没有人比我更了解它的功效究竟有多么神奇，当即讲了他老父亲的故事。离开公司时，吴委员长欣然为公司题词“霍山石斛，中华瑰宝”。

当我们做一项工作能被国家领导人这么高度的认可，你说值不值？我想我们的方向，我们的付出是被认可的。特别是，后来我用我们的霍山石斛朋友圈内送人时，更体会到了

太平畈
霍山石斛野生种源和核心产区基地

不一样的成就感。一次，我们精工做活动，将米斛鲜品送给上海建工集团一位领导，当他知道石斛的功效后，将米斛转送给了他一个刚患肺癌早期的朋友，后来，他的这个朋友托他再次找我来买米斛时，我知道我们石斛的功效使他肺癌早期阴影消除了。还有一次，省进出口银行的一位领导主动向我买米斛，当时他弟弟得了胃癌，也是用了我们米斛，病情好转。这更是给我极大的信心。我们的米斛可以造福大众，利国利民。你说值不值？一定值！

今天，我们野生栽培的九仙尊霍山石斛规模化上市。六年磨一剑，我们应该发力了。

鸿鹄有志，共邀盛举

未来，我们将建立遍布全国九仙尊高端专卖店、专柜渠道以及医院、药店等特通渠道，使九仙尊品牌不仅有空中强势媒体的支持，还能在全国落地生根。

未来，我们将继续加大科技投入产品开发力度。我们将开发具有润肺养阴，调剂人体阴阳平衡之功效的清养含片；我们将开发具有解酒保肝、清火明目功效的清养胶囊；我们将开发具有调血压、血脂、血糖功效的口服液产品。

未来，我们将在霍山县大别山麓打造一个集野生霍山石斛栽培、霍山石斛体验、霍山石斛文化展示及大别山旅游于一体的九仙尊霍山石斛文化谷。今后，我们的合作代理商将可在我们自己的九仙尊霍山石斛文化谷基地享受每年一次的免费养生体验，代理商的十大客户同样也可享受每年一次的免费养生体验。

未来，我们将启动九仙尊公司战略投资引入计划和资本市场登陆规划。我们也为合作代理商量身定做了创始合伙人计划，一旦成为我们的合作代理商，不但能分享代理商的利益，同时也能共赢九仙尊上市的未来，九仙尊成为精工第四、第五家百亿市值上市公司指日可待。

朋友们，九仙尊和大家不仅要成为利益共同体，也要成为命运共同体。九仙尊的发声是中国高端滋补行业的呼唤，是6年潜心发展全产业链模式的积淀，更是我们在滋补界作为高端品牌崛起的姿态。我强烈地希望与我们一起奋斗的合作商更快地分享九仙尊成长的果实。

未来已经到来！

我希望大家树立信心，团结一心，把九仙尊的事业共同推向行业新巅峰！

最后，我祝愿与会的领导、专家、嘉宾夏安！

【市场洞察】

只有同九仙尊共生共振共感共鸣才能诞生伟大想法

■ 张默闻策划集团市场调研中心

张默闻策划集团始终认为，服务好客户的第一步是了解客户所在的行业、所生产的产品，通过近乎偏执的市场调研了解客户现有的尽可能完整的信息，并融会贯通，最终诞生伟大的创意与想法。对于高端滋补品这个陌生又熟悉的行业，张默闻这厮自然不敢马虎，与九仙尊的一次次调研、与消费者的一次次面谈，唯有这样才能不负九仙尊的期望，真正做到为品牌负责。

精准的市场洞察让九仙尊与大健康互利共生

权威数据显示，2015 年，营养与保健食品产值预计将突破 10000 亿元，年均增长 20%，行业马太效应愈发明显，生产集中度向行业领导品牌进一步提高。来自《财富》杂志数据则显示，中国健康产业未来五年将扩大 10 倍，市场每年蕴含高达 15000 亿元的市场份额。到 2020 年，中国大健康产业总规模将超过 80000 亿。可以说，未来的高端滋补行业即将引来一个爆炸式的增长。

如果说有哪一个子行业与大健康相得益彰、互利共生，那一定是高端滋补品行业。而作为中华九大仙草之首的霍山石斛，完全对得起高端滋补品的名号。而九仙尊，携带着最好的产品，在最好的时间点，享受大健康产业增长所带来的红利。张默闻这厮这样告诉九仙尊，选择霍山石斛是九仙尊精准洞察大健康产业的一次壮举，目前的九仙尊已经碰上了一个最好的时代，市场容量急剧扩大，自身产品十分亮眼，优秀的产品与高端滋补品市场已经接轨，呈现出一片互利共生的局面。

张默闻这厮同时指出，数据虽然性感，但现实的情况也不容忽视。众多高端滋补品牌在拓展速度上已经比九仙尊先行一步，九仙尊必须加快品牌知名度和美誉度建设，才能真正共享大健康产业带来的丰厚红利。

有力的品类机遇让九仙尊与真石斛合奏共振

纵观整个高端滋补品市场，养生滋补品类拥有无限潜力，单一冬虫夏草品类、单一品牌年销量即可达到 50 亿元以上，可谓能量惊人。

而石斛这一品类，则是有可能替代冬虫夏草的真正高端养生滋补品。公开资料显示，

中華九

The Genuine Huo

道家经典《道藏》

三两人参、百二十

深山灵芝、玉之茯苓

列为中华“九大仙草

“九大仙草”之首。

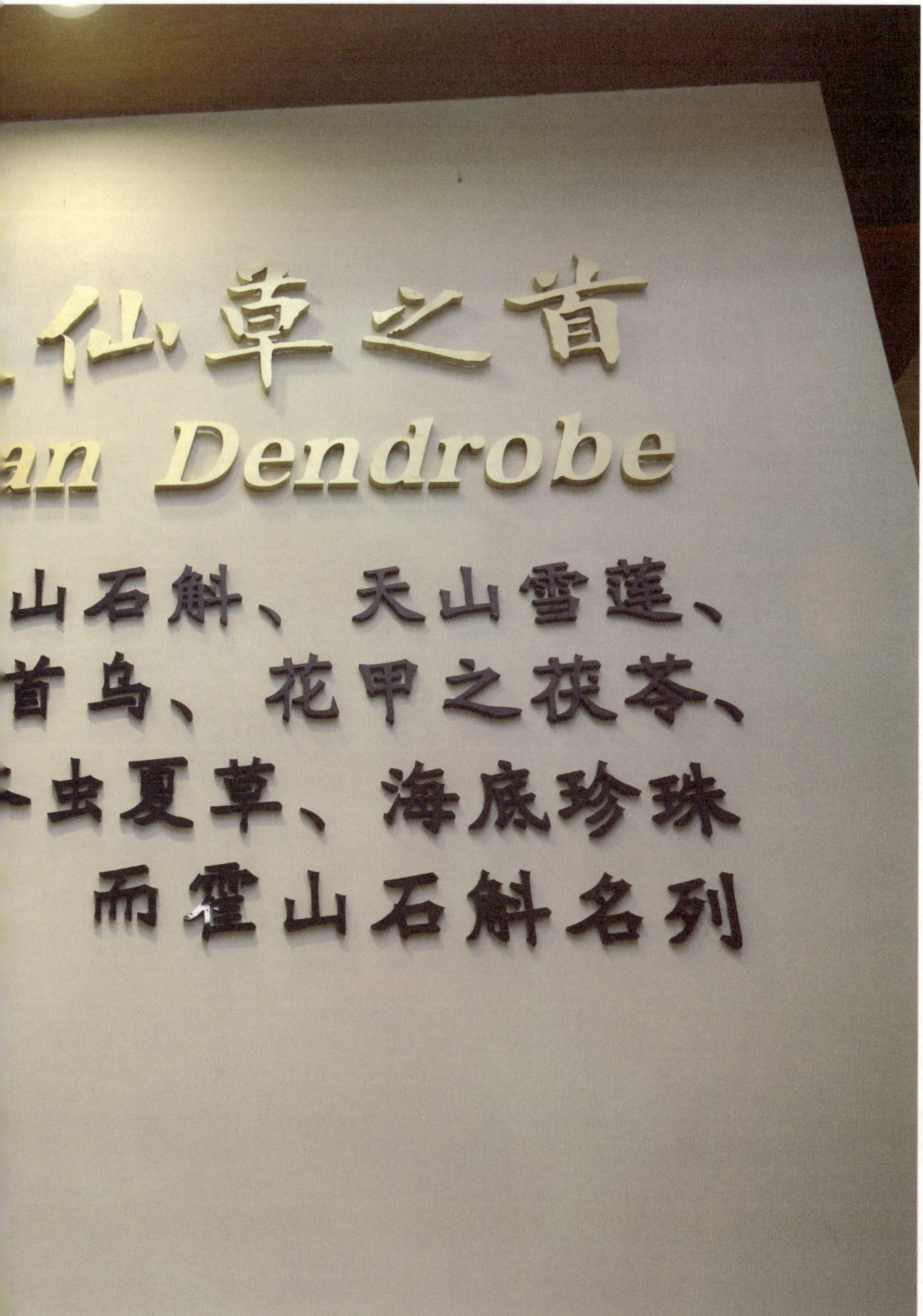

仙草之首

an Dendrobe

山石斛、天山雪莲、

首乌、花甲之茯苓、

虫夏草、海底珍珠

而霍山石斛名列

李滨先生是我们铁三角的技术总监，对石斛很有研究。

九仙尊 7S 霍山石斛原来是非遗。

九仙尊 7S 霍山石斛原来是非遗 。

石斛属种类繁多，全世界有 1500 多种，据《中国植物志》记载，我国现有 76 种石斛，主要产于秦岭以南诸省区，目前药用石斛主要有：霍山石斛、铁皮石斛、铜皮石斛等。而霍山石斛是历史记载最早，入药时间最久，唯一成为宫廷皇室贡品的石斛品种，也是唯一被记录于各大医书典籍中的滋补瑰宝，属于石斛界的翘楚。

拿普通百姓认知更广的铁皮石斛来说，铁皮石斛多生长在浙江东部、福建西部、广西、四川和云南等地。市面上大多数的铁皮石斛企业以人工种植为主要手段，石斛产量高，价格参差不齐，市场上以次充好现象很多，与野生霍山石斛的功效差距很大。

与铁皮石斛相比，霍山石斛则可谓是宝中之宝。从外观上看，霍山石斛只有 5 公分，而铁皮石斛能长 25 公分，植株粗大，云南的铁皮石斛甚至能长到 1 米长；从亩产量来说，霍山石斛产量非常稀少，而铁皮石斛的亩产量高达 1 吨；从生长周期看，霍山石斛的生长周期长达 5 年，而铁皮石斛 1 年就生长完成了；从有效成分石斛多糖的含量来看，中科院检测在霍山石斛原产地生长的米斛多糖含量高达 43%，是全国其他地区一倍之多，经济价值、药用价值和稀缺程度完全不同。

张默闻这厮认为，物以稀少为贵，由于过度采挖、生态环境破坏，传统滋补瑰宝霍山石斛资源不断枯竭，已被列为国家“一级珍稀濒危药用植物”。从野生原种保护，到绿色萃取加工，九仙尊 7S 霍山石斛必将成为滋补行业瞩目的焦点和推动行业发展的新希望。

深度的区域调研让九仙尊与合作商双赢共感

“没有调研你的结论就是个屁。”这是张默闻策划集团一直奉守的调研基本信条。张默闻这厮认为，调研除了常规的对企业高管进行例行调研外，还必须进行独立的、相对客观的外部调研，真正了解产品、了解合作商、了解终端店员，从而较为全面、完整的了解企业和品牌。在与九仙尊合作的前几个月中，张默闻这厮展开了细致缜密的调研。

——2016 年 3 月 11 日，张默闻这厮领衔的九仙尊项目组成员到访安徽省六安市九仙尊霍山石斛股份有限公司生产总部，与九仙尊高层领导、重要部门负责人、六安门店负责人先后进行深度访谈，畅谈九仙尊品牌和营销，为九仙尊品牌营销传播全面升级打下策略基础。

——2016 年 5 月 24 日，张默闻这厮率领团队前往九仙尊 7S 霍山石斛生产基地安徽省六安市霍山县，对生产驯化基地、野生种植基地展开调研。

——2016 年 5 月 26 日，刚刚结束对大别山生产驯化基地调研的张默闻这厮又马不停蹄地奔赴南京，对九仙尊 7S 霍山石斛经销商展开深度访谈。张默闻这厮重点走访了九仙尊门店，与南京经销商进行了亲切交谈，掌握了市场第一手信息。

——2016 年 5 月 30 日至 6 月 1 日，张默闻这厮在杭州总部通过电话的形式对九仙尊山东东营、内蒙古呼和浩特、安徽淮北和山东济南的合作商进行了电话调研，深度了解合作商的情况。

值得一提的是，此次调研涵盖了九仙尊所有已有的合作商，不管是了解的深度、广度，都创造了张默闻策划集团的历史。经过缜密设计的问卷，加之张默闻这厮认真的了解记录，整个调研过程严肃、理性，取得了预期效果。调研结束后，经过对合作商反映的问题进行统一梳理，张默闻这厮指出，调研的结论与自己判断的结果较为一致，九仙尊已经到了需要变革的时候了。

他强调，九仙尊的合作商对九仙尊的信心从没有降低，但是市场始终没有达到预期。同时，总部的扶持力度、政策兑现力度、服务培训力度都没有符合合作商对九仙尊的期待。调研中，我们也发现了几个数据与信息，这将关系到九仙尊未来的品牌布局。

第一，关于购买人群，男性消费占比 80% 以上，男性群体在九仙尊产品的购买力上具有压倒性的优势。

第二，关于购买目的，送礼需求占比 70% 以上，送礼是滋补品的一大特点，九仙尊自认也不例外。

第三，关于招商途径，大部分合作商是通过航媒广告、户外大牌了解九仙尊，继而到厂区进行参观考察后敲定合作。说明一定量的媒体传播显得非常重要。更值得注意的是，几乎所有的合作商只有到六安生产基地参观后才最终下定决心进行代理，所以关于厂区的参观、体验是能否打动合作商的关键要素。

第四，关于品类和传播，合作商普遍反映市场对于霍山石斛的认知太低，缺乏传播，整体石斛市场氛围亟须培养。

第五，关于产品与价格，铁皮枫斗、浸膏产品卖得相对较好，一个是由于价格相对实惠，另外一个则是产品功效效果较好。合作商普遍反映，霍山石斛的整体价格偏高，主流能够接受的价格区间在 2000 左右，而现有定价超出了当地市场的消费能力。

第六，关于服务，合作商普遍认为需要加大动销辅导、店员培训、终端话术等方面的培训，加强与总部的协调与沟通，对于招商服务人员较为满意与认可。

结论是清晰的，市场的好处就是可以告诉一个品牌未来应该怎么走，九仙尊显然已经来到了十字路口。

多维的用户分析让九仙尊与消费者交流共鸣

合作商的调研往往相对比较务实与理性，他们了解消费者，但并不了解消费者的真正原生动机。出于对九仙尊品牌负责的角度，张默闻这厮安排了数位高端消费者，解密高端滋补品与消费者之间的秘密。

2016年5月30~31日，张默闻策划集团迎来了这几位高端消费者。消费者完全由张默闻这厮亲自邀请，为九仙尊7S霍山石斛高端消费者定性访谈而来。这几位消费者有的是大型医药企业集团董事，有的是原大型药业集团总经理，还有的是年轻的大型装修公司老板。三位消费者与张默闻这厮进行了为期两天的深度访谈，为九仙尊品牌的未来发展提供了众多契合市场的消费者资料。

张默闻这厮从消费者的行为习惯、消费心理、场所偏好、价格区间、产品形态偏好等多个维度进行了调研，获得了第一手信息。调研信息显示，三位高端消费者普遍对口碑营销、产品品质、使用的便利程度等提出了较高的要求，例如认可朋友的推荐，宁可采集原产地的产品以求产品品质货真价实，产品在使用上必须简单便捷以符合现代快节奏的社会。同时，针对九仙尊的新品，也提出了大量富有成效的意见和建议。

第一手的资料、对新品的意见建议，一切信息都逐渐勾勒出九仙尊未来的蓝图，似乎已经开始奏响属于九仙尊的品牌之歌。

【产业格局】

九仙尊：一定要把霍山石斛做好

■ 张默闻策划集团战略研究中心

霍山石斛是我国“一级珍稀濒危药用植物”，野生品种几近枯竭。而霍山石斛独特的滋补保养功效却是当今社会人们所迫切需要的。在中国大健康产业蓬勃发展之际，在滋补保健品市场乱象的大环境下，九仙尊霍山石斛股份有限公司积极响应国家保护珍稀濒危植物的号召，经过多年对霍山石斛的技术研发，终于突破霍山石斛的野生栽培问题，成功拯救霍山石斛，并实现霍山石斛全产业链建设，在张默闻这厮的策略支持下，首创九仙尊“7S滋补体系”，将霍山石斛的功效造福人类，同时将霍山石斛为代表的中华滋补文化发扬光大。

至尊之一：道地药材，稀世仙草

霍山石斛又名龙头凤尾草、皇帝草。生长于崇山峻岭之峭壁上，秉山川之天然灵气，遂滋生出名贵之瑞草。道家经典著作《道藏》把霍山石斛、天山雪莲、三两人参、百二十年首乌、花甲之茯苓、苁蓉、深山灵芝、海底珍珠、冬虫夏草列为“中华九大仙草”，霍山石斛名列其首。

霍山石斛生长条件十分苛刻，仅产于大别山安徽霍山，东经 115°20’-117°14’，北纬 31°01’-32°40’范围是霍山石斛理想的生长地，该地区地处北亚热带，光、热、水条件比较优越，年平均气温 14℃ ~16℃，无霜期 210~240 天，年平均日照时数 2200 小时，年平均降水量 1200~1500 毫米，相对湿度 75% ~80%，区内山峦起伏，群峰林立，适宜野生霍山石斛的生长繁衍。从这个纬度往北走再难以找到任何石斛的踪迹，而在这个纬度的南方，虽然拥有种类繁多的石斛，但品质远不及霍山石斛。

因霍山石斛超高的药用价值，农户为了获取短暂利益，过度采挖，一度濒临灭绝。经石斛行业专家学者统计，2010 年前后，纯野生霍山石斛年产量已不到 1 公斤。因此，由国家环保总局、中国中医科学院中药研究所科等机构编写的《中国珍稀濒危药用植物资源调查》中将霍山石斛列为“一级珍稀濒危药用植物”。

至尊之二：滋补瑰宝，养生国粹

据《中国植物志》记载，我国现有 76 种石斛，其中霍山石斛是历史记载最早，入药时间最久，唯一成为宫廷皇室贡品的石斛品种，也是唯一被记录于各大医书典籍中的滋补瑰宝。

约公元前 100 年，西汉《范子计然》：霍山属六安州，其地所产石斛名米心石斛，以形如累米，多节，类竹鞭，干之成团，他产者不能米心，多不成团也。

约公元 200 年，汉代《神农本草经》：补五脏虚劳羸瘦、强阴。久服厚肠胃，轻身延年。

约公元 220 年，汉代《名医别录》：石斛生六安山谷水傍石上。

约公元 1674 年，清代《增补本草备要》：斛出霍山，养胃清热，功胜全面。

约公元 1700 年，清代《百草镜》：石斛系出六安及颍州府霍山，是名霍山石斛，最佳。

公元 1765 年，清代《本草纲目拾遗》：长生丹用甜石斛，即霍石斛也。

霍山石斛更被历代名家名流尊为上品，同时，霍山石斛也是一味难得的有平衡阴阳之效的滋补品。中医研究证明，霍山石斛是阴阳平调的珍稀滋补瑰宝，其气味甘、平，无毒，甘者入脾，脾肾同源，既归脾经又归肾经，有平衡阴阳之效，谓之平者双补。现代西医研究证明，霍山石斛富含石斛多糖、生物碱及各种微量元素，具有增强免疫力的功效。石斛多糖能抗氧化、抗衰老、抗肿瘤，促进癌症患者等低免疫力人群提高免疫力恢复。

医学典籍及临床研究证实，霍山石斛适合癌症、高血压、高血糖、高血脂等病患人群和患有五脏虚劳者、心脑血管疾病、胃病、大病术后人群以及长期熬夜、抽烟、喝酒等亚健康调理人群和日常养生保健人群。

至尊之三：科研创新，引领行业

九仙尊是国内率先开展霍山石斛产业化生产和研究的生物科技公司，目前已与中国医学科学院、上海中医药大学、广州中医药大学、安徽农业大学等科研单位和高校，在科研领域保持深度合作，已发表学术论文 5 篇，获得发明专利 6 项。取得霍山石斛产业化、野生栽培等领先成果，是国家（行业）的标准制定者。

至尊之四：全产业链，实力彰显

为霍山石斛成功走向市场，九仙尊探索出包括集霍山石斛野生原种保护、组培育苗、GAP 驯化、野生栽培、滋补品研发、GMP 深加工、市场营销、霍山石斛文化旅游体验等在内的一套完整的产业化发展模式。

野生原种保护。九仙尊与非遗传承人何云峙先生（已逝世）联手对这一珍稀物种进行保护和开发，何云峙先生提供野生霍山石斛种源，九仙尊在霍山石斛原产地安徽省六安市霍山县太平畈乡设立 100 亩“霍山石斛野生原种保护区”，并被安徽省食品药品监督管理局认定为唯一的霍山石斛“优质种子种苗基地”。

中国·
野生
九仙尊75
霍山石斛
FIRST-GRASS

霍山石斛
原保护区
霍山石斛

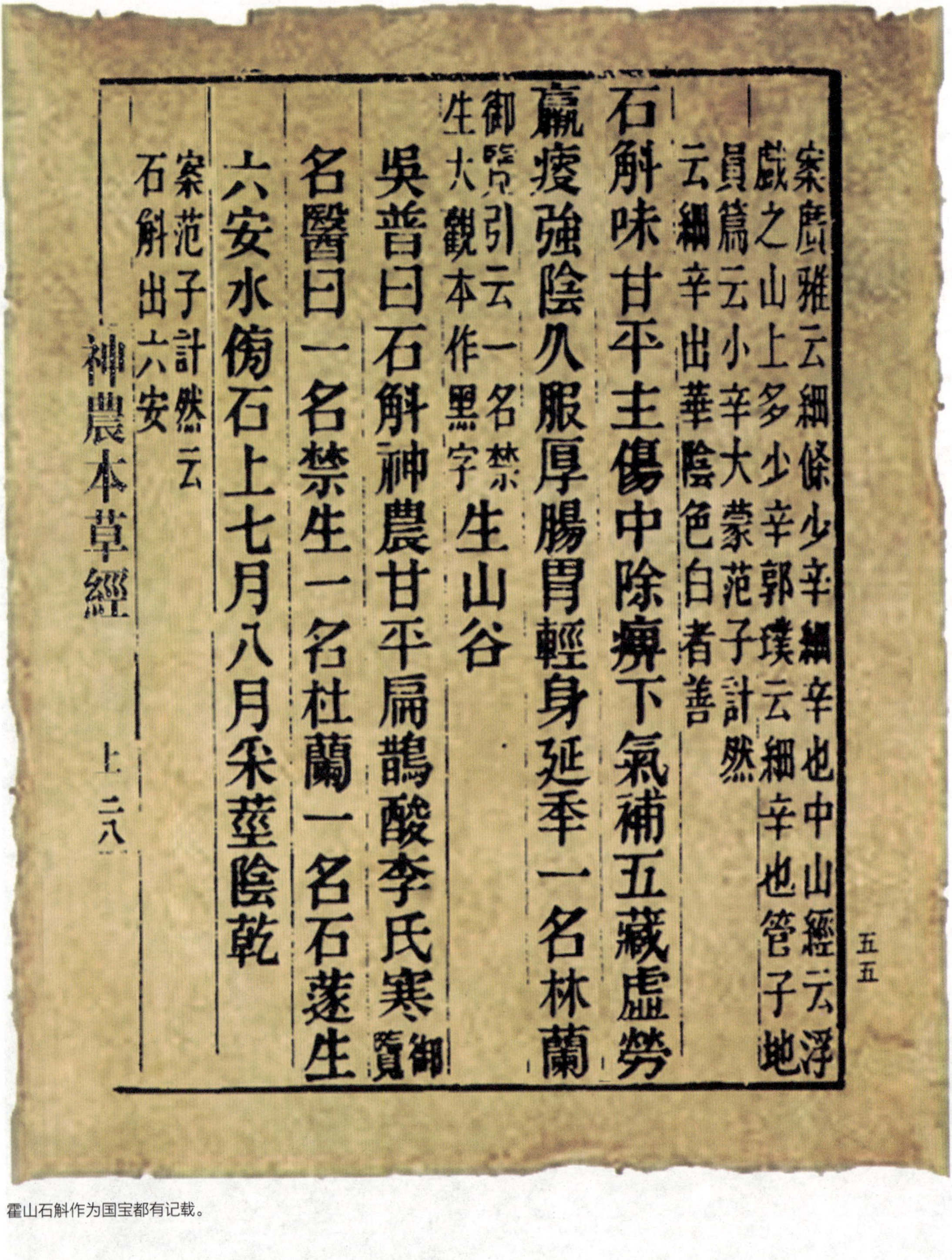

案廣雅云細條少辛細辛也中山經云浮
戲之山上多少辛郭璞云細辛也管子地
員篇云小辛大蒙范子計然
云細辛出華陰色白者善
石斛味甘平主傷中除痹下氣補五藏虛勞
羸瘦強陰久服厚腸胃輕身延年一名林蘭
御覽引云一名禁
生大觀本作黑字
生山谷
吳普曰石斛神農甘平扁鵲酸李氏寒御覽
名醫曰一名禁生一名杜蘭一名石蓫生
六安水傍石上七月八月采莖陰乾
案范子計然云
石斛出六安

神農本草經 上 二八

五五

霍山石斛作为国宝都有记载。

霍石斛 五色石斛附

出江南霍山形較釵斛細小色黃而形曲不直有

成毬者彼土人以代茶茗云極解暑醒脾止渴利

水益人氣力或取熬膏餉客初未有行之者近年

江南北盛行之有不給市賈率以風蘭根偽充但

風蘭形真不縮色青黯嚼之不粘齒味微辛霍石

斛嚼之微有漿粘齒味甘微鹹形縮者真 百草

鏡石斛近時有一種形短祇寸許細如燈心色青

黃咀之味微甘有滑涎係出六安州及潁州府霍

山縣名霍山石斛最佳咀之無涎者係生木上不

可用其功長於清胃熱惟胃腎有虛熱者宜之虛

而無火者忌用

年希堯集驗良方長生丹用甜石斛即霍石斛也

范瑤初云霍山屬六安州其地所產石斛名米心

石斛以其形如累米多節類竹鞭乾之成團他產

者不能米心亦不能成團也

甘平味鹹 陳廷慶云本草多言石斛甘淡入脾

鹹平入腎今市中金釵及諸斛俱苦而不甘性亦

村農間蒔之自染土布色不甚鮮

槐花方含苞取之可入藥可供染

菸即烟草也藝者亦少

藥品山中藥味多不勝載姑舉其著者則草本以

石斛爲最因採購者衆本山搜剔已空今之售

於市者率由襄鄧諸山販載而來居霍之名耳

其次爲何首烏大至數斤與成形者今亦罕覯

其餘若蘇艾薄荷茵陳薏苡天麻荆芥金罌玉

竹柴胡前胡乾葛乾薑苦參蒼术青蒿赤芍半

夏紫草蒲黃萆薢瓜蔞知母藁本黃精黃獨草

烏巴戟甘菊花金銀花蒲公英天花粉夏枯草

益母草豨薟草香附子鼠黏子蛇牀子天門冬

麥門冬可畧紀木本以茯苓爲最然實斷於松

根者絕少山中人截老松爲段以法窖之而生

者居多其力遠不相及藥賈之老於此者或不

能辨次則爲桑寄生眞者亦不可得其餘若厚

朴辛夷山查黃蘗桃仁杏仁枳實枳殼山梔子

山茱萸桑白皮五加皮地骨皮五倍子女貞子

苦楝子可畧紀也

炭有大窰小窰之異大窰爲煉炭小窰爲悶炭叉

霍山石斛作为国宝都有记载。

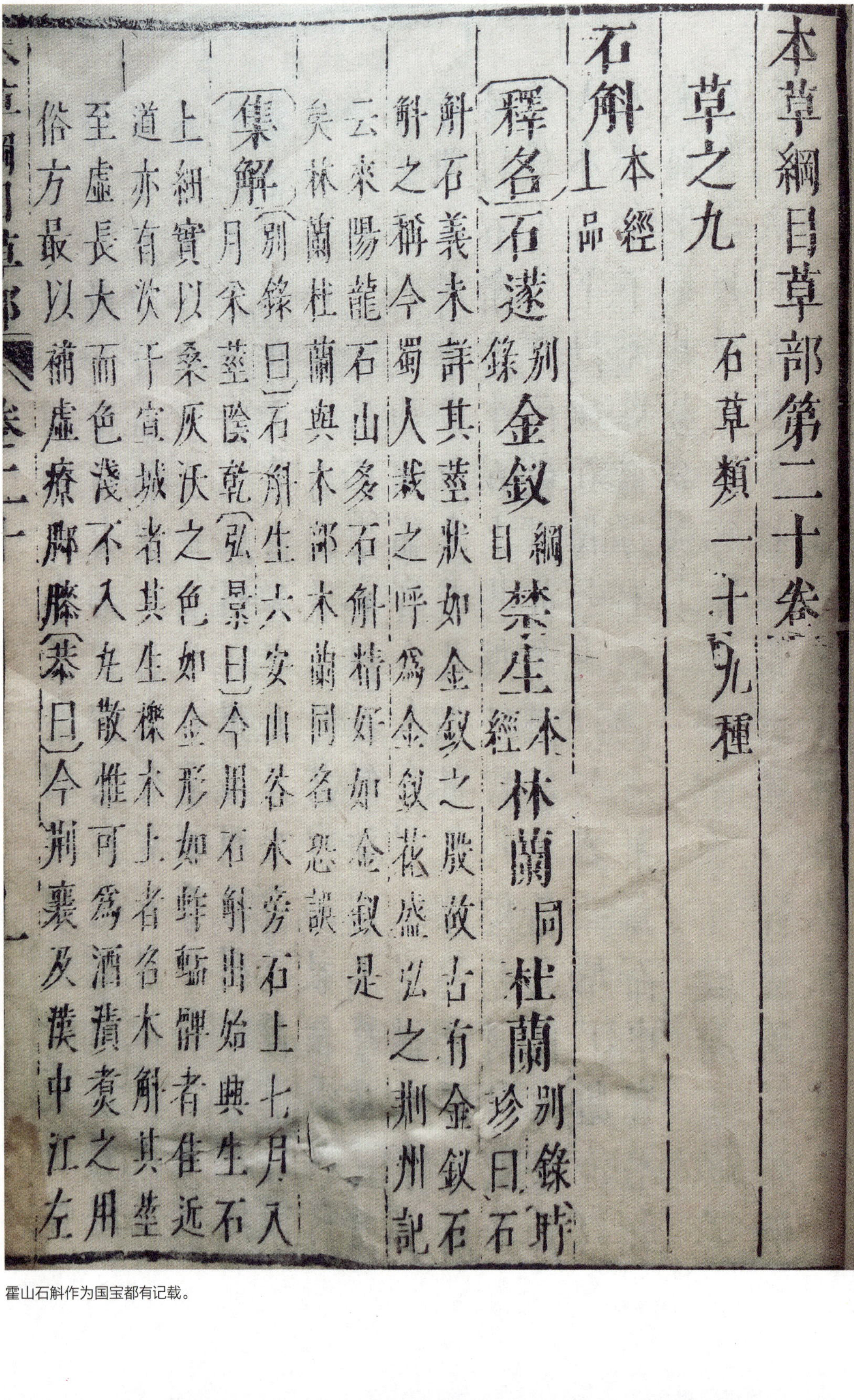

本草綱目草部第二十卷

草之九　石草類一十九種

石斛本經上品

釋名 石蓫別錄 金釵綱目 禁生本經 林蘭同 杜蘭別錄 時珍曰石斛名義未詳其莖狀如金釵之股故古有金釵石斛之稱今蜀人栽之呼爲金釵花盛弘之荊州記云耒陽龍石山多石斛精好如金釵是也林蘭杜蘭與木部木蘭同名恐誤

集解 別錄曰石斛生六安山谷水旁石上七月八月采莖陰乾 弘景曰今用石斛出始興生石上細實以桑灰沃之色如金形如蚱蜢髀者佳近道亦有次于宣城者其生櫟木上者名木斛其莖至虛長大而色淺不入丸散惟可爲酒漬煑之用俗方最以補虛療脚膝 恭曰今荊襄及漢中江左

本草綱目草部 卷二十 一

霍山石斛作为国宝都有记载。

烏鷄白鳳丸
馬寶
猴棗
犀牛黃
濂珠粉
白毛楓斗
天生於朮
伽楠香

冬虫草王
化州橘紅
枸杞子王
杜仲片
懷牛膝片
貢荳蔻
紅玫瑰花
代代花

《申报》1932.10.14

霍山石斛作为国宝都有记载。

參茸細料

▲吉林野山人參 每兩五十元起

▲關東黃毛鹿茸 每兩廿五元起

▲吉林吃坯人參 每兩十二元

▲六百支西洋參 每兩八元六角

▲龍牙上白官燕 每兩二元五角

▲頂上西牛黃 每分一元

▲杜字淨麝香 每分一元二角

▲老港奎璩珠 每錢二十元

▲頂上四川銀耳 每兩五元

▲冬蟲夏草王 每兩二元二角

▲甘州杞子王 每兩一元二角

▲綠毛老楓斗 每兩六十元

▲老式藏猴棗 每分二元

▲綠油伽楠香 每兩四十五元

《申报》1938.10.23　北平药局　参茸细料

霍山石斛作为国宝都有记载。

组培育苗。公司现拥有 2 万平方米的现代化组培中心，包括培养基制作车间、A 级无菌接种车间、培养车间，具有年产组培苗 2 亿株的生产能力。其为目前国内最大的霍山石斛人工育苗工厂，其核心技术“霍山石斛产业化栽培关键技术研究与示范”通过安徽省科技厅的科技成果鉴定，并获得六安市科技进步一等奖。

GAP 驯化。九仙尊大力开展霍山石斛产业化建设，严格按照国家良好农业规范体系（GAP）标准进行管理，在种植、采收、保鲜、微生物检测以及成分测定等方面严格执行标准化操作，对栽培基地实施规范化管理。在保证霍山石斛品质道地性的同时，促进环境、经济和社会可持续发展。

野生栽培。九仙尊在霍山石斛原产地大别山自建有千亩霍山石斛野生栽培基地，获得国家质量监督检验检疫总局的“地理标志保护产品”认定，千亩栽培基地完全重现霍山石斛野生环境，按国家 GAP 的技术规范和有机产品的要求进行种植，被安徽省食品药品监督管理局授予“霍山石斛绿色加道地中药材”品牌。

滋补品研发及 GMP 深加工。九仙尊建成深加工现代制剂生产车间，拥有多功能中药提取线和膏剂、颗粒剂、片剂、胶囊剂 4 条 10 万级净化的 GMP 制剂生产线，并通过安徽省食品药品监督管理局的 GMP 认证。产品精选多年生霍山石斛为原料，针对人体对有效物质不同的作用机理，科学配伍其他珍贵中药材，通过酶解、超声波等技术，使有效成分的提取更加彻底，显著提高产品功效，保证消费者享用到最优质的霍山石斛深加工产品。现已成功研发九仙尊 7S 霍山石斛清养浸膏、九仙尊 7S 霍山石斛枫斗、九仙尊 7S 霍山石斛纯粉、九仙尊 7S 霍山石斛鲜条、九仙尊 7S 霍山石斛清养颗粒、九仙尊 7S 霍山石斛花等一系列滋补产品。

至尊之五：专属身份，品质无忧

近年来，服用滋补品逐渐成为人们养生的第一选择。数年前，冬虫夏草一炮而红，成为中国高端滋补品舞台活跃者。随着市场发展，冬虫夏草因重金属超标以及“无身份”等问题引起社会关注，引领滋补潮流的冬虫夏草放缓了脚步。

同时，石斛类滋补保健品也逐渐进入中国家庭，但品质低劣、无证生产的滋补品严重侵害消费者权益。在新形势下，九仙尊 7S 霍山石斛作为传统滋补瑰宝，正逐步成为滋补行业瞩目的焦点和推动行业发展的新希望。

九仙尊 7S 霍山石斛，荣获国家绿色有机认证，拥有全程可追溯的体系，每根霍山石斛都拥有专属身份，充分保证九仙尊 7S 霍山石斛的至尊品质。同时，九仙尊 7S 霍山石斛清养浸膏和九仙尊 7S 霍山石斛清养颗粒是唯一国家药监总局批准的霍山石斛系列保健

FIRST-GRASS
九仙尊7

山石斛
北有冬虫夏草
南有霍山石斛
FIRST-GRASS

FIRST

FIRST-GRASS
北有冬虫夏草 南有霍山石斛

品，九仙尊 7S 霍山石斛枫斗继承非物质文化遗产 18 道中药古法炮制技艺精制而成，使之更纯正易吸收。所有产品通过中国人民财产保险股份有限公司（PICC）产品质量保证保险，全面维护产品品质，保障消费者权益。

至尊之六：养生文化，产业新机

为进一步发扬中华养生文化，九仙尊在安徽霍山县黑石渡镇建立九仙尊霍山石斛文化谷，计划总投资约 1 亿元，规划用地总面积约 168 亩，建设内容包括中国霍山石斛博物馆、中国霍山石斛论坛基地等。文化谷依山傍水，自然植被茂盛、空气清新，淠河水系从地块东侧缓缓流过。建筑整体规划结构顺应地块布置，形成一心一轴三区。以中国霍山石斛博物馆、中国霍山石斛论坛基地和国家级霍山石斛检测中心形成的石斛文化交流园为中心；以中心主入口为主轴开启石斛展示体验之旅；三区为：入口集散区、休闲养生区、民宿体验区，三区作为石斛文化交流园依次展开，相辅相成。项目建成后，将成为石斛产品展销、石斛文化、休闲养生、旅游度假等为一体的综合性石斛文化产业基地，对加快石斛产业发展，打造霍山石斛的国际品牌，推进全景霍山建设具有重要意义。

从珍稀濒危资源的拯救者到高端滋补行业的领路人，从千年高端滋补品的推广者到霍山石斛全产业链的领航者，九仙尊必定能把霍山石斛做好。

【品牌创意】

撼动行业格局的九仙尊创意是这样打造的

■ 张默闻策划集团全案策划中心

品牌战略定位借势虫草界，北南广告宣传语深入人心

任何一个品牌的有力发声，势必借助一种根植于人们内心的理念，或是一种既定事实，或是一举击中人们内心的犀利说辞，或是借助形象直接的诠释，以求达到有效的可视化表现。

作为被《道藏》列为榜首的中国滋补瑰宝，霍山石斛自古以来就被记录于各大医书典籍中，为历代名家名流著书推崇，早已传承千年之久。但张默闻策划集团通过市场调研得知，霍山石斛在消费者心目中的品类知名度并不高，许多人熟知冬虫夏草却对霍山石斛知之甚少。

正当张默闻策划集团寻找让霍山石斛抢夺消费者目光的方法时，市场上传来一个消息：因为重金属超标，一直活跃在中国高端滋补品舞台的冬虫夏草，被迫停止了奔跑的脚步，高端滋补品行业面临重新洗牌。正如狄更斯所言：这是一个最好的时代，也是一个最坏的时代。九仙尊霍山石斛既可以借此机会，一举取代位列中国九大仙草之末的冬虫夏草，重回滋补界巅峰。同时伴随而来的是，一代滋补王者落下帷幕，众多滋补品如雨后春笋般纷纷面世，竞品层出不穷，不仅混乱了市场，也扰乱了消费者的心。

张默闻这厮认为，冬虫夏草经过这些年的研发与推广，已经牢牢占领了高端滋补界的老大地位，品类知名度在滋补品行业几乎已是最高。九仙尊 7S 霍山石斛要想成为冬虫夏草的替代品，就必须借势冬虫夏草的知名度。但如何巧妙地借势，张默闻这厮认为必须遵守两个原则，第一，不能和冬虫夏草正面交锋起冲突，否则易引起消费者的反感；第二，要向消费者表达清楚霍山石斛的地位与价值。经过一番深思熟虑后，张默闻这厮创造性地提出了“北有冬虫夏草，南有霍山石斛”的策略定位，得到了九仙尊高层的赞赏和好评。九仙尊常务副总经理张刚表示，这句话只能用一个“妙”字来形容。

滋补保健品的特殊身份，决定了其在广告法认定中的严苛程序：不能宣传任何功效。“北有冬虫夏草，南有霍山石斛”可谓一语三关，既巧妙表达了霍山石斛的地位堪比冬虫夏草，同属高端滋补品，也说明霍山石斛的药用价值高，都是阴阳同补的名贵滋补中药材。“北”和“南”更是将两者的产地作了说明，冬虫夏草产于北方的青海，霍山石斛生

北有冬虫夏草 南有霍

九仙尊霍山

中国·九仙尊霍山石斛股份有限公司 荣誉出品

九仙尊·贵在真
石斛
斛
九仙尊7S
霍山石斛
◆
清养
浸膏
规格:125g

九仙尊
7S霍山石斛
FIRST-GRASS
北有冬虫夏草 南有霍山石斛
北有冬虫夏草 南
九仙尊霍

九仙尊·贵在真
山石斛
石斛
九仙尊7S 清养
霍山石斛 浸膏

九仙尊7S霍山石斛
FIRST-GRASS
九仙尊
7S霍山石斛
北有冬虫夏草 南有霍山石斛
北有冬虫夏草
南有霍山石斛

九仙尊
7S霍山石斛
北有冬虫夏草 南有霍山石斛
九仙尊·贵在真

长于南方的大别山。由此传达给消费者九仙尊7S霍山石斛的地位和价值可与冬虫夏草相媲美的核心诉求。

一个品牌的战略定位事关品牌未来的发展，尤其是在尚未定型不断发展的高端滋补界，从哪方面定位能够使品牌在众多滋补品竞争中更有竞争力，使品牌在瞬息万变的市场竞争中赶上步伐，不随激浪冲刷，这是张默闻策划集团一直以来的思考方向。“北有冬虫夏草，南有霍山石斛”，在市场重新洗牌之际，只有站在巨人的肩膀上才能看得更远。

营销不是营销人的自言自语，而是面向消费者的深度对话，张默闻策划集团相信只有消费者的态度才是最接近市场的一线声音。因此，张默闻策划集团在九仙尊霍山石斛终端店面，随机采访了几位消费者，他们都对霍山石斛借势广告语表示认可。有一位消费者告诉我们，这个广告语不像传统自说自话的广告语，更有一种普及知识之意，让人更形象地了解了霍山石斛，从而加深对九仙尊品牌的认识，印象颇深。

如今，九仙尊 7S 霍山石斛全国品牌营销战役已经全面打响，“北有冬虫夏草，南有霍山石斛”的口号已经得到行业的高度关注，相信在张默闻这厮的策略帮助下，九仙尊 7S 霍山石斛将成为中国高端滋补品的新领导品牌。

品牌核心价值诠释贵在真，真山真水滋养至真九仙尊

2016 年或是中国高端滋补界的破局之年。多年来，占据滋补制高点的冬虫夏草因重金属超标而停滞，一时激起千层浪，滋补界众说纷纭，滋补品市场呈井喷式增长。

与此同时，伴随着冬虫夏草重金属超标的恐慌，不少消费者质疑传统滋补品的保健功效和担忧滋补品行业缺乏标准的危害，面对市场喷涌而出的众多滋补品，迷茫情绪不断蔓延。事实上，中国潜在中高端滋补品的目标人群不断增加。然而，国内产品造假情况居多已形成不少人心中的刻板印象，转而选择海外保健品的也不在少数。

面对如此情境，张默闻策划集团明白想要扭转国人的态度，一定要从“真”字出发，强调传承千百年的真山真水真霍山石斛，在消费者的心中抢占一席之地。将品牌核心价值定位于“九仙尊，贵在真”原因有三：第一，九仙尊至真的品质。作为致力于将最好的滋补品带到人们面前的九仙尊霍山石斛而言，它坚守的是从野生原种保护到绿色萃取加工，一路原生态，一路高品质，它用规模逾千亩的野生栽培基地打造了一个安全系数更高、滋补效能更强的高端滋补品。高端品质成就高端滋补品；第二，九仙尊至真的态度。一株九仙尊霍山石斛的成长，足足耗时五年时间，需要经过组培育苗、GAP 驯化、野生栽培、GMP 深加工等一套霍山石斛完整流程，最终方可制成能够走向市场的九仙尊 7S 霍山石斛产品。坚持求真务实才是真态度；第三，高端的定位和高昂的价格锻造名贵滋补中药材。野生栽培，全产业链养成赋予了九仙尊霍山石斛名贵的身价和高端的定位。无疑，只有滋补功效含金量十足的霍山石斛才能担得起如此高的价格和如此高端的定位。

正是因为九仙尊对真品质的恪守和对真态度的坚持，让张默闻策划集团更加坚信要强调真山真水滋养至真九仙尊霍山石斛；也正是因为九仙尊耗费巨资为野生种植霍山石斛锻造高端身价，让张默闻策划集团更加坚信九仙尊的品牌核心价值理应诠释为贵在真。九仙尊，贵在真！字字珠玑，暗藏深意。

五年厚积薄发，今朝绽放尽锋芒。在张默闻策划集团的保驾护航下，九仙尊霍山石斛势必以迅猛生长之势，领航中国高端滋补界，以王者的姿态，朝着巅峰探索。九仙尊，贵在真！

九仙尊首创 7S 滋补体系，最严苛标准奠定行业龙首

一流的企业制定标准，一流的产品制造标杆。

当众多滋补品还在模仿追逐、当各种保健品都在自行其道之时，只有九仙尊霍山石斛首当其冲，通过其对霍山石斛野生药性深入了解，对霍山石斛利用系统核心技术全面掌握之下，九仙尊创立了目前世界最严格、苛刻的霍山石斛制作标准。为了提高滋补体系的专业性，九仙尊霍山石斛引入国际标准，首创 7S 滋补体系，填补高端养生空白。

7S 滋补体系是目前霍山石斛行业中标准最高，控制最严的质量标准体系与流程控制体系，奠定了九仙尊 7S 霍山石斛在滋补行业内的领导地位。经过野生原种的抢救、栽培、精选、提取、高效利用、全程追溯、高效制作之后的霍山石斛拥有了其他石斛无法企及的高功效和高品质。可以说，九仙尊 7S 滋补体系决定了九仙尊能够做到霍山石斛的安全高效利用，也决定了九仙尊霍山石斛不可能被模仿和复制。九仙尊是霍山石斛物理深加工的高效产品，有效地解决了霍山石斛原生态、精华释放低下等的问题，保证了霍山石斛品质恒定，高效更长久。

专业之余，更有高度。不管是霍山石斛产品研发，还是标准制定，九仙尊霍山石斛始终秉承民族大爱之心，以拯救濒危物种霍山石斛这一千年滋补瑰宝为己任，让当代的国人吃到续存千年的滋补圣品。作为中国高端滋补品霍山石斛业界领导者，九仙尊还有很长的路要走。而此次首创的 7S 滋补体系必将成为九仙尊为全球消费者提供最优质霍山石斛的重要一步，让传承千年的滋补瑰宝在严苛标准下焕发新生。

【九仙尊 7S 滋补体系】

1S：野生原种的抢救性培育体系

将濒临灭绝的野生霍山石斛进行圈地保护，用野生的原种进行培育，诞生了九仙尊 1

号 2 号国家级新品种，成功继承了濒临灭绝的野生霍山石斛的全部精华。

2S：原生环境的野生栽培体系

传承典籍记载“石斛生六安山谷水傍石上”原生环境，空气无化学污染，土壤无重金属和农药污染，水源超国家一类饮用水标准，确保每一株野生栽培的九仙尊霍山石斛，都秉山之灵气、地之菁华、水之润泽而生。

3S：优质鲜条的定向性精选体系

严格按照五年只长五公分，一节只有米粒大的定向性精选标准，利用精密仪器与现代生物学技术实现内外品质双保险，保证九仙尊的每一株石斛都更具功效价值。

4S：绿色分离的安全性提取体系

按照九仙尊独有的分离提取科技进行提取，高提取率达到行业前沿标准。在提取的过程中坚持不使用有毒试剂，确保提取的绿色、安全和稳定，让药性高效释放。

5S：低温包埋的高效性利用体系

利用低温包埋的技术将活性成分紧紧地锁住，不让活性成分流失。形成独特的营养库，保证人体生物利用率，使产品的药用价值和纯度都得到了极大提高。

6S：专属身份的全程性溯源体系

为了保证每一款九仙尊霍山石斛都是正宗的野生原种的霍山石斛，在每款产品上都贴有身份唯一的视觉码，一物一码，即时可查，100% 确保产品全程可溯源。

7S：平衡阴阳的协调性滋补体系

利用九仙尊独有的核心粉碎科技保证 100% 石斛纯粉品质，打破石斛原有细胞组合，让纯粉更适合人体吸收，达到平衡阴阳、提高身体机能的作用。

九尊文化敬天爱人显大义，九尊精神激荡人心助腾飞

不登滋补巅峰舞台，岂敢自称滋补品！

道家经典著作《道藏》把霍山石斛列为中华九大仙草之首，堪称中国九大仙草至尊地位，九仙尊的命名由此而来。

张默闻策划集团经过深思熟虑后，将九仙尊的品牌文化定位尊文化，即：尊天尊地尊父母，尊师尊友尊领导，尊善尊信尊自己。九仙尊的尊，既源于九大仙草的至尊地位，又是九仙尊品牌对滋补的尊重，也是品牌对于众多消费者身体的尊重，更是品牌对于人类的尊重！

尊天尊地尊父母。人类对于上天的敬意，自古绵延不绝，上天以慈父般的仁爱，赋予

张默闻这厮为九仙尊设计的“尊”字勋章。

了万物生长的能量。地载万物，除了上天慈父般的呵护外，更需要大地母亲般的悉心照料。而父母更是拥有生育和养育之恩，可以说是他们给予我们生命，尊敬他们就是尊重自己的根基。

尊师尊友尊领导。尊师重道是中国历代相传的传统美德，一日为师，终身为父，正是这种对圣贤教诲的尊敬才使得圣贤文化薪火不灭、代代相传！人生之路跌宕起伏，每一步成功的跨越都离不开生命中贵人的相助，尊友让生命增添无限可能。事业的提携离不开领导的扶持，尊重领导不仅是尊重一份事业，更是尊重权威的力量。

尊善尊信尊自己。善良诚信是做人做事之根本，立业之根基。对于九仙尊品牌更为重要，自创业初始九仙尊始终秉承品质至上，将诚信作为企业理念不断贯彻。此外，尊重自己也是其中较为重要的一环，只有充分尊重每个人的信念，才能创造出更加璀璨的未来。

张默闻策划集团相信，人生因懂得尊敬而长久，因懂得感恩而精彩。九仙尊的九尊文化既是企业立足于社会的精神支持，也是企业向外界传递品牌精神的窗口。

九仙尊以其卓越的科研实力、精准的战略定位、独特的文化诉求以及苛刻的行业标准，稳戴滋补王冠，横枪跃马，撼动行业，在传统滋补品市场动荡的逆风中激情飞扬。

【产品创意】

六大品类，至真品质

■ 张默闻策划集团产品研究中心

张默闻这厮在为九仙尊六大品类进行产品定位及广告创意时，始终遵循既让消费者能够清楚地明白其中的关联性，又能在消费者的心中产生许多产品记忆点的原则。最终达到让消费者念念不忘、产生购买的目的。

九仙尊 7S 霍山石斛清养浸膏：绿色工艺浓缩萃取，完整保留有效成分

九仙尊 7S 霍山石斛清养浸膏是九仙尊的主打产品，那如何能将这款产品做成九仙尊的“招牌菜”呢？张默闻这厮在精细的调研下深刻了解了清养浸膏的绿色提取技术、低温浓缩技术。这两种技术不仅能够萃取出药材的精华，还可以保护有效成分不被破坏。张默闻这厮与团队进行头脑风暴后，决定以“绿色工艺浓缩萃取，完整保留有效成分”作为九仙尊 7S 霍山石斛浸膏的产品卖点。

九仙尊 7S 霍山石斛枫斗：三千年手工精制传奇品质，十八道非遗技艺致敬养生

枫斗指的是石斛的茎经过多道炮制工序干燥缠绕成螺旋状的一种石斛制品。霍山石斛的枫斗制作工艺十分讲究，必须经过十八道工艺的加工，才能诞生出真正的九仙尊 7S 霍山石斛枫斗。所以张默闻这厮用富有激情的创意之笔为九仙尊 7S 霍山石斛枫斗做出了“三千年手工精制传奇品质，十八道非遗技艺致敬养生”的产品卖点定位。

九仙尊 7S 霍山石斛纯粉：纳米破壁 6 倍溶出

张默闻这厮从营销的角度为九仙尊 7S 霍山石斛纯粉做出了“纳米破壁 6 倍溶出”的定位，将纯粉的有效成分溶出度高、日服用量少作为九仙尊 7S 霍山石斛纯粉的产品优势。张默闻这厮用九仙尊 7S 霍山石斛纯粉的卖点成功抓准了消费者心理，成功将九仙尊 7S 霍山石斛纯粉的核心卖点推向高端滋补市场。

九仙尊 7S 霍山石斛鲜条：原产原种原生态，道地珍稀鲜送达

在九仙尊 7S 霍山石斛品牌打造的初期，张默闻这厮首先为九仙尊策划出了品类新、概念强且能快速切入市场的新品——九仙尊 7S 霍山石斛鲜条。张默闻这厮认为：走原生态的品牌化路线，打原产原种的产品优势，才能给消费者珍稀、珍贵、新鲜的消费期待和感觉，九仙尊才更有机会在新竞争市场中脱颖而出。

九仙尊 7S 霍山石斛清养颗粒：绿色萃取留精华，协同增效强免疫

九仙尊 7S 霍山石斛清养颗粒的面世是针对现代都市白领、经常熬夜、亚健康人群特别推出的产品。张默闻这厮为九仙尊 7S 霍山石斛清养颗粒作出了“绿色萃取留精华，协同增效强免疫”的产品卖点，这一卖点定位不仅能快速抢占年轻人心智，还能让九仙尊品牌更加年轻化，更具价值潜力，让九仙尊 7S 霍山石斛的品牌充满想象空间！

九仙尊 7S 霍山石斛花：活血排毒，驻容养颜

当今滋补市场需求越来越多元化，张默闻策划集团在为期数十天的研究下发现女性的养生更注重外表的美丽与保持良好的身材。张默闻这厮在九仙尊 7S 霍山石斛花产品定位中赋予了“活血排毒，驻容养颜”的产品卖点，不仅激发了受众人群的购买欲望，还满足了消费者多元化的市场需求。

【视觉创意】

创意雕琢30次，只为九仙尊视觉形象震撼人心

■ 张默闻策划集团广告创意中心

一个优秀的企业应该有属于自己独特的视觉识别系统，张默闻这厮认为，独特的企业形象设计具有很强的传播力和感染力，最容易被公众接受，具有重要意义。因此，在接手九仙尊 7S 霍山石斛这个项目后，张默闻这厮开启了全新打造九仙尊品牌形象的疯狂创意模式。包括企业标识、企业色彩、企业 VI 手册、终端门店布置以及企业其他相关物料等，张默闻这厮均亲力亲为，其追求完美的创意精神感动了整个九仙尊企业，新的统一化的企业视觉形象令大家耳目一新。

九仙尊全新企业标识塑差异竞争标志

在竞争日益激烈的全球市场上，九仙尊企业如果能够严格管理和正确使用统一标准的公司标识，将会提供给消费者一个更有效、更清晰和更亲切的市场形象。张默闻这厮认为，优秀的企业标识具有个性鲜明、视觉冲击力强、便于记忆的特点，有引导、促进消费和产生美好联想的作用，从而有利于品牌在众多的商品中脱颖而出。在得到九仙尊霍山石斛股份有限公司方朝阳董事长的允诺后，张默闻这厮带领设计团队开始着力设计九仙尊企业的

张默闻这厮标识设计的灵感来源。

霍山石斛
GRASS
GRASS

全新标识。

据了解，九仙尊的新标识设计可谓是一稿通过，提案时得到了九仙尊企业高层们的一致认可和赞赏，这一点让张默闻这厮感到非常高兴。九仙尊的全新标识设计灵感来源于张默闻这厮去九仙尊产业园调研时拍摄的一张照片，看到自己深情凝望霍山石斛的这张照片，张默闻这厮突然灵感大发，霍山石斛本身才是九仙尊最好的传播形象，九仙尊 7S 霍山石斛的新标识必须融入产品元素。因此在设计过程中，张默闻这厮指导设计师用笔画勾勒出霍山石斛的样貌，三根霍山石斛还共同拼出了一个霍山石斛的“山”字，富有深刻的含义。而且受众只要看到这个标识，就能很好地理解“形如竹鞭，状似累米，绿如翡翠，长 5~8 厘米”这句话的含义了，这也正是整个标识设计的巧妙之处。

在字体设计方面，张默闻这厮大胆地跟随潮流，选择国内高端滋补品品牌常用的字体，在视觉上首先就给消费者塑造了九仙尊 7S 霍山石斛就是高端滋补品的形象，使得九仙尊品牌在市场中极具竞争力。

九仙尊全新品牌色铸就正统滋补瑰宝

关于企业的品牌主色调，张默闻这厮思考了良久，最后决定采用金色，他认为只有金色才能代表九仙尊 7S 霍山石斛“千年不倒皇帝草”滋补瑰宝的尊贵形象与地位。定下使用金色后，张默闻策划集团九仙尊项目组就开始马不停蹄地对九仙尊霍山石斛产业园进行系统化的视觉形象升级。

在九仙尊 7S 霍山石斛招商盛会的前一天，各位合作商应邀来到石斛产业园参观，张默闻这厮领衔的策划设计也进行了首次惊艳亮相。形象升级后的产业园整体风格尽显大气高端的尊贵品质，视觉设计的落地呈现与品牌特质的高度契合给参观人群留下了深刻印象，好评如潮。产业园中，镶嵌着明亮玻璃窗的深绿色与米黄色厂房整齐划一，坐落于园区各个角落，厂房上金色的企业标识和闪闪发亮的“九仙尊”三个大字尤为夺目。写着“北有冬虫夏草，南有霍山石斛”的白色、金色道旗被安置于道路两旁，随风飘扬、飒飒作响，尽显尊者风范。而室内展厅文化墙的黑色边框、吊顶金色墙围，展台下方的金色祥云勾勒图，以及标有“九仙尊 7S 霍山石斛”和企业标识的白金色相间玻璃门贴，均以黑、白、金三色为基调，风格简约明快，整体呈现一种尊享高端的视觉形象。

最让观者大为赞叹的是九仙尊终端门店展区的布置。金色木质柜台与桌椅，丹炉式金色展柜，古风吊旗文化架，皇室奢华与现代简约相结合，九仙尊的全新标志，在黄色雕栏吊灯的照射下，尽享尊贵大气。结合高端精制的产品包装以及颇具创意和质感的门窗手柄设计，九仙尊的高端滋补品品牌定位得到了完美的呈现。九仙尊 7S 霍山石斛产业园高辨识度、统一的视觉呈现均离不开张默闻策划集团的倾心策划与创意。

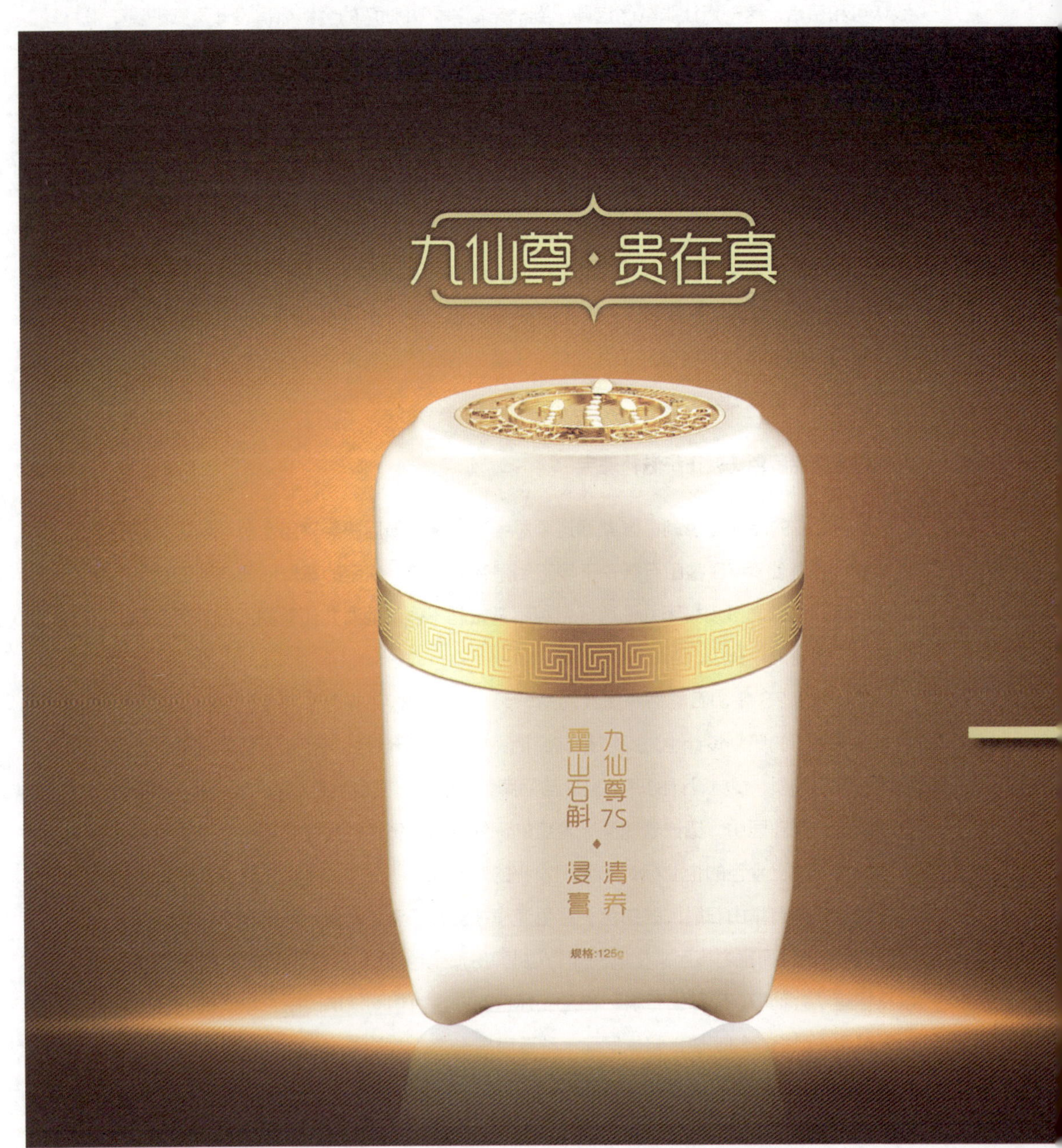
九仙尊·贵在真
九仙尊7S 清养
霍山石斛 浸膏
规格:125g

九仙尊·贵在真

九仙尊
75霍山石斛
的浸膏都是用霍山石斛做的
尊清养浸膏
就有感觉
仙尊霍山石斛股份有限公司 荣誉出品

YOUNG MAN
YOUNG MAN
九仙尊
7S霍山石斛
滋补瑰宝 平衡阴阳
浙A·8E427

九仙尊·贵在真
不是所有的浸膏都是用霍山石斛做的
九仙尊清养浸膏
一吃就有感觉
九仙尊 7S · 清养
霍山石斛 浸膏

厦门航空 XIAMENAIR
>>> 封面故事
墨尔本，陪你度过悠扬岁月
>>> 专题
男女有别
生命如此甜美
金门，等风来的小确幸
冰与火之歌
因为天
最尔小团队，却致力于
二十年，我们孕育上百
诚募快速消费品、农业
狼道团队创意产业（中国）股份有限公司
广州狼道团队文化传播有限公司
www.wolfway.cn

九仙尊
7S霍山石斛
FIRST-GRASS
北有冬虫夏草 南有霍山石斛
不是所有的浸膏都是用霍山石斛做的
九仙尊清养浸膏
一吃就有感觉
九仙尊·贵在真
九仙尊7S
霍山石斛
清养
浸膏
中国·九仙尊霍山石斛股份有限公司 荣誉出品
狼道团队策划
CHIME LONG
TCL
LAND ROVER
JAGUAR
运营中心：广州市天河北路233号中信广场1515

平面海报巧用黑金大气简约质造高端

九仙尊 7S 霍山石斛对于广大消费者来说是一个新品牌，因此九仙尊在推广品牌的前期，会投入大量的广告，而平面海报的重要性则不言而喻。九仙尊的平面海报是九仙尊企业文化与企业产品的综合体现，在市场终端，九仙尊平面海报就像九仙尊 7S 霍山石斛的名片，直接影响消费者对企业及产品的兴趣，从而引导消费者对九仙尊 7S 霍山石斛的需求及购买欲望。

关于九仙尊 7S 霍山石斛的平面海报，张默闻这厮强调，设计理念一定要传达九仙尊 7S 霍山石斛是高端滋补品的核心诉求。因为金色是企业的品牌色，因此在色彩搭配上巧用黑色与金色的搭配，大面积的黑色作为底色给人一种高贵的印象，金色点缀其间，富有大气时尚感。此外，金色文案在黑背景上清晰可见，消费者容易记住。产品的呈现方面，考虑到产品本身是白色与金色的搭配，因此在产品的背景处加了一个金亮色块进行自然过渡，整个海报只有大大的产品和几句文案，画面干净整洁、简约大气。最为引人注目的是企业标识的处理，用一个金色的盾牌形状突出九仙尊的标识，最大程度地在消费者心中强化了九仙尊放心的品质。

十六大手册集结亮相联合联动联营销

为迎接 2016 九仙尊 7S 霍山石斛全球滋补高峰论坛暨大中华区招商盛会，张默闻策划集团与九仙尊并肩作战，在临近大会前历时两周创意出品了 16 大手册。面对如此繁重而紧急的手册设计工作，张默闻策划集团上演了一场速度与激情的比赛，策划中心与设计中心无缝对接，用 16 天时间完成 16 本手册的创意设计，刷新了张默闻策划集团手册设计数量与速度的双纪录。

创意手册的本质是为了提供立体化的品牌宣传与营销氛围，直接或间接的转化为品牌实力的资本。此次九仙尊手册涵盖了企业宣传类、终端类和代理商三大类共 16 大手册，一系列的手册展示了九仙尊完整的品牌实力与市场运营规范化管理。

为了让九仙尊系列手册呈现最完美的效果，张默闻策划集团不仅在品牌文案上斟酌字句，力求以最简单、精准的语言传达九仙尊 7S 霍山石斛的实力，而且在整体视觉设计上精益求精，锁定黑金色调，聚合高清配图，以优质设计为至上追求，全方位诠释九仙尊 7S 霍山石斛高端的品牌形象。大会当天，16 本手册的集结亮相，引得合作商为之侧目，叩响了九仙尊品牌的新未来。

【招商大会】

行业精英汇聚六安论道滋补大格局 九仙尊中国第一斛引领养生新风尚

■ 张默闻策划集团全案策划中心

新闻回顾：

2016年7月28日，2016九仙尊7S霍山石斛全球滋补高峰论坛暨大中华区招商盛会在历史古城安徽省六安市隆重召开。此次大会既是一场激荡人心的滋补行业的巅峰对话，也是一场集政界领导、业内专家、从业人士共聚的盛会，备受社会瞩目。来自全国各地两百余位九仙尊新老合作伙伴以及数十家知名媒体也受邀参加了大会。行业精英，皋城一聚，直面养生，共话滋补行业新形态！

领袖规划：董事长忆六年坚守路，铿锵描绘九仙尊未来

大会伊始，精工控股集团有限公司、九仙尊霍山石斛股份有限公司董事长方朝阳先生在开场致辞中通过“承蒙旧恩，感念新惠”“六载坚守，不忘初心”“鸿鹄有志，共邀盛举”三个篇章分享了他与霍山石斛的缘分。

作为千年滋补瑰宝拯救者、霍山石斛全产业链领导者和大健康产业推动者，方朝阳深有感触，他用“感恩”“担当”“愿景”三个关键词表达了自己伴随九仙尊一路走来的心路历程。他说：“要做我们就要做真山、真水、真石斛。”正是在这份坚定初心以及真性情的驱动之下，他引领九仙尊发展成为从最初拯救一株小小的霍山石斛开始，到如今涵盖霍山石斛野生原种保护、组培育苗、GAP驯化、野生栽培、滋补品研发、GMP深加工、市场营销到文化旅游体验的完整的霍山石斛全产业链大企业。他高瞻远瞩、运筹帷幄，书写了一部令人大为赞叹的高端滋补品行业发展传奇。

九仙尊的蓬勃发展离不开各级党委、政府以及社会上的行业先驱、专家学者、品牌策划专业人士等的支持与帮助，方朝阳先生向这些人士表达了最衷心的感谢。此外，他还表示自己创办九仙尊的初心就是希望能够将国家一级珍稀濒危药用植物——霍山石斛这一中华瑰宝传承下去，通过保护性开发和科学化深加工，进而造福全人类。同时，他还承诺九仙尊将以最严苛的制度和标准来保证产品品质，开创中国高端滋补品的行业新风。

关于九仙尊的未来愿景，方朝阳表示，一方面九仙尊将建立遍布全国的高端专卖店、

九仙尊
7S霍山石斛
北有冬虫夏草　南有霍山石斛
FIRST-GRASS

中国第一斛

2016九仙尊7S霍山石斛全球滋补高峰论坛暨大中华区招商盛会

六安市人民政府副市长高斌先生致辞。

高 斌
人民政府副

六安市霍山县县长项跃文先生致辞。

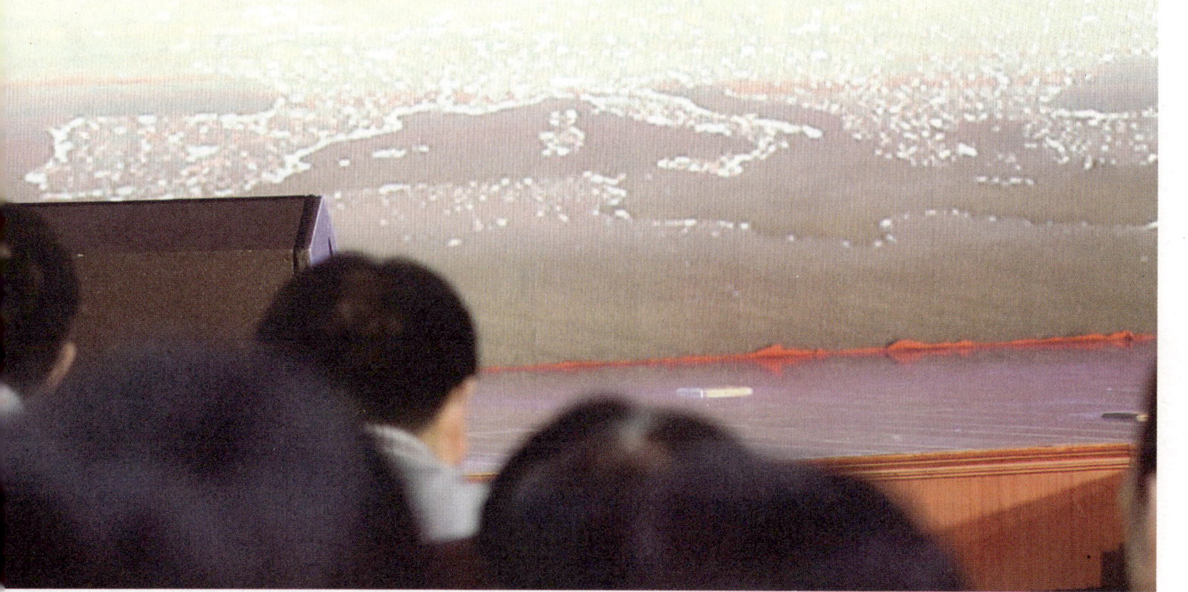
项跃文
霍山县委副书记、

专柜渠道及医院、药店等特通渠道，将九仙尊这一滋补品牌进行渠道推广，落地生根；同时，九仙尊将秉承“产品为王”的理念，继续加大科技投入产品的开发力度，不断丰富、优化产品品类；此外，九仙尊还将在霍山县大别山麓打造一个集野生霍山石斛栽培、体验、文化展示以及大别山旅游于一体的九仙尊霍山石斛文化谷；在不远的未来，九仙尊还将启动公司战略投资引入计划和资本市场登陆规划，促成九仙尊霍山石斛股份有限公司的上市愿景。

方朝阳先生代表九仙尊进行的品牌发声，是中国高端滋补行业的呼唤，也是其 6 年潜心发展全产业链模式的积淀，更是其在滋补界作为高端品牌崛起的姿态展现。六年磨一剑，九仙尊开始发力，并逐步迈向行业新巅峰。

专家解读：殿堂级瑰宝名副其实，九仙尊荣誉实至名归

近年来，高端滋补品逐渐成为高端人士的养生首选。新形势下，九仙尊 7S 霍山石斛作为传统滋补瑰宝，正逐步成为滋补行业的瞩目焦点和推动行业发展的一颗新星，而它独特的滋补价值也被更多人认知、认可。回顾历史，霍山石斛也是盛名誉载。道家经典《道藏》更是给出其九大仙草之首的美誉。同时霍山石斛也是历史记载最早，入药时间最久，唯一成为宫廷皇室贡品的石斛品种，也是唯一被记录于各大医书典籍的滋补瑰宝。历史上，霍山石斛也被历代皇家名流尊为上品。秦始皇、汉武帝、唐太宗、武则天、乾隆帝、慈禧太后、周恩来总理、京剧大师梅兰芳等都与霍山石斛有着不解之缘。

广州中医药大学教授、博士生导师魏刚教授通过一系列的相关史料记载展示，霍山石斛生长环境及道地性分析，及其相较于冬虫夏草、铁皮石斛的滋补价值优势的科学化数据分析，为我们详细讲解了霍山石斛的历史考证与其珍贵的滋补价值。但是，从药理方面来讲，霍山石斛为什么是养生佳品，它的具体功效又是什么呢？中国医学科学院药用植物研究所生物技术中心主任、博士生导师，国家新药／保健食品／新资源食品评审组长郭顺星主任表示，几十年来中外学者对石斛属植物的有效成分也开展了大量研究，发现霍山石斛的有效成分主要包括多糖、黄铜、生物碱、氨基酸和微量元素等，基于此，霍山石斛的药理性包括抗糖尿病性白内障、降血糖、降血脂、抗肿瘤、增强免疫、抗急性肝损伤、延缓衰老等。对此，霍山石斛被列为九大仙草之首一点也不为过，中医强调以平衡阴阳而达到增强免疫力、保持机体健康的目标，霍山石斛可谓是中药界的 NO.1。

在 2015 年的政府工作报告中，李克强总理提出要大力发展大健康产业，并首次提出“健康中国”这一概念。

大健康产业正在成为中国经济新的增长点，在大健康产业背景下，高端滋补品又将扮演一个什么样的角色呢？霍山石斛的发展前景又将如何呢？中国保健协会副理事长、国家

九仙尊董事长方朝阳先生致辞。

标准化技术委员会《全国保健服务标准化技术委员会》专家副主任委员李萍女士一篇题为《构建健康服务行业的新格局 助推高端滋补品（霍山石斛）行业的大发展》的演讲为我们做了很好的解答。她指出：在政府大力推崇“健康中国”的行业背景下，九仙尊凭借拥有全球规模最大的霍山石斛系列滋补品全产业链以及首创的“九仙尊 7S 滋补体系”，还有通过丰富的产品系精准锁定不同人群的三大举措，必将有力捍卫霍山石斛的可持续发展。滋补行业新形态下，九仙尊必将大有作为！

权威发布：滋补白皮书惊艳亮相，滋补品标准至此树立

目前，中国滋补品市场整体处于价格上涨、需求不减、品牌众多、观众难辨的尴尬境地。高端滋补品市场品类繁杂，激流暗涌。2016 年，因重金属超标，高端滋补品的代表冬虫夏草陷入低迷。对望如今的霍山石斛市场，市场前景广阔毋庸置疑，但近几年由于行业标准的缺失，霍山石斛市场存在着以次充好、真假难辨的市场乱象，严重影响了消费者的实际利益和霍山石斛的品牌形象。

政府的重视以及相关法规的完善促使高端滋补行业面临重新洗牌。同时，消费者成熟度和对品牌认知度的提高，促使滋补行业进入一个理性增长的发展期。市场需求的扩大助推了高端滋补品整体价格的提升，但是未来滋补品的提价空间会越来越小，依靠提价换取经营效益对企业经营的长期发展也极为不利，滋补品行业将向着知识产权化、创新化方向发展的趋势将越来越明显。作为霍山石斛的引领者，九仙尊毅然扛起振兴霍山石斛的大旗，狠抓科研，引领行业，现已发表学术论文 5 篇，获得发明专利 6 项。取得霍山石斛产业化、野生栽培等领先成果，是国家、行业标准的制定者。其“7S 滋补体系”也是目前霍山石斛行业中标准最高、控制最严的质量标准体系与流程控制体系。“九仙尊 7S 滋补体系”既是对消费者的庄重承诺，也是对我们自身生产的强制性要求。从种源、栽培、精选、分离提取、高效利用到身份溯源，为的就是保障我们的产品是切实有效的，最终将野生霍山石斛“平衡阴阳，协调滋补”这个本应有的功效完全地释放出来。

就在大会现场，九仙尊霍山石斛股份有限公司与全行业共享霍山石斛的研究成果，面向全球发布《九仙尊 7S 霍山石斛全产业链滋补白皮书》，致力于携手其他企业共同建立健康、有序、利民的霍山石斛产业。中国保健协会副理事长李萍女士、九仙尊霍山石斛有限公司常务副总经理张刚先生一同为九仙尊滋补白皮书进行了揭幕仪式。

颁奖盛典：拯救者牌匾千古流芳，尊字勋章致行业先驱

据了解，精工控股集团于 2010 年投入逾 5 亿元成立的九仙尊霍山石斛股份有限公司，秉承民族大爱之心，以拯救濒危物种霍山石斛这一千年滋补瑰宝为己任，开创了“北有冬

方朝阳的致辞让张默闻这厮竖起了大拇指。

隆重发布九仙尊全产业链滋补白皮书。

贺
滋补白皮书隆
山石斛
滋补
书

中国保健协会李萍理事长在论坛中发言。

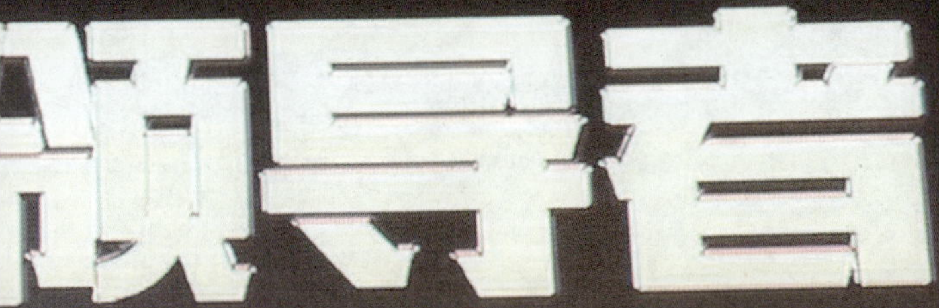
导者
球滋补高峰论坛

国家濒危物种科学委员会办公室主任孟志斌先生授予九仙尊“霍山石斛拯救者”称号。

虫夏草，南有霍山石斛”的中华滋补新格局。公司在中国石斛之乡霍山县拥有国内最大的霍山石斛野生栽培基地，规模逾千亩，生物资产达数十亿元。

如今快速崛起的九仙尊，像潜龙在渊蓄势待发。如今的九仙尊荣誉满载，是唯一霍山石斛全产业链领航者企业；唯一霍山石斛国家药监总局保健食品获批企业；唯一霍山石斛逾千亩自有野生栽培基地企业；唯一霍山石斛 GMP 认证生产企业；唯一霍山石斛非物质文化遗产规模化生产企业；唯一霍山石斛绿色加道地、优质种苗基地企业；唯一霍山石斛产业化栽培关键技术研究与示范企业。同时九仙尊还向当地农户提供信息、技术、经营还有管理等帮助，让科技真正转化为生产力，帮助近千家农户提高收益。

兼具责任与实力的九仙尊，其产业报国的民族责任心得到了政府及与会专家的高度赞扬和肯定。国家濒危物种科学委员会办公室主任孟志斌将写有“霍山石斛拯救者”的牌匾亲自交到九仙尊霍山石斛股份有限公司副董事长王新生手中，这不仅是对九仙尊过去功绩的肯定，更是对其引领的滋补行业大健康未来的期盼。

值得一提的是，九仙尊在拯救霍山石斛的征程中始终无法绕开两位大师。一位是穷尽一生潜心探索霍山石斛的繁殖与栽培，让野生霍山石斛得以新生的何云峙老先生；另一位则是通过科学手段实现霍山石斛产业化生产的学术大师、皖西学院生物与制药工程学院院长陈乃富先生。精工控股集团有限公司副董事长、长江精工钢结构（集团）股份有限公司执行董事长孙关富先生以及精工控股集团有限公司总裁楼宝良先生分别为两位大师颁发了“尊”字勋章，表达了九仙尊对于两位行业先驱人士的尊敬与敬仰之情。

【颁奖词 · 何云峙】文案欣赏

一方翠绿仙斛，一个坚守背影，足下斛苗蔚然，育者白发苍苍。这是一场名为拯救的马拉松，长跑一生，潜心钻研，殚精竭虑，不忘初心。他是何云峙！

【颁奖词 · 陈乃富】文案欣赏

勇于攀登，敢于超越，先生踌躇满志；科学求真，潜心专研，成果荡涤人心。科学化栽培，产业化生产，你将科技的光芒注入仙草，折射出新时代中华最闪耀的光辉。你的人生，正如实验室的流转岁月，无声，但有无穷的希望与力量！他就是陈乃富！

高峰论坛：巅峰对话滋补大格局，专家论道养生新风尚

近年来，党和政府对中医药的发展也寄予了高度重视，中医药高端滋补产业已经处于产业升级的入口，即将迎来加速发展的黄金期。数年前，冬虫夏草一炮而红，成为中国高端滋补品舞台重要角色。但随着市场发展，冬虫夏草因重金属超标的问题也引起了社会的广泛关注与质疑，冬虫夏草放缓了前行脚步，高端滋补界面临重新洗牌。

关于新形势下的滋补趋势与养生理念，李萍理事长表示：中国保健品行业将是医疗消费升级的首要受益行业，伴随着中医药养生文化市场认可度的提升，中草药保健食品需求呈现回暖现象，同时，随着消费者成熟度和认知度的提高，滋补行业也将逐渐进入一个理性增长的发展期，九仙尊独创的“7S 滋补体系”正是这一趋势的代表。

彭代银校长则指出：根据道家经典《道藏》记载，虫草排在九大仙草的第九位，而霍山石斛则位列第一。他指出，现在市面上虽然有很多石斛在做推广，但是我们更应该关注行业的领导者动向，而霍山石斛的行业领导者正是九仙尊，它集民族责任心与科研实力于一身，应当受到我们更多的关注与支持。

两位主任分别对霍山石斛在中西医方面的药理作用与价值做了详解。郭顺星主任指出，中医讲究未雨绸缪，霍山石斛凭借其滋阴补虚、养胃生津、降糖消渴、清咽润喉、养睛明目、滋养肌肤等独特中医功效能在潜移默化中改善机体功能，远离亚健康等现代病；魏刚教授则从霍山石斛的西药功效出发，指出霍山石斛具有抗肿瘤、免疫调节、抗氧化、抗白内障、降血脂、降血糖、降血压、保肝护肝作用，可有效用于现代医药研究和临床方面。

作为一种火了千年的神药，王莒生院长从霍山石斛从古至今、民间官方用法角度做了介绍。

近年来，石斛在市场上的声音越来越大，铁皮石斛占据大多数，而霍山石斛可能鲜为人知，好酒也怕巷子深，作为九仙尊的品牌总顾问，张默闻这厮从品牌营销角度阐述了九仙尊 7S 霍山石斛如何通过品牌化的运作在市场中占有一席之地。

专家论道，思想碰撞，高潮不断，在场观众犹如醍醐灌顶、如沐春风，对亮点之言均报以了热烈掌声。

【“2016 全球滋补高峰论坛”与会嘉宾】

中国保健协会副理事长、国家标准化技术委员会《全国保健服务标准化技术委员会》专家、副主任委员　李萍女士

首都医科大学附属北京中医医院原院长、北京中西医结合学会会长、国医大师王莒生女士

中国医学科学院药用植物研究所生物技术中心主任、博士生导师，国家新药／保健食品／新资源食品评审组长　郭顺星先生

安徽中医药大学副校长、药物研究所所长、安徽省高校省级现代中药重点实验室副主任、 安徽省中药研究与开发重点实验室副主任　彭代银先生

广州中医药大学教授、博士生导师　魏刚先生

著名策划大师、张默闻策划集团董事长　张默闻先生

创意奇笔：一方翠绿仙斛写传奇，九仙尊赋传颂永不息

张默闻这个诗坛怪杰创意挥就的《九仙尊赋》也在大会上进行了惊艳亮相，开启了大会现场“浓墨重彩”的亮点篇章。

伴随着一阵雄健浑厚、抑扬顿挫的音乐，一个绾结系冠的书生少年挥动长袖，对着屏幕水袖长书、力道遒劲，在少年翻转凌跃的身影渐移中，“九仙尊赋”四个酣畅浑厚的大字赫然跃入观众眼帘。接下来，鼓点密集、音乐渐盛，四个少年挥动双袖，开始了一段悠然飘逸、刚柔并济的墨舞。墨舞背后的LED屏同步播放《九仙尊赋》的书写朗诵画面，声音雄健浑厚、抑扬顿挫，笔墨恣意挥洒，笔锋酣畅浑厚，行云流水。现场观众屏气凝神，观感震撼，不时地拿出手机拍摄留念。

《九仙尊赋》整体尽显九仙尊磅礴大气之势，字字珠玑、文采斐然。通过对霍山石斛生长环境及史书典藏相关记载的描述和对霍山石斛前世今生及皇室名流对其滋补性青睐追逐的撰写，演绎出霍山石斛千年仙草的延世传奇；通过对精工救霍山石斛于濒危境地的阐述，刻画出精工控股集团有限公司的社会责任感和民族大义之举；通过对九仙尊五年多来孜孜不倦研发霍山石斛的功效事迹列举，进一步表达出诗人对九仙尊持之以恒、不改初心品质的赞赏。通过这首飘逸豪放的《九仙尊赋》，现场观众进一步了解到霍山石斛的前世今生及其道地珍贵性，并对九仙尊品牌文化内涵及品牌发展历程有了一个全景式的精神交流感悟。

张默闻这厮切身感悟九仙尊的文化价值内涵，为其提炼出“敬天爱人”的九尊文化——尊天尊地尊父母，尊师尊友尊领导，尊善尊信尊自身。正因其亲力亲为，倾力策划，才有了现今高度凝练、颇具感染的《九仙尊赋》。一首赋便可以调动观众的所有情绪，去聆听、去感悟；一首赋便可以讲出一个企业的发展历程，既感动、又震撼。这就是张默闻这厮的本事，深入调研，高度凝练；一笔掷出，谁与争锋！

【《九仙尊赋》文案欣赏】

北纬之东，千仞之巅，大别遗世独立；山南意盎，山北冰皑，独造仙气蔚然。天地仁心，滋养名贵瑞草，仙草荟萃，米斛首当其先。滋阴养精，载之《本草》；仙草至尊，著于《道藏》。

一脉灵韵，独钟霍山。栖峭壁于翠峰，沐甘露于素练，秉山川之灵气，蓄千载之精华，曜清华之水木，闻君王于世代。秦皇求之，谓曰紫楹仙株；唐宗专享，但求长生不老；武曌驻颜有术，药王食之高寿，兰芳护嗓有道。

九仙尊全球招商盛大启幕。

盛启财富
尊之上 盛启财富
— 九仙尊7S霍山石斛全球招商盛大启幕 —

九

物华天宝，性从地变，斛中翘楚，存世寥几。欲救尊草于乱市，布麻泽于万民，精工扛鼎大任，肇创九仙尊，群雄聚力，施惠全寰。

敬天爱人，是谓九尊文化。一尊天，天无私覆，恩泽万物；二尊地，地无私载，孕育众生；三尊尊亲，莫大于亲，达爱敬之；四尊恩师，师道既尊，学风自善；五尊莫逆，高山流水，知己难觅；六尊领者，承蒙拔擢，当以效力；七尊善，善颂善祷，为仁之本；八尊信，人而无信，不知其可；九尊自身，胸怀若谷，君子坦荡。

金山药岭名茶地，情系苍生九仙尊。救仙斛于危难，恒之五载，鞠躬尽瘁，终得斛苗逶迤。平衡阴阳，效不减初。九仙尊，贵于真矣，霍山石斛，实乃中华瑰宝也！

产品亮相：六大品类集结齐上市，尊品亮相收获高人气

太多的品牌经验告诉我们，视觉形象对于成功塑造一个品牌的知名度以及美誉度有着功不可没的作用。九仙尊也深谙其道，为了使其产品形象更符合品牌定位，更好地诠释其高端品牌理念，九仙尊不惜花重金联合国际一流产品工业设计公司对产品包装进行了全新设计以及升级改造。新包装融合了霍山石斛生长环境中的自然元素，将产品和包装融为一体。据了解，不少合作商都对此次九仙尊 7S 霍山石斛的新包装充满了兴趣。

不负众望，大会上六位青春靓丽的模特，为我们带来一段九仙尊 7S 霍山石斛六大品类的产品秀视觉盛宴。全套产品包装洗尽铅华，均选用最为本真的色彩材料，不增加任何人工附着之色，如瓷之白、如木之棕、如幻之金、如纸之宣，喻示霍山石斛本真之选。同时也与旗舰店的室内设计相辅相成，相得益彰。从内到外高品质打造，视觉的落地呈现充分诠释了九仙尊尊品、尊者、尊享的核心理念。

这六大产品包括九仙尊 7S 霍山石斛清养浸膏、霍山石斛枫斗、霍山石斛纯粉、霍山石斛鲜条、霍山石斛清养颗粒以及霍山石斛花。精致简约却又不失奢华大气的包装尽显九仙尊的高端品质，给现场嘉宾留下了深刻印象。据了解，九仙尊 7S 霍山石斛清养浸膏和清养颗粒是唯一国家药监总局批准的霍山石斛系列保健品，而九仙尊 7S 霍山石斛枫斗则继承了非物质文化遗产传统中药炮制技艺，使其更纯正易吸收。而霍山石斛纯口服液、硬胶囊、软胶囊、含片等新产品形态也推出在即。

策划推动：张默闻超大手笔策划，九仙尊品牌蓄势腾飞

一个品牌的成功离不开一个伟大的策划者。2016 年 3 月，九仙尊正式牵手中国知名策划公司张默闻策划集团，联合发力，品牌全面升级。作为集团的掌舵者，张默闻老师的品牌策划向来以稳、准、狠而著称，他是中国十大营销策划专家，连续 5 年蝉联中央电视台 CCTV 广告策略顾问并获得最具实战精神的顾问，是成功服务中国两任首富，服务品牌资产已经超过 1 万亿元的超级策划人。因连续成功服务娃哈哈和恒大两大集团被誉为中国百亿品牌操盘手。曾服务恒大冰泉，恒大粮油，恒大咔哇熊奶粉，娃哈哈营养快线、启力、格瓦斯，400 年中华老字号同仁堂，中国知名妇科用药品牌金鸡胶囊，快克感冒药，民生药业，德众鼻炎康片等著名品牌。他也是中国为数不多的为客户品牌全心投入、亲力亲为的顶级策划大师。

在大会中，张默闻这厮以一个名为《药界大熊猫，千年皇帝草》的主题演讲博得了在坐嘉宾的阵阵掌声与喝彩。他动情讲述了自己与九仙尊合作以来的点滴历程。作为九仙尊霍山石斛股份有限公司董事长方朝阳先生的私人顾问及九仙尊品牌总顾问，他亲自参与到品牌策划的每一个环节中，从两次挺进大别山深度调研并进行霍山石斛基地实地考察到九仙尊新标识成功出炉；从前期 4 万余字的市场调研报告到“北有冬虫夏草，南有霍山石斛”的品类战略定位；从精彩的产品广告创意到精准的媒体投放策略；从产品优化到渠道推广，张默闻这厮紧握九仙尊脉搏，高瞻远瞩、步步为营。

关于九仙尊的未来，张默闻这厮表示，他将不遗余力地从战略、品牌、管理、市场、营销、创意、培训等方面全面整合九仙尊资源，为九仙尊的营销战略布局不断出谋划策，致力于将九仙尊打造成为中国高端滋补品行业领导品牌。

央视签约：正式签约央视大传播，品牌知名度即将打响

广告之所以受到市场的追捧，成为营销组合拳中的撒手锏，在于广告与生俱来的优势：提升品牌知名度、使品牌增值、促进销售额增加。而作为传播载体——媒介渠道的选择成为九仙尊传播发声的首要解决问题。

第一，渠道推广需要品牌支撑信心，品牌能为企业带来更大的渠道议价能力和避免更多的渠道风险（如终端拦截）；第二，企业需要传播来鼓舞决心，带动企业员工积极性；第三，高端保健品购买者（送礼者）及消费者（受礼者）需要满足虚荣心，因此产品，特别是高端产品更需要具有影响力的大媒体广告。

基于九仙尊高端滋补品的品牌定位，“滋补瑰宝，平衡阴阳”的品牌基因以及“中国霍山石斛领导者”的地位诉求，九仙尊最终选择了集“国际化、权威性、责任感、信赖感、号召力”于一身，具备“广泛覆盖、高公信力、强影响力”的央视平台。从平台影响力来看，央视对消费者的心智影响更为深刻；无论从量化指标抑或质化指标来看，央视依然是电视媒体传播的制高点，能为品牌提供有力背书，是快速提升品牌和打开市场的首选平台。

依托大平台的精准化传播，央视投放有助于九仙尊快速有效地解决产品知名度问题。

九仙尊的品牌传播离不开权威的媒体，如果我比别人看得远，那是因为我站在了巨人的肩膀上。九仙尊居高声自远的选择，让其在品牌传播中能够进行强有力的发声。大会现场，

六大品类
7S霍山石斛枫斗

纯粉

真品质
7S霍山石斛鲜条

张默闻这厮的演讲总是万众期待。

大熊猫
皇帝草

张默闻这厮的演讲总是万众期待。

"张老师是用灵魂在策划"
哲学大家，速度致胜，产业情怀，追求高端
一心做大，前途光明
张默闻
张默闻策划集团创始人
美国批准杰出人才 中国十大策划家
成功服务娃哈哈、恒大集团和天能集团
千龙网
六安声频网
六安广播电台
消费日报网
PPTV
第一财经
安徽商报

张默闻这厮的演讲总是万众期待。

5号

张默闻这厮誓与九仙尊同攀巅峰。

九仙尊·贵在真
尊同攀巅峰

张默闻这厮与九仙尊董事长方朝阳先生在大会现场。

中央电视台广告部客户部主任吴丹华女士和九仙尊霍山石斛股份有限公司副总经理刘华杰先生进行了央视广告的签约仪式，开启了双方合作的篇章。

火爆签单：招商大会引领签约潮，后续签单汇聚加盟商

合作商是九仙尊屹立于高端滋补市场的法宝。会上，九仙尊霍山石斛有限公司常务副总经理张刚对过去几年来一直相随的合作商表示由衷的谢意，并现场公布了最新优厚的营销服务政策。张刚表示，九仙尊将从政策保障、品牌塑造和广告动销三大方面全面保障合作商的利益。为此，九仙尊构建了一套独一无二的全流程营销运营系统，从门店标准系统、模式差异系统、终端生动系统、培训咨询系统到售后服务系统，通过 360° 管家式服务，解决合作商一切后顾之忧，为合作商全面保驾护航。贴心的优惠政策极大鼓舞了与会合作商的士气。一位已经跟九仙尊合作达三年之久的合作伙伴表示，他代理的九仙尊产品销售量一直在稳步攀升，特别是滋补市场风起云涌的近几年，九仙尊凭借其高质量的产品赢得了一批稳定的回头客。他相信，在全面开启品牌营销的大环境下，九仙尊的销量一定会再创新高，他对此充满信心。

强有力的市场需求、优惠的招商政策，无疑为在现场九仙尊合作商打了一剂强心针。合作商动情的演讲以及九仙尊团队的热血宣言，包括大会现场合作签约场面的火爆也无不印证着九仙尊强大的品牌向心力。

媒体见面：新闻发布会隆重举行，传播新号角正式吹响

在招商大会结束后，九仙尊霍山石斛股份有限公司董事长方朝阳、副总经理戴亚峰、副总经理刘华杰、研发总监李滨、张默闻策划集团董事长张默闻共同出席了会后的新闻发布会，来自央视网、新浪、搜狐、网易、中国网、中国经济网、中华网、光明网、21CN、乐视网、土豆网、今日头条、第一财经、浙商杂志、徽商杂志、商界杂志、安徽商报、皖西日报等数十家媒体记者对话九仙尊，传递九仙尊 7S 霍山石斛的品牌最强音。

见面会现场，来自全国各地的记者朋友就中国滋补市场的行业现状与未来发展趋势以及九仙尊的品牌发展策略及产品优势、产品研发、“真”之文化内涵等问题进行了精彩提问，九仙尊相关领导以及张默闻这厮为媒体朋友们现场答疑解惑，畅谈大健康产业背景下九仙尊 7S 霍山石斛引领的中国滋补行业发展未来。

新闻见面会伊始，九仙尊霍山石斛股份有限公司董事长方朝阳先生首先受访，他向与会媒体深情阐述了九仙尊的滋补格局和民族情怀，他说：“九仙尊必将以最严苛的制度和最规范的标准来保证产品品质，做良心企业，正中国滋补保健品行业新风。”会中，来自中国经济网的记者希望就张默闻这厮创意的“北有冬虫夏草，南有霍山石斛”的品牌策略定位对九仙尊品牌传播的推动作用进行深度解读，张默闻这厮回答道：“首先，九仙尊的品牌定位离不开它的深刻背景，中国人已经将冬虫夏草视为中国高端滋补品的巅峰品牌，长久以来霍山石斛纵然是备受历代帝王青睐，却不被老百姓熟悉。种种原因导致现今霍山石斛的品类影响力不如冬虫夏草，如何解决这一问题，需要找一个朋友手握着手向前走才可以。‘北有冬虫夏草 南有霍山石斛’的广告创意不仅解决了霍山石斛的品类认知问题，还在消费者心里种下了一颗霍山石斛滋补之圣的种子。”张默闻这厮由浅至深、鞭辟入里地分析解答获得在场媒体的一致称赞。

关于九仙尊品牌的未来，张默闻这厮在会上表示，他将不遗余力地从战略、品牌、管理、市场、营销、创意、培训等方面全面整合九仙尊资源，为九仙尊品牌传播规划蓝图，并将协助方朝阳董事长全力吹响九仙尊向中国高端滋补品行业领导品牌全力进发的新号角！

集聚天地人和，助阵九尊腾飞。招商大会的顺利召开，标志着九仙尊正高举招贤大旗，积蓄力量，掀开新的发展篇章。九仙尊正用力舒展双翼，向着大健康产业的未来不断挺进。九仙尊 7S 霍山石斛，作为传统滋补瑰宝和一颗冉冉升起的行业新星，正逐步成为滋补行业瞩目的焦点和推动行业发展的新希望！

【媒体反响】

国内知名媒体聚焦九仙尊全球招商大会

■ 张默闻策划集团媒体跟踪中心

2016 年 7 月 28 日，“中国第一斛”2016 九仙尊 7S 霍山石斛全球滋补高峰论坛暨大中华区招商盛会在历史古城安徽六安皖西宾馆隆重举行。此次大会是一场激荡人心的滋补行业巅峰对话，也是一场集政界领导、业内专家、从业人士共聚的盛会，备受社会瞩目。新浪、搜狐财经、网易、中华网、中国经济网、光明网、中国网、中国财经网、消费日报网、千龙网、金融界等 40 余家国内著名媒体对九仙尊 7S 霍山石斛全球招商盛会进行了集中报道。

光明网以《2016 九仙尊 7S 霍山石斛全球招商大会在安徽六安召开》为题对九仙尊 7S 霍山石斛全球滋补高峰论坛暨大中华区招商盛会进行了评论：集聚天地人和，助阵九尊腾飞。大会的顺利召开，标志着九仙尊正高举招贤大旗，积蓄力量，掀开新的发展篇章。九仙尊正用力舒展双翼，向着大健康产业的未来不断挺进。九仙尊 7S 霍山石斛，作为传统滋补瑰宝和一颗冉冉升起的行业新星，正逐步成为滋补行业瞩目的焦点和推动行业发展的新希望！

中国网在对九仙尊 7S 霍山石斛招商盛会的报道中指出，一直活跃于中国高端滋补品舞台的冬虫夏草放慢了前进的脚步，高端滋补界面临重新洗牌。在这样的背景下，中国高端滋补格局该由谁书写？九仙尊 7S 霍山石斛的异军突起将为中国高端滋补品行业带来新的希望。

网易对九仙尊霍山石斛股份有限公司董事长方朝阳的大会致辞作了深刻分析，方朝阳在致辞中表示，创办九仙尊的初心就是希望能够将国家一级珍稀濒危药用植物——霍山石斛这一中华瑰宝延续下去，通过保护性开发，造福人类。九仙尊也将承诺以最严苛的制度和标准来保证产品品质，开创中国高端滋补品的行业新风。

乐视在题为《2016九仙尊7S霍山石斛全球招商大会在安徽六安隆重召开》的报道中指出：“强有力的市场需求、优惠的招商政策，无疑为在场九仙尊合作商打了一剂强心针。在合作商动情的演讲和九仙尊团队的热血宣言中，记者强烈地感受到九仙尊团队强大的向心力和强劲的拼搏势头。而现场场面火爆的合作签约也无不印证着九仙尊强大的品牌吸引力。”

此外，TOM 新闻、21CN、第一财经、商界、广告人、今日头条、浙商杂志、徽商杂

媒
2016九仙尊7S
李滨
张默闻
方朝阳
戴亚

九仙尊
7S霍山石斛
FIRST-GRASS
北有冬虫夏草 南有霍山石斛

见面会
斛全球滋补高峰论坛暨大中华区招商盛会
刘华杰
新闻发布会

志、安徽商报、皖西日报社、六安新周报、六安广播电台、六安声屏网等国内众多著名媒体对此次大会盛况进行了新闻报道，乐视、土豆、PPTV、六安电视台、霍山电视台分别对大会进行了视频报道。

国内著名媒体纷纷关注九仙尊 7S 霍山石斛的全球招商大会，不仅是对九仙尊产业园报国民族责任心的高度赞扬和肯定，更是对其引领的滋补行业大健康未来的期盼。九仙尊 7S 霍山石斛准备了整整六年，此次大会使得“中国第一斛”的口号已经响亮全中国，九仙尊将继续秉承“九仙尊，贵在真”的核心价值观，以全新的姿态迈出六安走向中国，最后推向世界。

一定要把中药做好

天津同仁堂品牌态度营销全案策划纪实

【策略：我们卖的是中药，卖的更是态度棋】

近年来国家对中药行业愈发重视，出台了很多扶持政策。作为中华老字号，天津同仁堂主动肩负起了振兴中药行业的历史重任，秉承“同仁同心、同修仁德”企业理念，深受行业与社会各界赞誉。针对天津同仁堂尊古训坚持真心做药的态度，张默闻这厮举棋若定，他认为做药与中国棋文化如出一辙，“棋艺乃熟能生巧之功夫，棋品乃人品之化境”，做药的态度是一个品牌精神的传达。于是，张默闻这厮创造性地提出：“一定要把中药做好”的品牌核心态度诉求，借用毛主席的决心与话语，向中国卖了一盘态度旗。彰显了天津同仁堂百年传承真心制药的历史使命，掀起中药产业新浪潮！

【战绩：发出中国中药产业品牌态度最强音】

作为百年老字号，天津同仁堂仅靠“一定要把中药做好”一句话，就让天津同仁堂品牌知名度与影响力与日俱增。不仅如此，品牌核心态度诉求的提出也深度影响着天津同仁堂的精英干将们，震撼的口号诉说了他们一直以来坚定的信念。最重要的是，激发了天津同仁堂振兴中药产业的最强决心。今天的天津同仁堂，已经成为三大同仁堂的代表，正带着这句有使命的品牌宣言，朝着中药产业化之路阔步前行。

1996~2016 年是张默闻这厮策划和创意 20 周年。天津同仁堂精制狗皮膏产品成功入选张默闻这厮策划 20 年经典创意案例榜，特此纪念并出版祝贺。

th
国药准字Z12020182
外
精制狗皮膏
天津
同仁堂
6贴装
天津同仁堂集团股份有限公司

张默闻这厮与天津同仁堂董事长张彦森先生。

HUGO
BOSS
INTERNATIONAL APPAREL
SINCE NINETEEN SEVENTYSEVEN

2015年9月，在和天津同仁堂签约合作两月后，张默闻这厮携天津同仁堂整合营销传播策划全案，信心满满地在天津同仁堂进行了长达8小时的精彩提案。精彩的全案激发了天津同仁堂精英干将的昂扬斗志。张默闻这厮用一句响亮的口号作为这次全案的主题：一定要把中药做好！

“一定要把中药做好”和“一定要把淮河修好”只有两个字的差别。但是同样的令人震撼，张默闻这厮用这个创意说出了天津同仁堂的历史重任，喊出了天津同仁堂董事长张彦森的人生抱负。

“一定要把中药做好”更是对待中医药行业的态度。它既包含了张彦森董事长的伟大事业追求，包含了高桂琴总经理的品牌愿景，也包含了张默闻这厮做好天津同仁堂品牌整合营销传播的信念和决心。在双方合作之后，张默闻这厮也正是凭着这股浩然之气为天津同仁堂摸索出了一条态度营销之路。

天津同仁堂这盘态度棋是怎样炼成的？

说起态度营销，公众最容易联想到了是国内某互联网巨头。但在互联网时代，态度营销早已被多家熟知营销根本的科技企业充分应用。这其中最明显的，就是那些喜欢用“情怀”说话的手机生产企业。

态度营销，简单点理解，就是用企业精神、品牌理念吸引那些具有同样价值观的消费者。因为你的品牌是什么态度，通过整合营销传播就会影响到一批与这种态度相符的人。

张默闻这厮认为，做好一个品牌，就是要足够接地气，跟消费者充分沟通，建立品牌共鸣。未来的营销传播，必须输出最为社会所需要、为消费者所感同身受的内容。

在和天津同仁堂合作后，张默闻这厮进行了长达一月时间的市场调研。张默闻这厮发现，公众对于中药行业，最强烈的感受就是中药行业萎靡不振。作为中国传统文化中的精髓，中国在经历了近一百年的动荡和改变之后，公众对中医药的信任力大幅降低，中药市场一度受到挤压。虽然近年来国家对中药行业愈发重视，也出台了很多扶持政策，但中药行业发展仍旧面临着严峻的考验。

在此情形下，作为中国著名的老字号企业，天津同仁堂主动肩负起了振兴中药行业的历史重任。董事长张彦森携高管团队造访张默闻策划集团，就是希望借助张默闻这厮的策划实力，实现天津同仁堂的创新发展，提振天津同仁堂品牌，推动整个中药行业的前进。这样正是天津同仁堂的品牌态度、营销态度、发展态度。

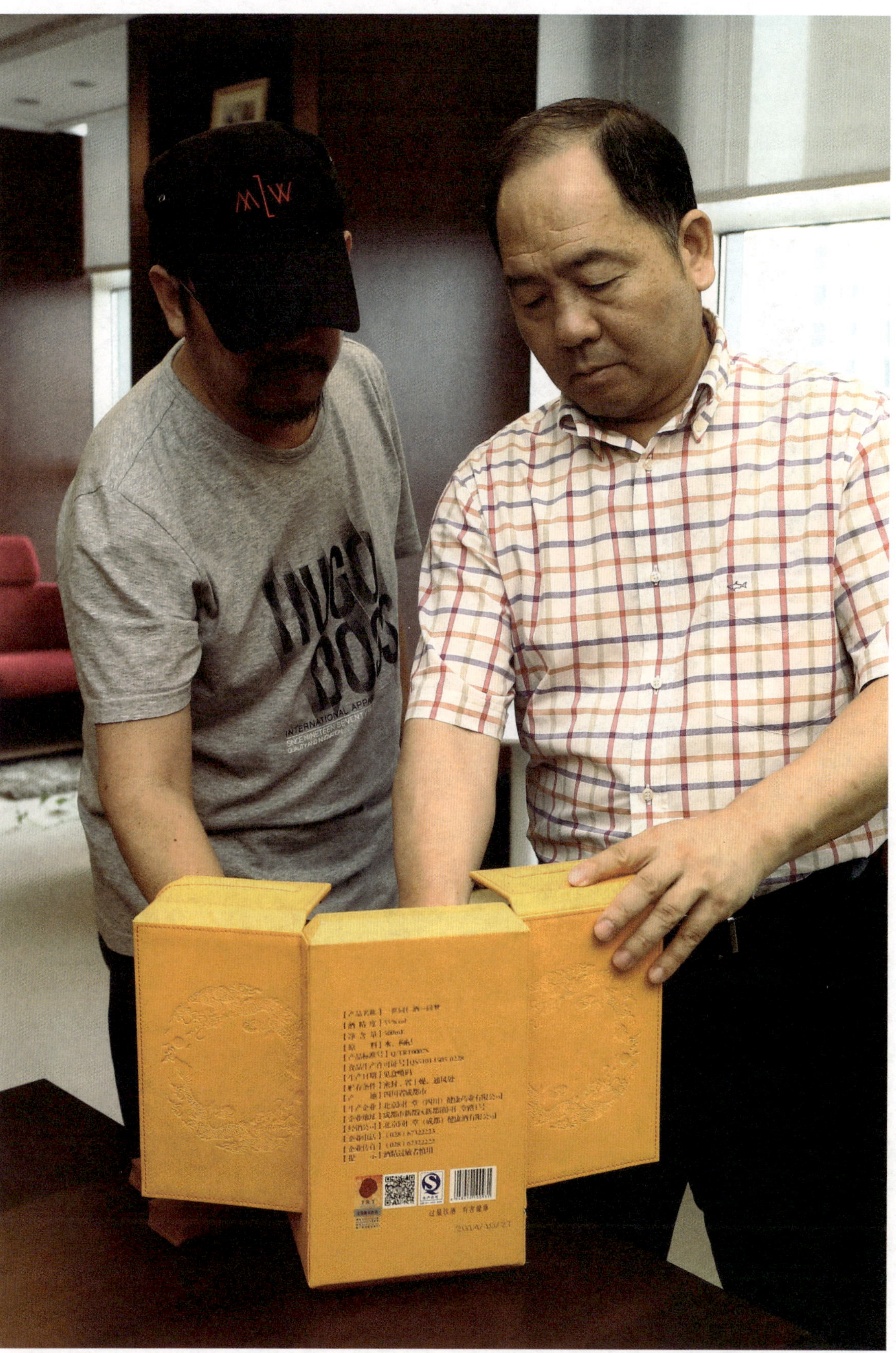

天津同仁堂总裁高桂琴女士在张默闻策划集团拍拍拍。

第一次相见这么快乐。

HUGO
BOSS
INTERNATIONAL APPAREL

这种态度也正是社会的大需求、消费者的大渴望。张默闻这厮从接手这个老字号开始便感觉到，天津同仁堂需要的是一盘态度棋。

决定这盘态度棋能否在市场中大获全胜有六大态度因素：

第一：四百年的祖先感召

1644 年，即明崇祯十七年，天津通医懂药的张孙氏（明京营部将张万钧之母）创办张家老药铺，是为天津同仁堂前身，这比北京同仁堂的历史要早近 25 年。尔后，因天津同仁堂张氏后人入主北京同仁堂，并挽救北京同仁堂于水火之中，被许以永远可以同仁堂字号运作。这便是天津同仁堂与北京同仁堂的历史纠葛。

但是，这样一家有着光辉历史的老字号，在现代发展中却一直止步不前。天津同仁堂掌门人张彦森作为一名出色的商人，深受祖先感召，无时无刻不关心着天津同仁堂的发展。在入主天津同仁堂时，便发誓要将这个中华老字号运作起来，成为中医药行业的代表企业。

这是受四百年的祖先感召，是张彦森董事长对待中医药行业的态度。张默闻这厮认为，必须要将这种态度拿来做文章。

第二：十四亿的国民呼唤

中国有近 14 亿人口，长期以来，我们就有 14 亿人吃惯了西药，习惯了西药的毒副作用。国内早已发出声音，呼吁能有一家企业能够承担重任，引领社会再次发生“用药变革”，带来全新的健康用药理念。中药作为国粹，自然成为焦点，受到了十四亿国民的深情呼唤。

而天津同仁堂历经三个多世纪，本着“同仁同心、同修仁德”企业理念，坚持将独家药品和原研药品作为企业特色，不断提升产品质量标准，积极承担国家科研项目，深受行业与社会各界赞誉。

早在一个多世纪前，天津同仁堂的中成药和药酒就远销欧美，成为最早将中药文化传播至海外的企业之一。2010 年 5 月，投资数亿元建立的高新技术产业园，更使天津同仁堂中药制剂生产工艺达到国内领先水平。天津同仁堂独家研制的肾炎康复片、脉管复康片、清降片等一批产品成为国家中药保护品种并取得多项国家专利；精制狗皮膏、伤湿祛痛膏、麝香壮骨膏、脑血栓片、风湿寒痛片、清咽片等 50 多个科技含量高、疗效显著的拳头产品畅销全国市场，享有良好信誉和口碑。

在全国人民的“千呼万唤”中，天津同仁堂势必能凭借着悠久的历史、优良的药效、良好的口碑畅游中药市场。

第三：张彦森的民族厚度

天津同仁堂董事长张彦森是一位极具民族情感的掌门人，亲自带高管团队来到张默闻策划集团，见到张默闻这厮后，谈得最多的居然不是企业的发展，而是中药行业的振兴。

这种民族精神在张彦森的行动中便可窥见一二：在张彦森接手天津同仁堂前，这个老字号在大环境的影响下，发展十分缓慢，由于产品、生产线在计划经济年代中多次调整，企业通过 GMP 认证的难度非常大。张彦森亲自带领干部职工上战场，通过一系列改造完成了认证，为企业的改革和发展赢得了时间，逐步进入健康发展。

张彦森曾在接受记者采访时表示："国家对老字号民族品牌非常重视和关怀，我最大的责任就是把祖训的'真方真药真心真价'等信念传承下来，让消费者信赖的美德不能丢。"

第四：高桂琴的品牌精神

在张默闻这厮看来，张彦森董事长和总经理高桂琴可谓是中药行业的贤能伉俪。张彦森为董事长主抓战略，高桂琴主抓品牌，夫妻两人共同为复兴四百年中华老字号、振兴中国中药而奋斗终生。

高桂琴在品牌方面的整合传播能力在她担任天津电视台副台长兼广告部主任时就体现了出来。她曾创造了"每年增长过亿，三年创收翻番"的电视台发展神话，使天津电视台在短短三年便跻身全国省台八强。高桂琴借鉴了香港 TVB 的成功经验，即通过电视宣传报纸炒作、户外推广、艺人路演、网站互动等方式制造轰动效应。

高桂琴的这种整合传播能力也为天津同仁堂的发展注入了活力。对于天津同仁堂，高桂琴坚持用品牌传播的理念和方式塑造天津同仁堂，使这个老字号再次焕发出了品牌生机。在和张默闻这厮的交流中，张默闻这厮也无数次被高桂琴的品牌营销传播见解所折服。

第五：张默闻的战略情怀

张默闻这厮此前曾在担任美国东方生物技术有限公司待了八年，并担任全球副总裁和董事局主席特别助理，在创立张默闻策划集团后又打造了多个国内著名医药品牌，对中药行业自然也有着充沛的感情。所以，在与天津同仁堂合作的过程中，张默闻这厮也倍感责任重大。

2015 年 7 月中旬，张默闻这厮就带着精英团队去了天津同仁堂进行高层调研。张默闻这厮深知，天津同仁堂选择张默闻策划集团，既是对张默闻策划集团的信任，也是对张默闻这厮专业能力的极大肯定。

多年来，张默闻这厮凭借在食品药品行业精准的策略智慧和出众的创意能力，创造了一个又一个营销传奇，在业界广为传颂。那么对待中国中药行业，张默闻这厮更将竭尽全力地策划创意，助力天津同仁堂发展。

张默闻这厮也将秉承“策略准、创意狠、地位稳”的张默闻策划集团核心服务能力，大踏步助力天津同仁堂早日实现世界知名百年品牌目标，真正复兴四百年中华老字号。

第六：记忆馆的情感浓缩

经历了改制的天津同仁堂在张彦森的领导下，遵古训真心做药，以“求真”精神为己任，为天津同仁堂发展搭建了一个坚实的文化平台。

在天津同仁堂，还有一座老厂记忆博物馆，这个记忆馆里，不但有天津同仁堂老字号的历史物件，也融入了现代潮流的高乐雅咖啡，使记忆馆成了一座历史与现代合二为一的创意馆。令人称奇的是，里面的老物件有很多来源于同仁堂张家后人，搜集老物件的人先后搜集到了 20 世纪 30 年代天津同仁堂的老药品、老药瓶、方单、老照片等等，更从郊区农户手中找到了“同仁堂张家京药铺老药目”……

天津同仁堂记忆馆里的老物件，凝聚着每一个同仁堂人的心血，是历史真实的见证。董事长张彦森更是对这些老物件充满感情，张默闻这厮也曾到访这里，张彦森告诉张默闻这厮，这座记忆馆正是他做大做强天津同仁堂的情感依托。

特别篇章：张默闻这厮深入内部把脉天津同仁堂

没有调研就没有发言权，没有科学的调研就没有真正的发言权，这是伟大领袖毛主席的著名论断。张默闻策划集团一直坚持和客户高层保持战略沟通，关注顶层设计。正式牵手天津同仁堂集团股份有限公司后，张默闻这厮就带领集团高层和天津同仁堂项目组直飞天津，深入总部开展为期数天的内部调研。

张默闻策划集团的市场调研始终坚持“企业内部”与“外部市场”两手抓的基本调研策略。哲学上，有“内因是事物变化发展的根本原因，外因是事物变化发展的条件，外因通过内因起作用”之说。因此，针对天津同仁堂这个中华老字号品牌，张默闻这厮建议先深入内部调研，从总部了解老板的战略、了解高管的执行、了解一线销售人员碰到的真正问题，才能为天津同仁堂未来发展及整合营销传播策划提供精准的数据和策略。此次调研主要面向中高层，在确定董事长、总经理、副总裁、中药饮片板块负责人及生物科技板块负责人作为调研对象后，张默闻策划集团为天津同仁堂集团股份有限公司特别“定制”了一份周密翔实的天津同仁堂内部调研方案。

整个调研过程由张默闻这厮一对一亲自主导，为了使调研过程进展顺利，调研问卷已经提前发到采访对象手中。当调研团队来到天津同仁堂时，贵宾般的接待让张默闻这厮一

同仁堂
天津同仁堂
TIAN JIN TONG REN TANG

同仁堂
天津同仁堂集
天津宏仁堂

份有限公司
业有限公司

同仁

天津
同仁堂

紫油桂
鸡骨草
扁豆
湘蓮

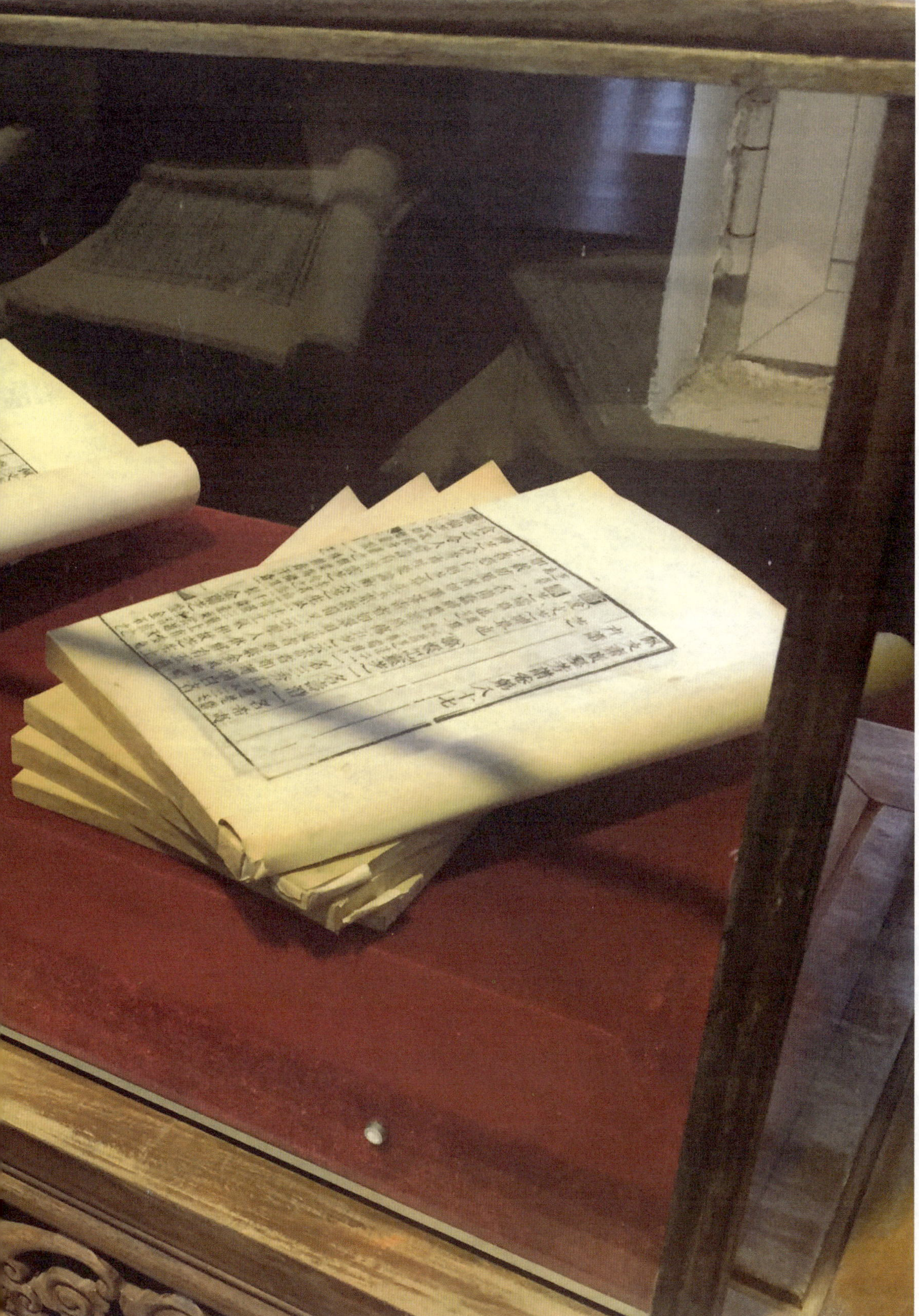

天津同仁堂参展一九三四年芝加哥世界

主席
張仲元
常委
楊文翰
王文典
王鳳鳴
市参展的唯一一家中药厂商。

爲眞藥心爲
真心價爲真
價兢兢業業
惟懼纖毫不
合於成法以
埋沒古聖賢
療民濟世之
苦心往古神
醫應共鑒矣

同仁堂祖訓
凡選材必良
修制必虔蒸
曬不辭勤勞
調劑不惜費
力不敢以躁
心處之不敢

京 兆 億 萬 仟 佰 十 两 钱 分 釐 毫

纖 沙 塵 埃 渺 漠 糊 巡 臾 息 指 那 德 空

行备受感动。张彦森董事长亲切地说，天津跟杭州环境不一样，有什么需要尽管提。张默闻这厮不禁感叹道，这么友善的客户，我们一定要服务好。

在与张彦森董事长的对话过程中，张默闻这厮发现张彦森董事长其实是一个非常热爱中医药事业的人，他的梦想就是把中国的中药文化做好，把天津同仁堂的品牌文化发扬到全世界。此次调研中，张彦森董事长坦诚地向张默闻这厮提到他目前最关心的三个问题。首先是人才的问题，需要德才兼备。张彦森董事长认为企业光拥有好技术而缺乏人才是绝对不行的，企业保健品和饮片这两块产业急需人才到位。这一点和张默闻这厮达成了共识，他觉得天津同仁堂目前需要从全国各地放大目标地引进人才；其次是企业文化的问题，一提到同仁堂大多数人都会想到北京同仁堂，现在天津同仁堂想对外发出声音，那么天津同仁堂的企业文化到底是什么呢？天津同仁堂虽然有老祖宗留下来的经典祖训，可是祖训这么长也比较难理解；最后就是将领问题，如今中药行业竞争愈演愈烈，谁能够在风云变幻的环境里执掌一切？天津同仁堂需要一员经得起大风大浪的大将来引领企业披荆斩棘，更上一层楼。同时，张彦森董事长对天津同仁堂的竞争对手也做了一一分析，张默闻这厮不得不敬佩彦森董事长的洞察能力。

两天的高层调研中，张默闻这厮与天津同仁堂中高层就企业文化、品牌定位、品类创意、产品梳理、营销传播、人才储备等战略问题进行了深度对话。双方在相互交流的过程中不断碰撞，擦出了诸多创意火花，让人欣喜、收获连连。张彦森董事长最后笑着对张默闻这厮说："企业今后的发展可就看你的了！"看似不经意的一句玩笑却让张默闻这厮倍感责任重大：这个案子只许成功，不能失败！

张默闻这厮表示：调研是一切全案、文案和创意的基础，调研的目的是为了让日后的作业内容更加符合客户及市场的需求。此次天津同仁堂访谈是一次成功的高质量调研，高层共识已经取得，它让张默闻策划集团更清晰、更全面地了解天津同仁堂，为今后定制战略全案打下了坚实基础。

【纵观全盘】

用伟人的决心
推动天津同仁堂一定要把中药做好

张默闻这厮非常赞同一个观点，作为策划人，在接手一个品牌的整合营销传播项目时，市场全局的考量至关重要。没有进行全面了解和分析，策划创意自然会偏离方向。所以张默闻这厮在和天津同仁堂建立合作关系后，就立刻通过天津同仁堂和网络搜集了大量的企业、产品资料和竞争企业资料。也正是在全面分析了企业情况和市场环境后，才有了张默闻这厮提炼的那句品牌核心：一定要把中药做好。

张默闻这厮了解到，天津同仁堂是三岔河口筑城设卫以来最古老的中药企业。从明朝崇祯末年（1644 年），“张家老药铺”，在梅家胡同挂牌算起，业已三百七十余年；从清朝乾隆五十三年同北京乐家联手而名之“京都同仁堂张家药铺”算起，也逾二百二十年。纵观其衍变，它是在中国近代商品经济大潮冲击下，由农村草药采集加工业应运而生的药材贩商，终年累月演进为亦商亦工的前店后厂型药铺，经营饮片、成药和药酒。而且天津同仁堂是历史上天津唯一出口药品而信誉远洋海外的中华老字号：“天工”商标的药酒，以其白酒为“基酒”和独特的“药料热浸、混汁灌装”工艺而在全国独树一帜，备受患者青睐，分别由境外永利威洋行、永德公司和庄荣松先生，经销到东南亚几国、旧金山等美国一些城市和中国台湾、中国香港、中国澳门地区，历经百年不衰，直至公私合营后调整产品布局而终止。

在浩瀚的历史沿革中，张默闻这厮发现了 4 个关键词：371 岁；中药企业；出口；药酒。这些关键词与张默闻这厮提出的天津同仁堂“一定要把中药做好”的品牌主张契合度何其高也。所以，我们有什么理由不紧紧围绕“中药”二字呢?

在张默闻这厮的带领下，张默闻策划集团在上千条广告语里最终选择“一定要把中药做好”是本着对这个 371 年的老牌子的敬意而选择的：第一，把中药做好是天津同仁堂的历史使命，是立世之根本；第二，毛泽东曾经写下“一定要把淮河修好”，显示了何等的气魄和伟岸，这是命中注定他老人家为我们预先为我们写的广告语。这句话一出，我们就是中药的民族英雄，就是中药的继承者，如果在我们院子里树一个像人民英雄纪念碑一样的碑，写上“一定要把中药做好”，问中华谁人不敬？第三：中药振兴赶上了好时候，国家重视，人民呼吁，行业欢喜，我们不占据道德高地，我们怎么能对得起天津同仁堂 371 年的风雨世纪和白发苍苍。

我的帽子呢?

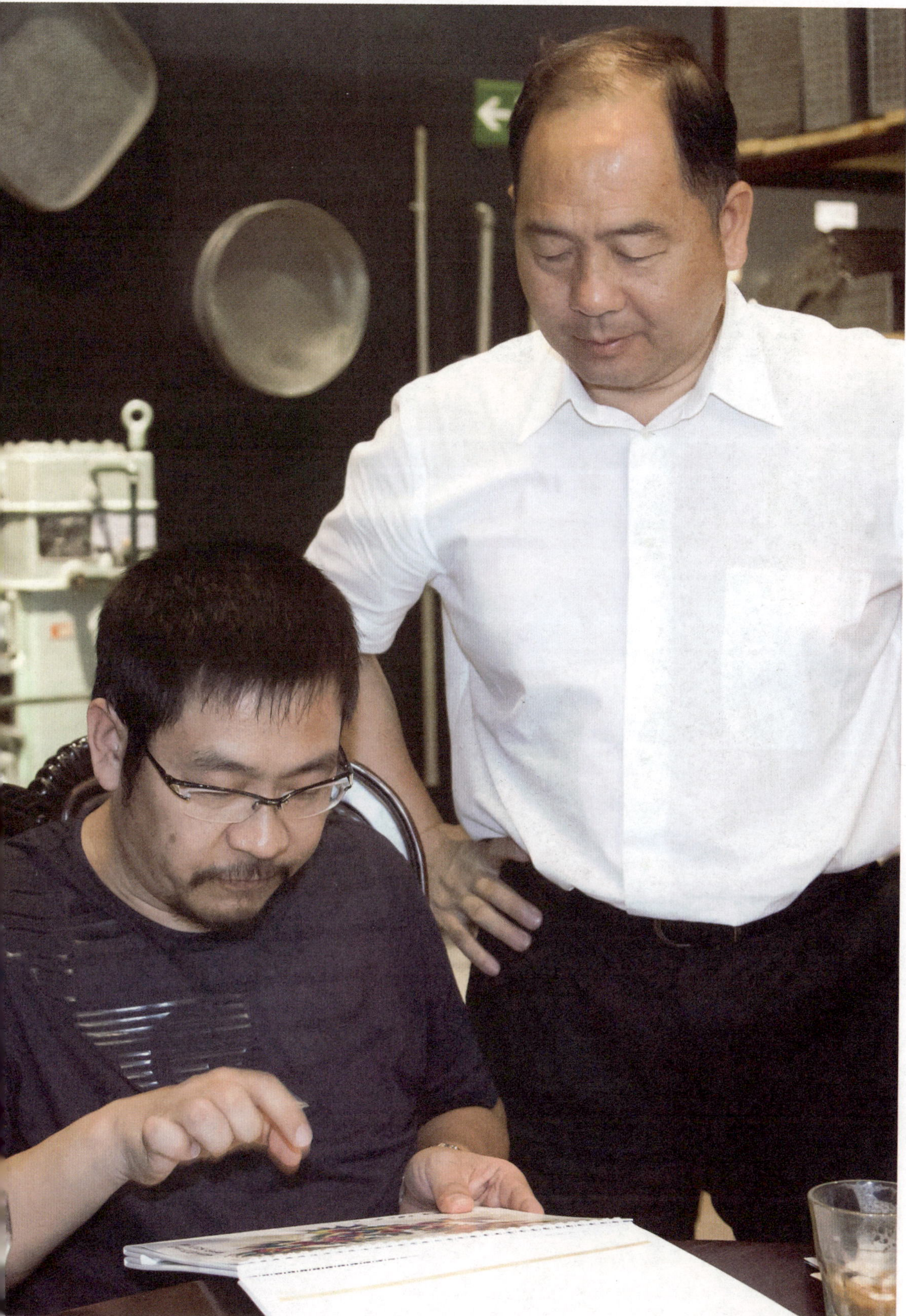

这场景很迷人。

这是让我胖的节奏。

中药不在于说，而在于做，在于做好，在于一定做好，这是和国家说的，和民族说的，和行业说的，和自己说的，和良心说的，气势滚滚，妙在其中。

三个同仁堂，构建品牌大子宫

目前的中国中药行业，有三个同仁堂：北京同仁堂、天津同仁堂、南京同仁堂。但除了企业之外，很少有人知晓三个同仁堂之间的历史渊源，也就导致了公众认为其中两个同仁堂为“克隆品牌”。接手天津同仁堂品牌营销传播项目后，张默闻这厮终于从一大堆繁杂的历史资料中理清了三个同仁堂之间的关系：

1644 年，天津通医懂药的张孙氏（明京营部将张万钧之母）创办张家老药铺，是为天津同仁堂前身；1669 年，清康熙八年，乐显扬创办同仁堂药室；1788 年，乾隆 53 年，经人撮合，天津张家药铺结识北京同仁堂乐家，联手经营，悬挂招牌：“京都同仁堂张家京药铺”；1837 年，道光 17 年，北京同仁堂经营困难，天津同仁堂掌门张国戎之侄张益堂结识乐家乐平泉后，入股北京同仁堂，并使同仁堂起死回生；1846 年，道光 26 年，乐平泉赎回北京同仁堂，并允许张益堂以同仁堂字号运作；1852 年，咸丰 2 年，张益堂“天津京都同仁堂”的金字牌匾正式悬挂，成为天津第一个前店后厂的中药铺；1923 年，北京同仁堂第十三代传人乐笃周创办天津宏仁堂；1926 年，乐笃周受命筹备北京同仁堂南京分号；1929 年，设立中华路 31 号的北平同仁堂京都乐家老铺南京分号开业。

通过梳理历史资料，可见三个同仁堂是同门近亲，同宗同族。而且，从历史方面来讲，天津同仁堂的历史更为悠久。

但一切矛盾都属于历史，三个同仁堂老字号共同存在无论从情理还是从法理上看，都有其存在的缘由。所以，张默闻这厮在开始策划创意前便提出了“不猜不睬不踩不采不裁”的观点，即：相互不猜疑，相互不理睬，相互不踩踏，相互不采纳，相互不制裁。

张默闻这厮的主张是，三个同仁堂既然都“本是同根生”，就应该“风雨一路行”。恶意攻击对手都不是明智和友善的行为。对于天津同仁堂而言，张默闻这厮认为通过与两个同仁堂和气共存、共享资源的方式，用好同仁堂这块金字招牌，实现企业的快速发展。

三种大行动，搀扶中医药文化

中医药是中国的国粹，几千年来，一直为公众信任和崇拜。但是在近代，由于西医的引入，公众对中医药在很长一段时间内大大降低了信任度，甚至有不少人盲目追崇西医，排斥中医药。不过，中医药毕竟是我国传统的民族产业，在近年来国家政策的支持下，逐步成为快速发展的新兴产业和医药经济中独具特色的组成部分。

中国加入 WTO 以后，中药产业也迎来了千载难逢的机遇。如何应对世界医药市场，就成了中国中药产业的一个重要课题。

在这样的市场环境下，张默闻这厮发现：谁在中药崛起的时候能够通过自身作为，带动整个中医药产业的发展，谁就能赢得舆论上的胜利，并受到国家支持。而天津同仁堂作为 371 年的中华老字号，作为以中药为本的制药企业，自然最有资格最有故事最应该站出来扛鼎中国中药的大旗。

于是，张默闻这厮建议天津同仁堂绝对不能像卖假中药的企业一样蚕食中药的骨髓，而是要真正的将中药作为灵魂和历史使命来经营，来发展，为中国中药证明：天津同仁堂在，中国中药在。

张默闻这厮也为天津同仁堂策划了三个大行动“搀扶”中国中医药产业。

第一个是声音搀扶。这里的“声音”主要通过传播的手段来实现。张默闻这厮认为，天津同仁堂支持中国中药发展要有自己的声音。分别是学术的声音、品牌的声音、产品的声音、公益的声音、领袖的声音、故事的声音。通过这六个声音，展现中医药的形象，提高公众对中医药的信任度，并强化天津同仁堂的品牌传播。

第二个是行动搀扶。张默闻这厮认为，光是支持中药发展的口头主义不行，还要有天津同仁堂独特的文化行动。张默闻这厮建议，天津同仁堂一方面应该通过发表支持中医药行业发展、继承中国传统文化的重磅文章来引起关注，另一方面要通过一系列公益活动的举办，提升中国中医药和天津同仁堂的影响力。

第三个是文化搀扶。首先，张默闻这厮为天津同仁堂建立独特的、有高度的文化体系，然后通过各类活动的举办彰显天津同仁堂的文化魅力，引导公众关注中医药行业发展，关注天津同仁堂，向国家献礼，奠定我们的行业地位。

通过这三个“搀扶”行动，张默闻这厮坚信天津同仁堂能够极大地提升在公众当中的品牌影响力，真正“搀扶”起中国中医药行业，也就一定能够把中药做好。

【先行一步】

用真文化赋予
天津同仁堂无与伦比的性格与责任

张默闻这厮认为，天津同仁堂在秉承老祖宗美德的同时一定要塑造自己的文化品牌和性格特点，担当起复兴与发扬伟大中医药的责任。

但面对这样一个百年品牌，面对声名远播的天津同仁堂，要设计它的文化体系并不简单。张默闻这厮认为，为天津同仁堂做策划首先要阅读和朗诵天津同仁堂的祖训：

凡选材必良，修制必虔，蒸晒不辞辛劳，调剂不惜费力。

不敢以躁心处之，不敢以草率治之。

方为真方，药为真药，心为真心，价为真价。

兢兢业业，惟惧纤毫不合于成法，以埋没古圣贤疗民济世之苦心。

往古神医应共鉴矣。

祖训虽短，却包含了多层涵义，仔细品味，可以发现其中的关键字或者关键词："敬""真""法""承"，综合一句话，文明点说，就是恭敬做真药，济世传千古，简单点说，就是一定要把中药做好。

于是，张默闻这厮为天津同仁堂创意了独一无二的"真文化"，用一个真字，赋予了天津同仁堂无与伦比的性格与责任。

文化构架，张默闻这厮一个真字撑起天津同仁堂品牌

在仔细地分析了天津同仁堂的历史和企业资料后，张默闻这厮拍着胸脯对张彦森董事长说，真文化是天津同仁堂最好的品牌工具。天津同仁堂一定要把真文化树立起来，从根本上影响中国中医药行业。

张默闻这厮为天津同仁堂的设计的真文化包含"六个真"：

真正全球品牌：天津同仁堂是历史上天津唯一出口药品而信誉远洋海外的中华老字号。

真正全球市场：早在一个多世纪前，天津同仁堂中成药和药酒就远销欧美，成为最早将中药文化传播至海外的企业之一。在未来，天津同仁堂将加快中药现代化进程，开辟更多海外市场。

真正百年名方：天津同仁堂的创始人张孙氏通医懂药，其后每一位掌门人都对药铺苦心经营，炮制成药，熬制药膏等，诞生了延续至今的智慧药方。

真正百年真药："凡选材必良，修制必虔"，天津同仁堂自成立以来，就没有炮制一粒假药，长期以来受到广大老百姓的赞誉。

真正百年传承：从明朝崇祯末年（1644 年），"张家老药铺"，在梅家胡同挂牌算起，业已三百六十六年；从清朝乾隆五十三年同北京乐家联手而名之"京都同仁堂张家药铺"算起，也逾二百二十年。发展至今，天津同仁堂是传承下来难得的百年品牌。

真正疗民济世：天津同仁堂雏形"张家药铺"的诞生就是因为创始人张孙氏为了解救当时深受疾病苦痛的百姓们，自此，张孙氏悬壶济世的精神一直影响着天津同仁堂的经营者。

在牵手天津同仁堂之后，张默闻这厮被天津同仁堂坚持真心制药，坚持真正药材的制药精神深深感动，不由发出"世间万物生命最贵，疗民济世真药最重"的感叹。

图腾设计，张默闻这厮拿尊贵象征寓意中药帝国初现

企业图腾是企业个性的表现，是企业建立自己的信仰，有助于团结企业员工，有利于企业文化的传播。张默闻这厮在进行内部调研之后，大胆提出用"龙"作为天津同仁堂的新图腾。天津同仁堂是一个拥有三百多年历史，一个代表中国中药精神，一个具有传承性的中华老字号企业。它不仅汇聚了上下五千年中国传统中药的转折点，更重要的是它是沉古化今的一个关键品牌。天津同仁堂承载的不仅是中药古时期文化，也是开拓中国近代中医，未来发展五十年乃至一百年中药产业模式的一个品牌。在中国，没有任何一个品牌比这个品牌更能让人兴奋，张默闻这厮认为只有"龙"才能表达出天津同仁堂的历史和尊贵。

龙和天地世间的万事万物都有联系，龙在中国传统文化中是权势、高贵、尊荣的象征，又是幸运与成功的标识。龙之所以具有这种文化象征意义，是和传说及神话中龙在天则腾云驾雾、下海则追波逐浪、在人间则呼风唤雨的无比神通有很大的关系。但更重要的，是因为龙几千年来常常成为中国奴隶、封建社会最高统治者的"独家专利"，是皇权的代名词。因此，皇帝自比为"真龙天子"，身体叫"龙体"，穿的衣服叫"龙袍"，坐的椅子叫"龙椅"，乘的车、船叫"龙辇""龙舟"……总之，凡是与他们生活起居相关的事物均冠以"龙"字，以示高高在上的特权。

天津同仁堂选择龙作为新图腾，在张默闻这厮看来，龙的各部位都有特定的寓意：突起的前额表示聪明智慧；鹿角表示社稷和长寿；牛耳寓意名列魁首；虎眼表现威严；魔爪表现勇猛；剑眉象征英武；狮鼻复象征宝贵；金鱼尾象征灵活；马齿象征勤劳和善良等。龙，代表高度，代表腾飞，代表发展，和天津同仁堂非常契合，因此龙才是最符合天津同仁堂调性的图腾。选择龙，就代表天津同仁堂已经和北京同仁堂平起平坐，就代表天津同仁堂品牌的高贵。同时较好的诠释了龙与真的关系，真文化与龙图腾合起来就是真龙出现，

一定要把
——天津同仁堂整合营销
天津同仁堂集团张默闻
张默闻策划集团创始人
2015年9月

药的好

策划全案——

工作部

自领衔

寓意真正的中药帝国出现了，那就是天津同仁堂。

张默闻这厮强调，对于龙，天津同仁堂要用到极致，要进行 360 度的应用。设计龙标识，打造龙团队等，将龙的精神贯穿到企业的方方面面。

张默闻这厮不仅提出了龙图腾，还为天津同仁堂精心打造了真龙发展模式：龙头，真龙抬头，代表天津同仁堂品牌； 龙爪，真龙探爪，稳抓市场；龙身，真龙缠柱，围绕中药品类进行产业链拓展；龙尾，龙尾横扫一切，扫平对手获得竞争成功；龙腾，进入资本市场，打造成为真正的重要帝国强企。相信真龙发展模式的实施将带领天津同仁堂走向营销的又一新高度。

【出奇制胜】

用视觉创意激发
天津同仁堂品牌态度营销新活力

著名广告大师乔治·路易斯曾说过，一个伟大的创意就是一个好广告所要传达的东西，一个伟大的创意能改变大众文化、转变我们的语言、开创一项事业或挽救一家企业、甚至彻底改变世界。因此，在关于天津同仁堂品牌态度主视觉的创意问题上，张默闻策划集团一致认为应该通过绝妙的视觉创意效果来推动天津同仁堂整体品牌影响力的提升，用精准直捣消费者内心。张默闻策划集团经过了长达 2 个月的不懈努力，终于在全案上提出了令人折服的视觉创意，全面开启了天津同仁堂集团的品牌态度的整合营销传播，为中国中药行业的发展迎来新的曙光！

一个脱胎换骨的形象，自然就从天津同仁堂的标识开始全面革新！

创意最新标识，有文化有内涵有深意真龙横空出世

2015 年 9 月，由张默闻策划集团精心创意设计的天津同仁堂企业标识在提案中获得了企业方代表的一致认可。同时，天津同仁堂集团高层还对张默闻这厮的创意能力频频称赞，对此次的标识创意给予了高度的评价。

一直以来，张默闻这厮坚信每一个精美绝伦的设计背后，一定有着其精准的设计策略作为支撑。对于天津同仁堂这个有着三百多年历史的老字号来说，如何在打破原有标识的基础上，继续保留天津同仁堂所蕴含的历史与文化，则是张默闻策划集团迫切需要解决的问题。因此，在对天津同仁堂的标识进行创意的过程中，张默闻这厮亲自率领团队对天津同仁堂的企业进行了深入的解读与探索，在对同仁堂的传统文化有了更透彻的理解之后，提出此次的标识设计必须要做到将“中药文化、传统文化、企业文化”三者相互融合的创意要求。

经过张默闻策划集团精英设计团队的多轮研究和内部创意讨论，团队先后创作了数十款设计草稿，最终在内部比稿中一致通过并最终备受赞誉的天津同仁堂的企业新标识。

这款新标识的设计主色调为红色与金色。在我国的传统文化中，红色不仅代表着喜庆与吉祥，也象征着权威。在古代，许多宫殿与庙宇的墙壁都是红色的，而天津同仁堂的标识选用红色，一方面是为了告诉消费者天津同仁堂作为三百年老字号的正宗与权威，另一方面，想借助红色的吉祥寓意，将天津同仁堂对百姓的祝福与喜庆气息绵延、传递。而标

识上与红色相搭配的金色也有其特殊的寓意。众所周知，作为皇族的代表色，金色以其辉煌而又醒目的色泽，很容易打造出华丽、震撼的视觉效果。天津同仁堂作为曾经的皇族御用药，用金色来展现再为恰当不过。在标识的形状上，根据我国阴阳学中“天圆地方”的说法，沿用了原有的圆形，并对其进行了优化，用加粗的金边来展现天津同仁堂深厚的历史与文化内涵。

作为整个标识上最大的亮点，金色的双龙图案也寓意深厚。龙作为中华民族最具代表性的文化象征之一，不仅代表着尊贵与高度，更代表着腾飞与发展，这与天津同仁堂的企业愿景高度统一且相得益彰。张默闻这厮认为，在策略上，天津同仁堂作为同仁堂的支系，应摒弃自成派系的观念，保持与同仁堂文化的高度统一，与其他两家共同弘扬与沿袭同仁堂的核心理念；在视觉方面，天津同仁堂应将原有标识中的“凤”改为“龙”，双龙环绕在“天津同仁堂”五个大字周围，恰当地诠释了龙与真的关系，合起来寓意真龙出世，意味着肩负着振兴中药产业的真正帝国出现了。

企业标识作为企业的无形资产，是企业综合信息传递的媒介，是企业在形象传递过程中最广泛、最重要的元素之一。因此，天津同仁堂企业全新标识的成功确立，无疑是给了企业发展更大的鼓励与动力，也推动了天津同仁堂整合营销的步伐。

创意精彩画面，敢叫板敢创新敢发声最终大获成功

“一个广告如果没有创意就不称其为广告，只有创意，才赋予广告以精神和生命力。”

美国广告艺术大师伯恩巴克曾经这样说道。无疑，脱离创意的广告像失了线的风筝，纵使飞得越高，用处却乏善可陈。而一个带有视觉冲击性、包蕴深邃内容、能够轻易取得消费者信任的创意，才能够获得超乎寻常的传播效果。

品牌主广告画面也是如此。作为视觉传达的表现形式之一，广告画面是第一时间能够将消费者目光聚集的存在。精彩的画面还会对消费者造成瞬间的刺激，并形成深刻的印象。对于要求苛刻的医药行业，更是如此。品牌主画面不仅在设计上不具有主观能动性，宣传上也颇有阻碍。这对于策划者与设计者的呈现要求更为苛刻。

医药行业的市场潜力巨大，刚性需求近 5000 亿的年产值，注定了这是一个竞争白热化的市场。而天津同仁堂作为一个具有悠久历史的医药企业在竞争上纵然拥有优势，却仍不可忽略市场上不计其数的竞争者。张默闻这厮在经过对市场的仔细勘探后表示，品牌的主视觉画面一定要在包装创意后，延伸出夺人眼球的精彩画面才能与包装相得益彰，从而得到最大化的传播。因此，品牌的主视觉画面创意显得尤为重要。

传统元素彰显中华老字号

张默闻这厮深知，天津同仁堂作为一个拥有千年历史根脉、百年品牌积淀的老字号企业，其中蕴含的文化有着很深的历史渊源，其对祖训的传承更是消费者认准老字号、选择老字号的主要原因。因此对于老字号企业来说，产品宣传画面中采用“老式画风”将成为制胜关键。

张默闻这厮为天津同仁堂创意的主视觉画面便很好地突显了这一点。画面采用红色为主色，以同仁堂的龙图腾为暗纹，将整个画面的古香古色展现得淋漓尽致。居中而放的天津同仁堂的标识和白色的宣传语在红色的主色调上，显得愈发清晰，视觉冲击力也变得更强，应用到宣传载体，自然能达到吸引消费者眼球的目的。

在画面左右两侧的两个暗龙元素是本次设计的亮点。龙本身就是天津同仁堂的图腾，两侧的龙与居中标识中的龙三位一体，互为呼应，让原本相对平实的画面，增加了一份震撼感和威慑力。

此外，红色也是张默闻这厮为天津同仁堂创意的标识的主色，具有很强的视觉冲击力，也保持了品牌色系的统一。经过场景应用和市场测试，这幅主画面视觉冲击力强，深受消费者青睐。

伟人字体诠释同仁堂态度

尽管画面视觉形象是引人注目的关键，但对于品牌自身宣传而言，将注意转化为销售才是品牌营销的王道。此幅品牌宣传主画面的文案正是天津同仁堂品牌核心广告语：一定

天津同仁堂
一定要
天津同仁堂
TIANJIN TONG

仁堂
RENTANG
中藥做好
份有限公司
ROUP CO. LTD

一定要
天津同仁堂集
TIANJIN TONGREN

堂
公司
CO. LTD

天津同仁堂
天津同仁堂
TIANJIN TONGRENTANG
一定要把中
天津同仁堂集团股份有限公司
TIANJIN TONGRENTANG GROUP CO. LTD

SRMG
上海铁路文化广告发展有限公司
SHANGHAI RAILWAY CULTURE&ADVERTISING DEVELOPMENT CO.,LTD
http://www.srmg.cn
检票口
Ticket Check
17A

足道
SPA
天津同仁堂
TIANJIN TONGRENTANG
一定

斯利美
斯利美
点穴减肥
一日见效
无效退款
丽影减肥
中药的好
天津同仁堂集团股份有限公司
TIANJIN TONGRENTANG GROUP CO. LTD

天津同仁堂
一定要
天津同仁
TIANJIN

堂
中藥的好
限公司
CO. LTD

天津同仁堂
天津同仁
TIANJIN TONGRENTANG
一定要把
天津同仁堂集团股份有限
TIANJIN TONGRENTANG GROUP C

天津同仁堂
TIANJIN TONGRENTANG
一定要把中藥做好
天津同仁堂集团股份有限公司
TIANJIN TONGRENTANG GROUP CO. LTD

P
B1 17
B2 671
B3 359

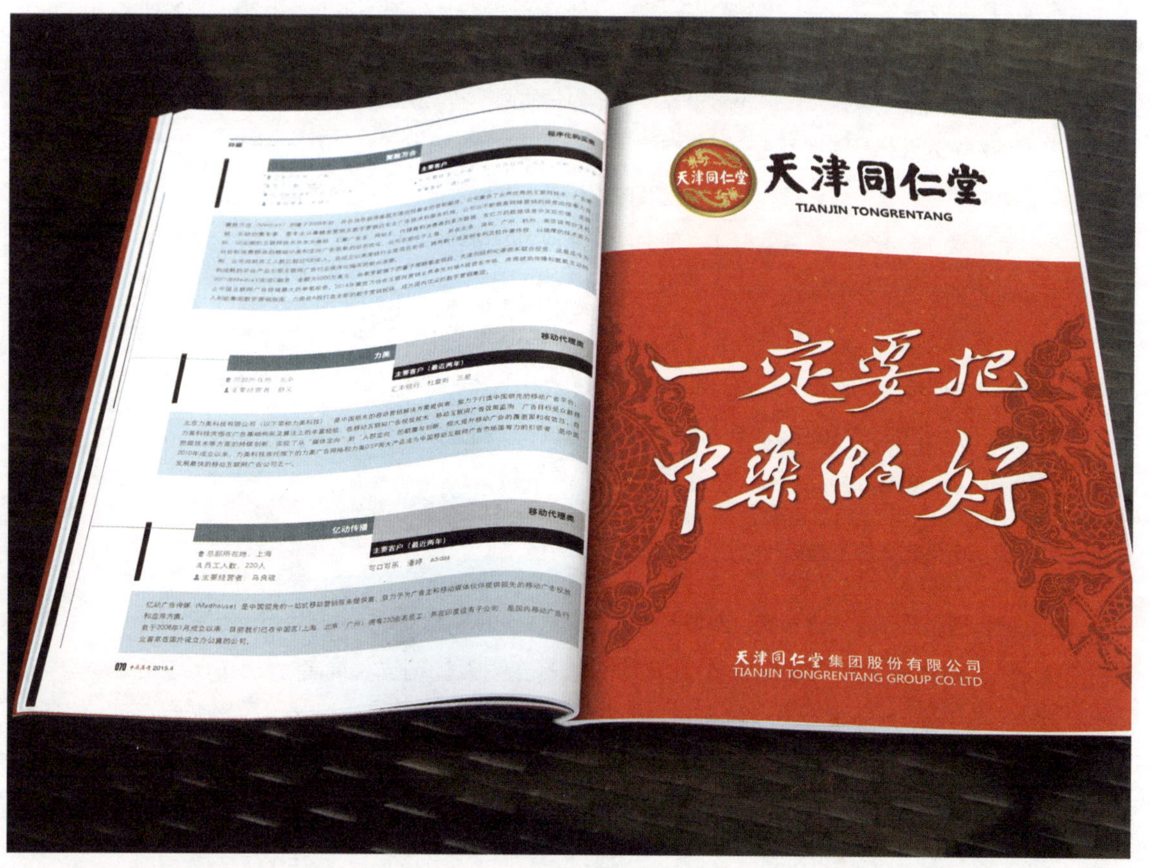

要把中药做好。

54 年前，毛主席在授予治淮委员会等单位的锦旗上题词：“一定要把淮河修好”；54 年后，张默闻这厮将天津同仁堂的品牌核心定为：“一定要把中药做好”。这是历经 371 年的天津同仁堂品牌的历史使命。因此，在主画面中，张默闻策划集团毫无疑问的选择了毛主席题词的字体，从根源上秉承主席决心，坚守老字号品牌精神，为实现中药的伟大复兴而努力。同时，字体整体放大居中放置，体现了天津同仁堂想把中药做好的决心和气势。

将运用毛主席字体的广告语与天津同仁堂的红色画面相结合，二者相辅相成，对消费者的吸引力自然大大增强。

创意绝妙包装，能吸睛能出奇能卖货助力品类布局

人靠衣装，产品则靠包装。虽然包装对产品质量好坏几乎没有影响，甚至类似于一种产品的“面子工程”，但它的创意决定着产品能否在终端引起“眼球效应”，被消费者注意并达成购买。

张默闻这厮一直认为，优秀的包装设计是为企业创造利润的重要手段之一。在现代包装设计中，人性化是创意者的主攻方向。因为在买方市场的环境下，消费者对于产品的选择理智且挑剔，作为设计者，在设计包装时不仅要考虑美观度，更要考虑消费者的需求。设计者需要充分考量消费者的购买心理，站在消费者的角度，为消费者设计出充满人性化思维的产品包装。

在创意天津同仁堂精制狗皮膏的包装时，张默闻这厮考虑到天津同仁堂是有四百年历史之久的中华老字号企业，对设计师提出了体现文化、体现审美、体现消费需求的要求。最终，经过张默闻策划集团和天津同仁堂双方沟通和交流，由张默闻这厮创意的传统版、现代版两种包装在客户面前获得了一次性通过。

传统版包装体现天津同仁堂历史文化魅力

产品包装的设计一定要切合消费者追求高品位文化的消费需求。对于中华老字号企业来说，这点尤甚。由于现在消费者审美和文化素养普遍提高，在选择商品时，他们除了会选择产品质量，对包装的文化品位也会极为讲究。所以，在包装上展现企业文化、品牌文化，彰显产品的文化品位便尤为重要。因为它既能形成独特的文化风格，显现出产品的鲜明特点，更能将人性化融合到包装设计创意之中。

那么，有着四百年历史的天津同仁堂的文化品位应该是什么？有什么可以象征天津同仁堂历史地位的事物?

张默闻这厮想到了我们中华民族的图腾：龙。此前，龙已被张默闻这厮应用于天津同仁堂的标识创意中，并采用了著名艺术家韩美林的画作。事实上，用龙来说明天津同仁堂的历史地位、文化也的确再合适不过。

一方面，龙图腾的使用体现了天津同仁堂中华老字号的企业属性和历史地位；另一方面，使用龙图腾可以隐喻天津同仁堂文化层面的一脉相承。天津同仁堂四百年历史，自始至终都坚守医者仁德，遵从古训，为国人提供质量良好的药品。

于是，若干款传统版的包装在张默闻这厮的创意下被拿至案前，供客户选择。这其中两种在标识上大做文章，被放到包装的中心位置予以突出，强调天津同仁堂中华老字号的王者地位；一种在产品名处设计了一个“圣旨”的效果，旨在传达天津同仁堂精制狗皮膏的尊贵地位，隐喻效果突出，应属帝王所用佳品；一种采用了线条似的龙，威武霸气，独具一格。

天津同仁堂
TIANJIN TONGRENTANG
OTC
国药准字Z12020182
精制狗皮膏
外
打孔
弹力
透气
因子
功能主治
舒筋，活血，散寒，止痛。
用于筋骨痛，急性挫伤，扭伤，风湿痛，关节痛，胁痛，肌肉酸痛等症。
6贴装
PATCHES
7cmX10cm
天津同仁堂
天津同仁堂集团股份有限公司
TIANJIN TONGRENTANG GROUP CO.,LTD
天津同仁堂集团股份有限公司
TIANJIN TONGRENTANG GROUP CO.,LTD
全新
升级装

设计者的创意稿之一。

天津同仁堂
TIANJIN TONGRENTANG
精制狗皮膏
国药准字Z12020182
OTC
全新
升级装
外
打孔
透气
弹力
因子
功能主治
舒筋、活血、散寒、止痛。用于筋骨痛，急性挫伤，扭伤，风湿痛，关节痛，胁痛，肌肉酸痛等症。
6贴装
PATCHES
天津同仁堂集团股份有限公司
TIANJIN TONGRENTANG GROUP CO. LTD
精制狗皮膏

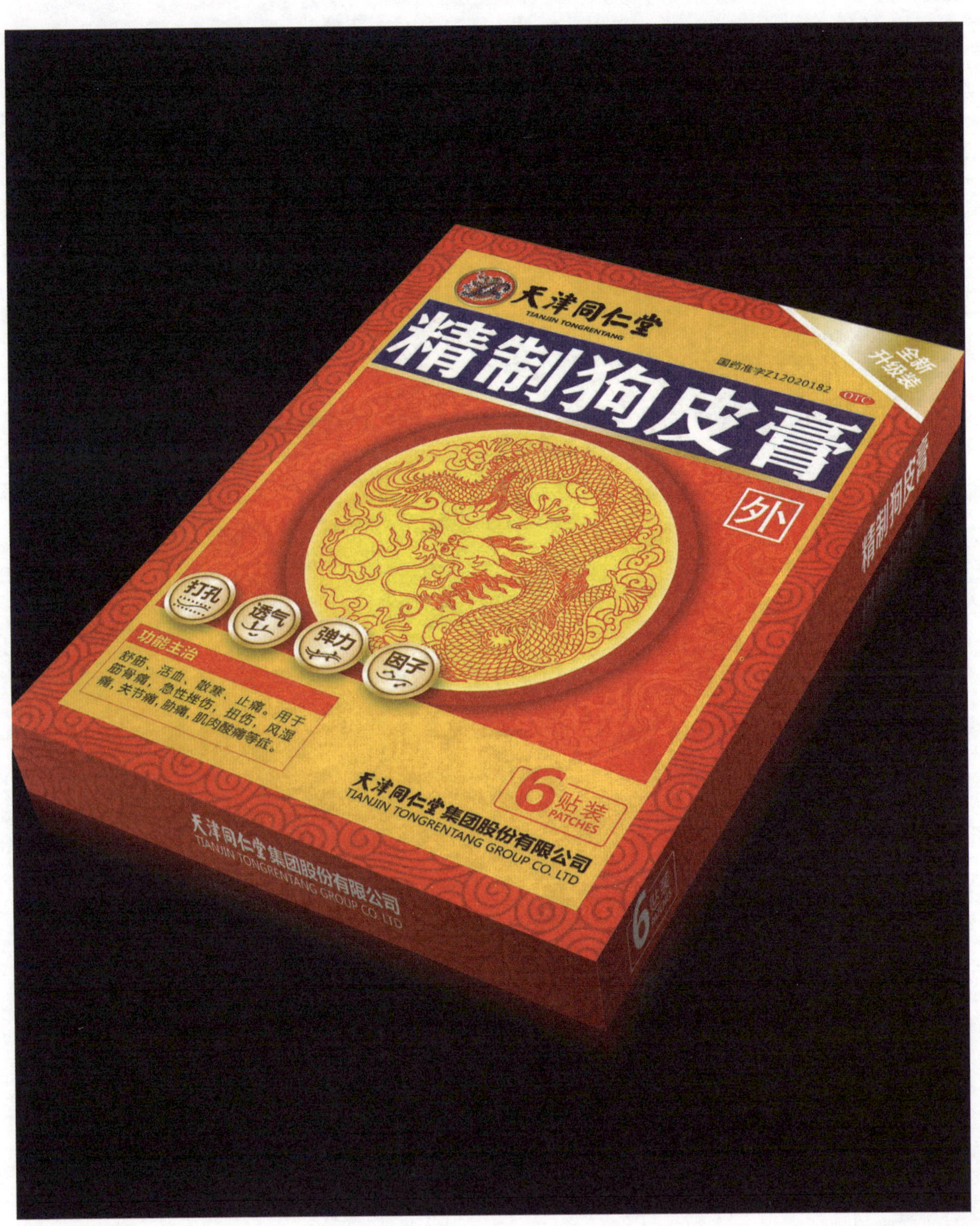

设计者的创意稿之二。

天津同仁堂
TIANJIN TONGRENTANG
精制狗皮膏
OTC
国药准字Z12020182
打孔透气
双向弹力
外
功能主治
舒筋、活血、散寒、止痛。
用于筋骨痛，急性挫伤，扭伤，风湿痛，关节痛，胁痛，肌肉酸痛等症。
6贴装
PATCHES
6.5cm*9.5cm
天津同仁堂集团股份有限公司
TIANJIN TONGRENTANG GROUP CO. LTD

设计者的创意稿之三。

四种传统版包装各具风格，从效果图中可以看出，视觉冲击力十足，更易被消费者注意，达成购买。

现代版包装糅合消费者喜恶达到吸睛目的

在现代市场环境业中，对产品包装设计的创新要求越来越高，因为这样更能体现出产品的个性化，凸显包装美感，从而使包装设计作品独特而创新。面对竞争激烈的市场和挑剔的消费者，也唯有创意的商品包装才能有销售力、吸引力、才能征服市场赢得消费者青睐。

这种对创新的追求也顺理成章地波及到了医药行业。药品的包装也越来越注重创新，注重通过包装和消费者对话，利用一些时尚元素吸引消费者购买。

为了满足现代消费者对包装创新化、时尚化的要求，张默闻这厮在创意天津同仁堂精制狗皮膏包装的传统版同时，也创意了两种现代版的包装。

通过对市场的分析和消费者洞察，张默闻这厮认为，现代版的包装一定要在国际化的基础上，实现药品包装设计的创新，成为膏药类最为时尚的包装，达成吸引眼球引发购买的目的。

张默闻这厮创意的两种现代版包装风格不一，但所想表达的中心思想却保持了一致：突出天津同仁堂精制狗皮膏的膏药属性和产品特点。这两种包装，一种画面为奔跑状态中的人，腰处膏药边的颗粒和光环效果凸显产品活血化瘀的特点，方正的红色块使整个包装有一种很强的现代风格；另一种包装则借用人体穴位图体现了制药的专业和设计师的人性化思维，消费者购买这款药品，可以轻松地根据自身病状选择贴膏药的位置。

现在的天津同仁堂，正带着有使命的品牌态度宣言和精妙绝伦全新设计的包装，朝着中药产业化进程中阔步前行。

天津同仁堂
TIANJIN TONGRENTANG
精制狗皮膏
OTC
膏，真膏
400年古方
管用
20分钟起效
真快
老工艺精制
药足
方便
6贴装
PATCHES
7cmX10cm
2贴x3袋
打孔透气型
外
天津同仁堂集团股份有限公司
TIANJIN TONGRENTANG GROUP CO. LTD
TIANJIN TONGRENTANG GROUP CO. LTD
全新
升级装
精制狗皮膏

设计者的创意稿之四。

天津同仁堂
TIANJIN TONGRENTANG
OTC
精制狗皮膏
膏，真膏
400年名方
管用
20分钟起效
真快
老工艺精制
药足
8小时持续作用
方便
外
6贴装
PATCHES
7cmX10cm
2贴X3袋
打孔透气型
天津同仁堂集团股份有限公司
TIANJIN TONGRENTANG GROUP CO. LTD
全新
升级装
TIANJIN TONGRENTANG GROUP CO. LTD
精制狗皮膏

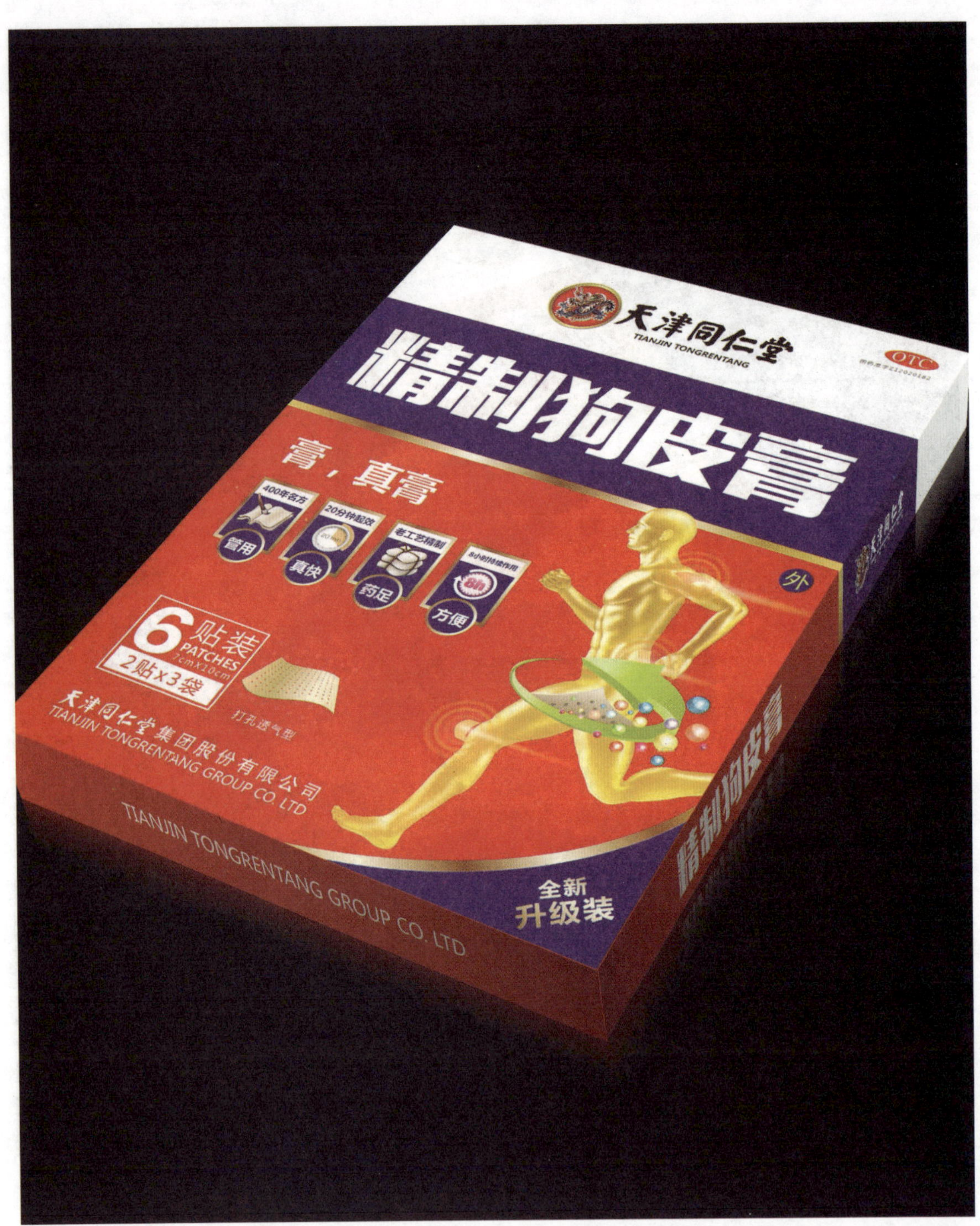

设计者的创意稿之五。

天津同仁堂
TIANJIN TONGRENTANG
精制狗皮膏
国药准字Z12020182
OTC
全新升级装
外
膏，真膏
天津同仁堂集团股份有限公司
TIANJIN TONGRENTANG GROUP CO.,LTD
6贴装
PATCHES
打孔透气型
7cmx10cm
精制狗皮膏

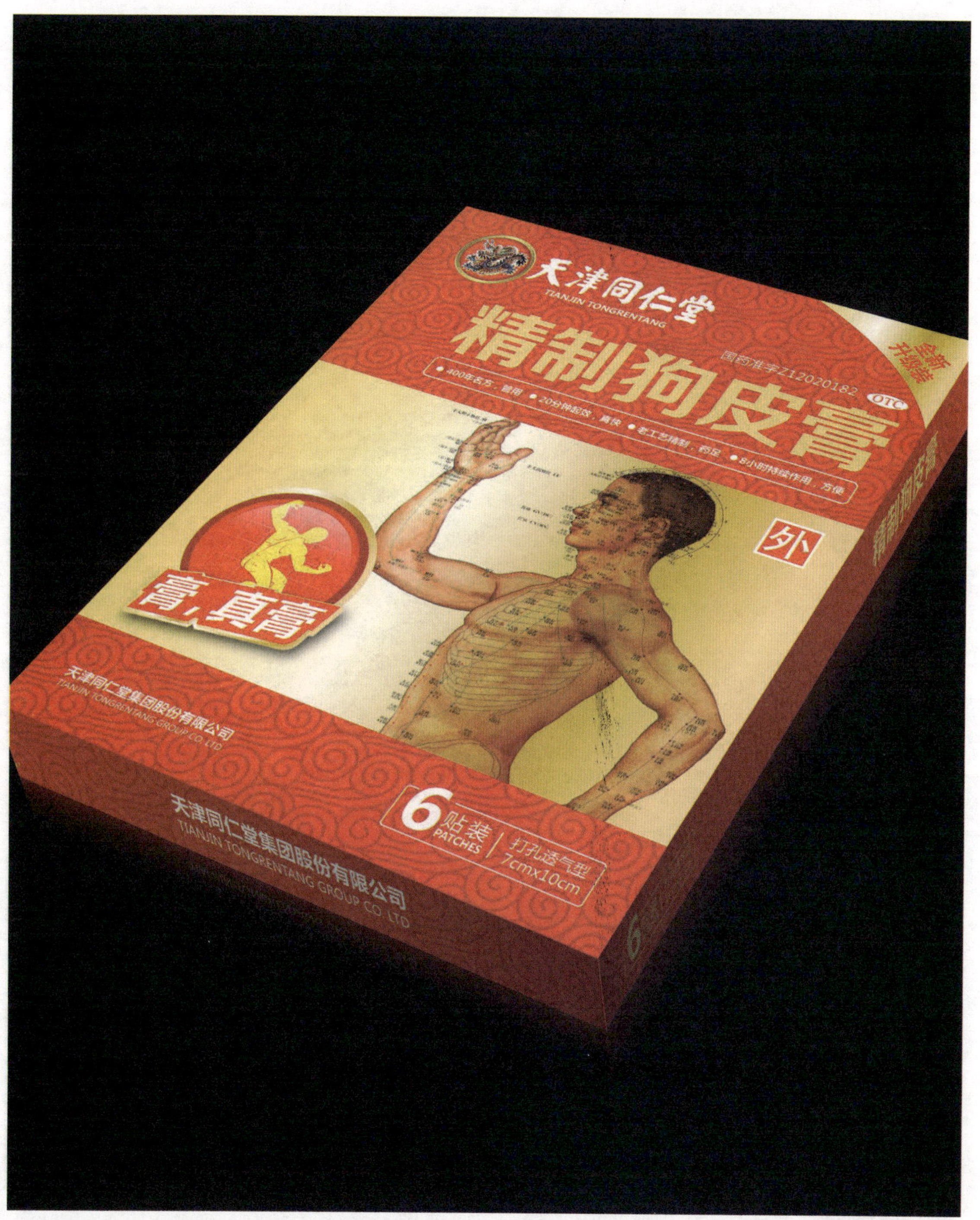

设计者的创意稿之六。

天津同仁堂
TIANJIN TONGRENTANG
精制狗皮膏
国药准字Z12020182
OTC
全新升级装
打孔透气型
功能主治
舒筋、活血、散寒、止痛。用于筋骨痛，急性挫伤，扭伤，风湿痛，关节痛，肋痛，肌肉酸痛等症。
6贴装
PATCHES
外
颈
肩
腰
天津同仁堂
TIANJIN TONGRENTANG
天津同仁堂集团股份有限公司
TIANJIN TONGRENTANG GROUP CO. LTD

设计者的创意稿之七。

久诺 只为中国墙

久诺外墙品牌创意升级策划全案纪实

【策略：我们卖的是外墙，卖的更是民族棋】

久诺外墙是中国外墙装饰的专业品牌，致力于品牌化、专业化、全球化的进程，在外墙领域致力于成为第一品牌。张默闻策划集团为久诺规划和设计了符合久诺战略发展的全局思路，运用聚焦思维实现了三大品牌聚焦：第一，确立外墙领域领导者地位；第二，确立外墙领域品牌化地位；第三，确立外墙领域墙业链地位。

张默闻策划集团通过对久诺外墙的品牌升级、视觉升级、文化升级、包装升级、品类升级、战略升级，将久诺成功聚焦于高端外墙核心地位，未来，久诺将为整个城市做墙，从墙到强，从强到墙，久诺不仅要做外墙，更要做内墙；不仅要做中国的墙，还要做世界的墙。久诺将永远围绕“墙”这一主题，向中国 500 强、向世界 500 强全速挺进！

【战绩：民族品牌计划开启，久诺品牌全面升级】

2016 年，中国高端外墙领导品牌久诺外墙与中国真正全案策划领导者张默闻策划集团达成全面合作协议，在战略、战术、战斗三个层面进行无缝联合，推动久诺外墙品牌全面升级。久诺股份成功挂牌上市 ，开启资本市场运作新篇章；久诺外墙品牌升级发布会 ，发出久诺品牌升级号角第一声；久诺外墙视觉识别系统推陈出新，进一步做出企业文化系统落地实效。“久诺超人”“诺字新标”“久诺蓝”等一系列战略传播符号，搭载动车、杂志、高铁媒介出现在全国大众视野中。久诺外墙民族大品牌计划已全面开启，品牌价值正全面升级，久诺日益成为人们心中真正的外墙装饰领导者。

1996~2016 年是张默闻这厮策划和创意 20 周年。久诺高端定制真石漆成功入选张默闻这厮策划 20 年经典创意案例榜，特此纪念并祝贺。

th
JIUNUO
久诺外墙
久诺®
高端定制
真石漆
用真石做的漆
久诺外墙 豪宅都在用
久诺 · 更高端的外墙品牌

JIUNUO
久诺外墙
久
豪
久诺真石

【引言】

中国变得越来越美

不仅是中国的自信之美

也包括中国城市的建筑之美

我深信，一个国家一个民族留给这个世界的

一定是岁月无法磨灭的城市印记和那些骄傲于世的建筑之墙

我愿意用我的工匠之心为中国的外墙事业点亮色彩

久诺，一个致力于中国外墙装饰的民族品牌

未来100年只做一件事：只为中国墙

——久诺外墙创始人、董事局主席：王志鹏

【领袖篇】

只为中国墙之超级领袖

一个企业想要更好发展当然离不开领导人的方向把控。领导人的发展观点以及发展决策是企业长足发展的命脉所在。王志鹏作为久诺建材的创始人，董事局主席，有着诸多独到的战略发展观，在张默闻这厮的策划整合下，形成了极具浓缩性的超级观点。这些超级观点是王志鹏主席的智慧浓缩，指引着久诺外墙品牌发展方向，同时也让人们对王志鹏主席有了更加深刻的了解与认知。

超级观点之一：外墙水平决定中国城市未来之美

我们每走到一座城市，首先接触到的，不是这座城市的人文，不是这座城市的历史，不是这座城市的风俗，而是这座城市映入眼帘的大大小小的建筑，因此，建筑是一个城市的标志，建筑外墙是一座城市的脸面。

大家也可以看到，当一个城市举办奥运会，亚运会、G20 峰会，要做的第一件事是把城市外墙刷一遍，为什么不刷内墙？因为外墙是一个城市的脸面。装修城市要靠外墙，而

久诺集团董事长王志鹏先生。

久诺非常重视城市形象，我们非常愿意把城市外墙变成艺术风景，我们非常愿意把城市外墙变成视觉时尚，让大家感受到城市不同的风情。所以中国要想做好房子，先把外墙做好，久诺，不仅要有更多成功的案例，而且要有让中国墙更美的情怀。

建筑之美，不仅来源于建筑本身的结构塑造，很大程度上也是源于最终的外墙装饰。可以说，外墙是每个建筑的华丽外衣，赋予了城市建筑更深层次的灵魂。它们不仅给予了建筑光鲜亮丽的外表，更替建筑物经历着风霜雨雪四季变换。因此，外墙建材行业的发展，也将会推动建筑水平的发展，最终影响一座城市的外观。

可以毫不夸张的说，外墙水平决定中国城市未来之美。而久诺外墙也要紧抓这一发展要点，正视自己的发展实力与发展前景，努力提高自己的产品实力，让久诺的外墙产品更具竞争力。同时提高久诺的品牌建设，争创中国高端外墙领导品牌，为中国建筑外墙书写新的历史辉煌。

超级观点之二：我们介入施工就是对久诺品质最好的保护

不做低档，只做高端，不卖产品，只卖成品是久诺打造产品的理念。久诺外墙聚焦的领域绝不仅是真石漆，而是整个建筑外饰面。客户的需求与渴望是久诺创新思维的核心，久诺核心定位绝对不是一个单一的优质原材料生产商，而是以精品建筑的参与者向客户提供最具价值的服务，以最完美的外饰面效果彰显建筑的品味、楼盘的档次、物业的价值。

久诺自涉足外墙行业以来，从产品研发、到应用技术及经营理念自始至终保持着领先态势，创下众多行业第一，推动行业向更好更高层面发展。久诺不仅生产外墙产品，还要在建筑外墙领域起到重要作用，由于久诺是专业的外墙解决方案的供应商，所以介入施工可以最大限度地保证产品品质，从而使得建筑外墙焕发出更多的光彩。

如果说产品是一种科技，那么施工就是一种服务。人们在购买外墙产品的时候，其实更加注重外墙产品的品质保障，而周到可靠的外墙技术支持也成为购买者的一个重要衡量点。本着对产品高质量的无限追求，久诺专业介入外墙施工，用完美的产品效果呈现以及经久的时间考验成就了久诺对于质量保证的无限支持。而优质的施工也成为了人们评判一个外墙产品好坏的重要标准。

低档产品久诺不做！久诺绝对不是一个单一的优质原材料生产商，而是以精品建筑的参与者向人们提供服务，从设计、选色、配色、体系推荐、施工五个维度深度参与。久诺带来的是建筑的品味、楼盘的档次、楼盘的价值。久诺坚信，人们需要的不是单一外墙产品，而是建筑或楼盘外饰面完美的效果，而这也正是久诺所努力的方向。

超级观点之三：中国的高端楼盘不能没有久诺

近年来，中国的经济水平以让世界惊叹的速度在发展增长，与之相应发展的是中国的房地产行业。随着中国城市化的推进，国民对于房产的消费需求越来越高，并且对于房地产消费的要求也越来越高。因此，现在的房地产开发商也更趋向于高端楼盘的开发销售，以往的简单乏味的建筑越来越被时代所淘汰。可以说，中国已经进入高端楼盘时代，知名的地产商也在这一时机中，大量推广各类房产别墅，满足不同层次消费者的需求，房地产行业也处于几家独大的场面，一些具有实力的地产商正在逐步垄断，行业进入全面整合。

在这个高端楼盘的时代，久诺未来的发展也充满了机遇与挑战。知名地产商善于开发各类高端楼盘，房屋的品质结构、楼盘美观程度也高于普通房地产开发商的作品，因此，知名的品牌地产商，对于楼盘的开发推广上，只会对楼盘建筑外观、质量有着越来越高的要求，而建筑外观的价值，体现在建筑的外墙上，房地产商要创造楼盘的价值，必须注重建筑物外墙的美化建设。正所谓，外墙装饰是一个城市的脸面，也是高端楼盘传递给消费者的第一张名片。而久诺在外墙产品上的实力，无论是从产品本身的质量，还是从久诺后期对于服务的推进，都是值得品牌地产商信赖的品牌产品，久诺乐于把外墙产品当做艺术品去发展建设，更因此，久诺有十足的信心做好外墙装饰专家，为中国高端楼盘的建设发展创造价值。

创造楼盘价值，创造整个城市的艺术不能没有久诺。久诺重产品，重服务，更重承诺。久诺所生产的每一款产品，都符合国家质量标准，更有自信优于其他普通同类型产品。并且，久诺以强大、专业的施工团队著称，精良的施工让久诺出品的产品工程更加牢固稳健，经得起考验。细数久诺多年来出品的建筑外墙，每一处都称得上是精品，是当之无愧的城市高端楼盘建设者。

超级观点之四：久诺的标准就是要等同于世界 500 强的标准

王志鹏主席一直这样说："我们的标准就是世界五百强的标准，五百强的标准就是拥有高端的品牌，高端的技术，完美的应用，品质有全程监控和可追溯系统等等高端指标，服务地产五百强就是让你放心。"

自始以来，王志鹏主席就对久诺出品的产品及工程就有着过硬的质量要求，要求久诺的产品在施工应用中，能够达到世界 500 强的国际标准。要求久诺出产的产品工程不仅能成为国内建材行业的标杆作品，更能够符合国际标准，登上国际舞台，成为中国外墙的脸面，为中国建材行业打开国际的大门。

在王志鹏主席心中，他所定义的世界 500 强标准，就是要建立久诺外墙高端的品牌形象，提高久诺施工团队的专业技术，让高质量的产品在更优秀的技术手段下，得以有更好的应用发挥，将产品优点最大化，最终让出品的产品工程成为一个品牌符号，成为久诺外墙响当当的金字招牌。让国民信赖久诺出品，也要让世界信赖中国制造，这是久诺未来发展的目标，也是王志鹏主席心中一直秉持不变的信念。让始终如一的久诺标准，成为久诺出品的唯一标志，让消费者在心中认定，久诺出品，必属精品，树立有威信、有准信的品牌形象，成立行业内为有目共睹的标准体系。

用高端的指标，要求久诺集团上下内外的工作，用过硬的产品去赢得客户及广大消费者的口碑，这才是久诺发展长久不息的秘诀所在。我们都知道，产品质量是一个生产型企业生存发展的命脉，倘若久诺出品的产品或是工程质量不过关，久诺何以成为中国高端外墙领导品牌？久诺正是凭借着这样严格的企业宗旨，经营理念，才能在众多建材企业中脱颖而出，屹立在品牌之巅。

超级观点之五：做好中国墙才有资格说造好中国房

中国的经济增长，也伴随着国民对于生活品质追求的日益提高。我们在生活中对于衣食住行的追求，几乎每隔几年，就有一个划时代的发展。而几千年来，根深蒂固在中国人心中的“安土重迁”思想，让住房成为当今中国人心中最终极的生活追求。

如今，买优质好房不仅成为高端人士的需求，也成为普通民众的公众需求，中国好房要由好的地产商去完成，但是中国好房很重要的一个衡量标准是外墙的品质，只有好的外墙才能称得上是优质好房。只有做好建筑外墙，才能造好中国房，才实现能造好中国建筑的伟大使命。

优质好房，能带来的不仅是房主们优质的居住体验，也能为房主带来更多生活品质的提升、身份地位的提升。而高端品质的外墙，是建筑的外衣，穿着一件漂亮、高档的外衣，是一个人身份、地位的象征，那么有优质外墙的中国房，是一个楼盘高端、品质的象征。中国房，需要这样的象征，来体现建筑的品质高端、优秀卓越。如果房屋建筑，连基本的外墙都没有做好，都不足以让消费者信赖喜爱，何以让消费者从心底接受这样的住房选择？因此，做好中国墙才有资格说造好中国房。

【发展篇】

只为中国墙之超级演变

超级外墙：纵览古今外墙发展大变革

每一个时代的文明都能在城市建筑的外墙上得到展现。所以一座城市的美就看这座城市的外墙美不美就好了。毫无疑问，建筑外墙是城市的外衣，是城市的气质，是城市的内心世界，外墙，成为彰显这个城市形象和文化形象的重要标志。

纵览古今，品味历史。我国建筑外墙一直从小美走向大美，从大美走向极美。你没去过东汉，你没经历隋唐，你没感受宋朝，你没体验明清，但是你却能从那个朝代遗留的建筑中从遗留的外墙中感受到历史曾经的震撼，感受一座座伟大的城市和伟大的外墙！

也许了解外墙发展变革，看看中华建筑史就好。我国有五千年历史的城市，更有保留完整城墙的四座中华古城，它们成为了世界文化遗产，成了用一座中国墙见证中国强的最好证明。

从外墙建造技术来说，中国古代已经有了较成熟的夯土技术，统治阶级营造出以宫市为中心的城市，城市规模不断扩大。东汉时期，石料的使用逐步增多，著名的代表建筑便是铜雀台。“巍然崇举，其高若山，日初出时，流光照耀”，是中华古代台式建筑的巅峰之作，也成为“建安文学”的发祥地，掀起了中国诗歌史上文人创作的一个高潮。

隋唐时期是中国古建筑体系的成熟时期。唐朝的城市布局和建筑风格规模宏大、气魄雄浑。在建筑材料方面，砖的应用逐步增多。色彩在唐代运用最为广泛，在建筑上更是布局得当，在不同的季节和环境，搭配不同的色彩，不仅使建筑美观，也更加耐用，这是当时人们追求艺术和美的享受的具体体现。就唐代建筑而言，大明宫、兴庆宫和华清宫最具代表，有着鲜明且彼此不同的文化特征。大明宫，是“中国宫殿建筑的巅峰之作”，作为木建筑，体现了当时纯熟的艺术以及高度发展的文化技术。我们无法看见建筑的内部的震撼之美，但是能保留下来能给世界留下的是一堵堵千年不朽的中国墙。

中华人民共和国成立后，百废待兴，在计划经济制时期国家建设了一大批水泥企业。改革开放 80 年代，日本的外墙涂料传入中国。90 年代，国内企业开始逐步发力，研发更优质，适合中国本土，更具市场竞争力的外墙建筑材料。近年来，我国建筑外墙市场已发展成为种类繁多、技术构造多样、产品需求量巨大的一个产业。随着技术的迅速发展，我国外墙材料技术已经另欧美等发达国家刮目相看。

英国前首相丘吉尔曾说“人造了建筑，然后建筑也塑造人”，城市建筑既是解决人类共同生活的一种物质手段，同时又是记述人类共同生活方式和这种有利环境条件下产生的一致性的象征符号。如同人类所创造的语言本身一样，城市外墙也是人类最了不起的艺术创造表现形式，在漫长岁月发展长河中，留下了一个又一个的文明与经典。

超级作品：经典建筑外墙丰碑动人心

经典建筑总能美得让人如痴如醉。不得不承认，建筑具有技术与艺术的双重属性。人们在建造一座建筑的同时，也在构筑精神实体。而一座建筑的外墙则是艺术与技术相结合的直接表现。外墙装饰材料的质感、线型和色彩影响了建筑的外观效果。质感是指对材料质地的感觉，而色彩是构成一个建筑物外观，乃至影响周围环境的重要因素。让我们一起观摩经典，领略宏伟建筑外墙的视觉盛宴。

万里长城——从中国墙到中国脊梁

长城，是我国古代一项极为雄伟的防御建筑工程。它东、西、南、北纵横交错绵延起伏于我们祖国辽阔的土地上。它好像一条长龙，翻越巍巍群山，穿过茫茫草原，跨越法瀚沙漠，奔入苍茫大海。历经上千年历史，这座饱经风霜的古老建筑仍然刚毅坚强，尽显中华壮美！

墙身是长城的主要部分。长城 2000 多年经历了土坯垒砌、青砖砌墙、石砌墙、砖石混合砌墙。最初的土坯垒砌只适于雨水稀少、天气干燥的地区，而且这种墙容易被敌人破坏，不耐风雨长久侵蚀。到了唐代以后，随着制砖技术的发展，长城开始采取用砖包砌，内填黄土的方法来修筑。到了明代，砖的质量和制砖技术都有了很大提高，砖砌城墙不但能有效阻止敌人骑兵的行动，抵抗冷兵器的袭击，而且也能抵抗当时火器的袭击。

如今，长城有极高的旅游观光价值和历史文化意义，登高远眺、凭古怀幽，古战场的金戈铁马似乎就在眼前。长城被誉为世界七大奇迹，是中华民族古老文化的丰碑和智慧结晶，象征着中华民族的血脉相承和民族精神。

我们喜欢长城就是喜欢它的气度，它千年依然高高站立的中国墙。我们应该向那些为长城垒墙的英雄们致敬，长城长，长城墙，成了中国人真正的脊梁。

北京故宫——从中国墙到中国气派

北京故宫是中国明清两代的皇家宫殿，是中国古代宫廷建筑之精华，被誉为世界五大宫之首，是世界上现存规模最大、保存最完整的木质结构古建筑之一。

故宫建造的材料是名贵的木材和石料。珍贵的楠木多生长在崇山峻岭中，百姓冒险进山采木，后世留下“入山一千，出山五百”来形容采木所付出的生命代价。开采修建宫殿的石料，同样耗费了大量人力。在苏州有专门的皇家制砖厂，负责向北京运送贡砖。故宫建筑屋顶铺满各色琉璃瓦片，主殿以黄色为主。在屋顶上，饰有琉璃吻兽，造型优美，象征吉祥和威严。

如今的故宫，不仅使一座皇家宫殿，还是中国最大的博物馆，是将建筑、文物、典籍等多种元素融合在一起的文化整体。故宫保护了文化遗产，传承了人类文明，担负起文化交流的使命。故宫属于中国，也属于世界，是人类共同的艺术文化宝库。

但是我觉得最美的地方还是故宫的宫墙，它红红的，威严的站在首都，它不仅见证了皇宫的故事，个个见证了中国墙技艺的高超，让全世界叹为观止。

中华 5000 年经典建筑绵延不绝，是人类历史长河上的明珠，是人类发展变革的见证，更是人类美好未来的昭示。我们聚焦于经典建筑的外墙之上，因为它不仅承担了建筑的功能需求，还担负着建筑的装饰价值。随着技术与艺术的发展融合，我们期待着更加美好的建筑外墙在中国熠熠生辉。

超级品牌：专注高端外墙感动全中国

久诺，作为中国高端外墙装饰的领导者，一直将自己的命运和中国高端建筑的命运紧密的联系在一起。久诺自创立以来就始终致力于四件大事：

第一：成就一个超级的外墙品牌为中国争光。

第二：帮助无数高端的国民楼盘为行业争光。

第三：继承千年传承的外墙技艺为国民效力。

第四：倡导外墙文化的品牌主权为民族贡献。

所以，久诺品牌是有使命的，是有爱心的，是有力量的，是有未来的。因为久诺这样深情的爱着我们的中国我们的中国墙。

作为中国高端外墙领导者的久诺，2016-2017 迎来品牌发展的重要历史时刻。久诺与素有“北有叶茂中，南有张默闻”之称的、中国百亿品牌操盘手、中国真正全案策划领导者的张默闻策划集团达成全面合作。在战略、战术、战斗的三个层面进行无缝联合，建立豪华阵容的全案合作，推动久诺品牌的全面升级，让品牌和销量攀上全新高度。

双方携手向久诺大品牌、产业大品牌、国际大品牌的品牌目标全面进发。久诺将高举起“中国高端外墙领导者”的品牌荣耀，向中国发声，向世界发声——久诺，只为中国墙，久诺，更为世界墙！

张默闻这厮作为张默闻策划集团的创始人和久诺品牌升级的总设计师认为，久诺外墙需要的不是一个电视广告创意的改变，也不是一个营销模式的改变，而是整个久诺集团价值观系统的创新和改变。张默闻这厮认为，久诺产业，久诺品牌，久诺品类，久诺模式，久诺教育，久诺组织，久诺传播，久诺活动，久诺视觉，久诺领导人都已经非常完美，要在品牌的优化里找到更大爆发力，用品牌的力量撬动世界的力量。这样才能建立一个伟大的久诺，一个在外墙领域可以历经百年的超级品牌。

【形象篇】

只为中国墙之超级符号

久诺外墙牵手张默闻策划集团，久诺品牌发展之路精彩纷呈。由张默闻这厮创意策划的久诺代言人久诺超人、久诺全新主画面、久诺新标、全新 VI 系统等均全面亮相，使得久诺外墙品牌形象正进行着颠覆性的升级，久诺品牌发展跃上了新高度!

超级识别：久诺超人横空出世

张默闻这厮 2006 年的时候就提出：超级符号就是超级市场，超级市场就是超级品牌。

张默闻这厮认为如今的品牌视觉形象时代是“读图时代”，图片是人们对品牌认知的一大入口。品牌视觉形象是美化品牌，美化生活，美化社会的一门艺术。卡通作为独特的艺术形式，本身就是图像艺术。卡通形象的造型明确、具象、直观，具有强烈的个性和吸引力；卡通形象所带有的情感，使得其易于记忆和延展，能激发出品牌的潜在价值，甚至比品牌本身的生命力更加旺盛。

为了让久诺更有国际品牌的基因，张默闻这厮特别为久诺创意了全新的企业卡通形象代言人——久诺超人，从而建立起了企业的视觉识别符号。久诺超人是以久诺集团董事局主席王志鹏先生为创意原型，以其人物形象为创意蓝本，同时加以生动、立体的 3D 表现手法，全面塑造出一位既阳光、帅气同时极具行业特点的人物形象。

这个人物身上有四大特点：

第一：超人就是力量就是精神

久诺超人的性格是独特的。久诺超人披着战袍，自信开朗、斗志昂扬，以“超人”的形象闪亮登场。久诺超人代表久诺，他是一种中国化的、行业化的个性展现，具有行业的专业、专注、强劲，以其独特的个性展现出“只为中国墙”的久诺精神。

第二：超人就是专业就是权威

久诺超人的形象是专业的。久诺超人头戴安全帽、穿衬衫、系领带，是一个典型的建筑工程人士的代表。久诺超人结合了严谨的商务人士、专业的工程人员形象，以简单明朗的着装和自信无畏的笑容，展现出严谨大气权威的专业形象。

张默闻这厮为久诺设计的超级符号。

第三：超人就是第一就是自信

久诺超人的动作是生动的。久诺超人伸出右手，向人们竖起了大拇指，代表了企业的自信，展现了企业的行业第一的位置，拉近了与人们的距离，增进了大家的信任感。向所有人竖起大拇指，是一种张扬自我、相信自我的完美展现。

第四：生动规范的色彩体系

久诺超人的色彩是规范的。久诺超人的颜色以蓝色、黄色、银色搭配。蓝色是久诺企业标志的规范色，应用在久诺超人的衣着和背景色彩上，不仅鲜艳、靓丽，更符合企业的基本色彩规范。黄色搭配在久诺超人的部分服饰上，起到色彩搭配、对比强烈的作用。整体色彩体系符合规范，更加生动信命。

久诺超人形象健康俊朗、积极向上，象征久诺朝气蓬勃的发展状态，表达了久诺敢于担当、敢于承诺的企业态度。久诺超人作为企业品牌形象，担任了企业标志、品牌广告代言等角色。在传播上，微笑的久诺超人让消费者感受到亲和与趣味；在识别上，久诺超人鲜明的特征让人记忆深刻，在经历长久的时间洗刷后已然能够保持流传性和生命力；在经济成本上，久诺超人形象成本低，与明星代言相比更稳定，包含了企业的性格，具有先天的优势。

通过对久诺先生形象的不断延展，相信一定会拉近与消费者内心的距离，成为人们心中挥之不去的视觉符号，和米其林轮胎、肯德基等国际大牌一样进入超级符号阵列。

超级标志：久诺新标震惊行业

张默闻这厮相信：没有一个伟大的标志就没有超级识别。对于久诺的标志，我们改动的出发点不是简单的标志美化，而是整体的品牌战略的要求。我们既然把久诺定位于一个国际化的品牌，就需要一个国际化的标志，这是严肃的事。

世界上成功的标志都经过了历史演变的过程。所以，标志是建设一个品牌的根本，代表了企业的文化和历史。完美标志的建立，不是偶然的，而是永久的。

久诺原标志是拼音和汉字的简单组合，为久诺的前期发展奠定了基础，贡献了重要的力量。但是新久诺要腾飞、要发展、要国际化、要品牌化，标志就要彰显久诺在外墙领域的领军地位和浩瀚雄心，要能体现出久诺独特的企业文化，久诺的“诺”字就担起了这个标志的历史重任。久诺新标设计与创意的核心在于人文精神的演绎。“久诺”是个价值千万的好名字：久——经久不衰，诺——一诺千金。对于重视服务与质量的外墙行业来说，没有什么比信誉与承诺更重要了。所以久诺的文化是浑然天成的文化意境。

久诺新标识以“诺”为核心，对内表达久诺人的共同信仰，对外展现久诺人的公众承诺。在标志设计上，将“诺”字与鼎器的形状巧妙融合，稳重大气，极具创意特色。鼎，即一言九鼎，表示信义、尊贵，与“诺”的含义相辅相成。将“诺”字用圆圈括起，形状类似于中国的古钱币，象征财富、吉祥。

一个汉字的诺，一个庄严的文化。

一个恢宏的鼎，一个伟大的承诺。

一个太阳的圆，一个圆满的事业。

一个货币的图，一个商业的帝国。

这一“诺”字刚刚好，不仅表达了企业的对外承诺，同时也充分涵盖了企业文化，相信新标识将伴随着久诺的一生，成为至高无上的精神信仰和百年企业的文化象征！

久诺新标识尊重了原有的色彩，但是原有的蓝色较为沉重，缺乏色彩的亮度和时尚度；新标志把蓝色调浅、调亮，从视觉上更加明亮、明快，从感觉上更加柔和、亲切，符合现代人对时尚、美好生活的向往之情！

在这个新标志的照耀下，久诺人喊出了“敢于承诺，必须做到”的宣言，同时也将这句话深深地记在心里。

超级应用：久诺新标全球应用

久诺新标志一经发布，便得到了王志鹏主席的高度认赞扬，同时得到了久诺集团全体成员的一致认可，于是，久诺新 Logo 便迅速延展到了企业各个视觉角落。

1. 久诺标志 VI 系统的应用

久诺标志全面应用于久诺的 VI 系统，从企业理念到视觉要素予以标准化，采用统一的规范设计，实现 VI 设计的标准化导向。VI 是视觉系统中最有传播力和感染力的部分，同时也是传播企业经营理念、建立企业知名度、塑造企业形象的快速便捷之途。

久诺标志 VI 系统应用，建立了久诺独立的视觉特征，明确了久诺的视觉方向。久诺标志 VI 系统应用，传达了久诺的经营理念和企业文化，以形象的视觉形式宣传企业。久诺标志 VI 系统应用，也极大地提高了员工对于企业的归属感与认同感。

2. 久诺标志主画面的应用

久诺标识极具视觉震撼，久诺超人彰显非凡能力，拇指符号锁定目标第一。二者合二为一，对外传播过程中又会带来哪些视觉震撼呢?

为了提高久诺品牌的记忆点，张默闻这厮专门为久诺外墙策划了“久诺超人”形象。作为久诺全新视觉的重要符号。于是，一个挥洒着披风的久诺超人，一句“久诺外墙，豪宅都在用”，在明亮的蓝色背景上跃然而出，久诺主画面在精心的策划设计下震撼出世!在久诺广告宣传上，全新 Logo 及代言人已经全面应用在高铁 LED 及灯箱广告上，让久诺新视觉与全国人民来了一次零距离接触!

久
豪
久诺真
JIUNUO
久诺外墙

JIUNUO
久诺外墙
外墙
都在用
久诺涂料 / 久诺整屋定制一体板
久诺 · 更高端的外墙装饰品牌

JIUNUO
久诺外墙
久
豪
久诺

JIUNUO
久诺外墙
外墙
都在用
久诺涂料 / 久诺整屋定制一体板
久诺 · 更高端的外墙装饰品牌

YOUNG MAN
YOUNG MAN
JIUNUO
久诺外墙
久诺 · 更高端的外墙装饰品牌
3-7362
浙A·8E427

久诺外墙
豪宅都在用
久诺真石漆 / 久诺涂料 / 久诺整屋定制一体板
JIUNUO
久诺外墙

JIUNUO
久诺外墙
只·为·中·国·墙
久诺
久诺真石漆 /

墙
在用
久诺整屋定制一体板
SRMG
上海铁路文化广告发展有限公司
SHANGHAI RAILWAY CULTURE&ADVERTISING DEVELOPMENT CO.,LTD
http://www.srmg.cn
检票口
17A

JIUNUO
久诺外墙
久诺外墙
豪宅都在用
久诺真石漆 / 久诺涂料 / 久诺整屋定制一体板
久诺 · 更高端的外墙装饰品牌
P
B1 17
B2 671
B3 359

JIUNUO
久诺外墙
久诺外墙
豪宅都在用
久诺真石漆 / 久诺涂料 / 久诺整屋定制一体板
久诺 · 更高端的外墙装饰品牌

庄
涌金票据池

久诺外墙 豪宅都在用
久诺真石漆 / 久诺涂料 / 久诺整屋定制一体板

【文化篇】

只为中国墙之超级文化

超级文化：诺文化

久诺在创立之初，之所以叫久诺，王志鹏主席认为：做品牌绝不能短视，短视必然短命，要做百年老店，必须树立长期、长久的思维，并信守承诺，故取名久诺。

久诺是个好名字，久代表“经久不衰”，诺代表“一诺千金”，“久诺”二字代表着一个长久的承诺，一个外墙企业对于行业对于消费者的长久品质承诺，而“诺”字就是这个企业文化精神内涵的高度总结与象征。

张默闻这厮曾说：一个家族企业能否继续存活发展，在于这个企业是否拥有可传承的精神。久诺想要长足发展必以独特的文化为基础，以软文化激发企业活力和实力，以精神文明唤醒每一个企业成员的内在力量，才能实现企业从内到外散发独一无二的气质，培养企业脚踏实地的实干之风，铸就企业精神文化建设梦想，实现久诺在浩瀚商海之中傲然鼎立，捍卫久诺在高端外墙领域的领导者地位。

为了与久诺的初衷无缝承接，张默闻这厮提出久诺外墙的超级文化则是“敢于承诺，必须做到”，八个字是企业抬头仰望天空的精神期盼，也是脚踏实地的奋斗精神。八个字则霸气地展现了久诺外墙作为行业领头羊的的魅力与精神号召，率先成为一个敢于将承诺放在首位的企业，打破行业了不敢承诺的局面。

“敢于承诺”这句话建立在久诺在行业内铁板钉钉的品质口碑以及对品质严格把控的十足自信。久诺发展二十年来，在品质的追求精益求精，丝毫不放松。在前期的调研中，我们从消费者口中得知，久诺外墙在行业内是一家拥有一个超高性价比、高品质产品的企业。久诺外墙产品从色差、服务品质、施工品质遥遥领先于其他品牌，成为经销商和地产商外墙的首选品牌。在外墙装饰领域拥有了不可超越的社会地位，久诺以品质在诠释久诺作为国内涂料行业十足的把握和自信。一个敢于承诺的企业，一定不是盲目的自信，更不是哗众取宠的噱头。在张默闻这厮的眼里，在品牌文化面前，久诺敢于承诺。

“必须做到”是一个实干型企业的力量心声。张默闻这厮对久诺深入解读，久诺是一个实干型企业，发展至今，产品品类不断完善，服务品质不断提高，渠道销售不断扩大，区域分布不断增多，从外墙到内墙的进军，从分公司的不断发展遍地开花，目前久诺在全国有六大区域，服务辐射面积覆盖华东、华南、华北、西南、西北等地，久诺在全国范围内实现了真正的发展。一方面“必须做到”是一句软文化，同时还是硬派的实干型企业的作风。

“敢于承诺，必须做到”完美地诠释了久诺外墙作为城市美容专家的内在修养，与“久诺”二字的理念十分吻合，实现了久诺在行业发展的道路上塑立顶天立地的硬汉企业，也成功完成久诺企业文化的建立，打造了久诺行业内绝对高端的领导者地位。

超级图腾：鹰图腾

雄鹰，是自然界的飞禽中王者，站在山巅，看准猎物，快速出击，捕捉成功，在天空中留下了意得志满的身影。久诺作为外墙领导品牌，始终具备王者的高度和对行业纵观的姿态，专注的发展精神、对行业发展趋势的把握以及进击市场快狠准的模式，都与鹰的精神不谋而合。鹰作为精神图腾是久诺的绝佳之选。

鹰的精神之“重生”，鹰的寿命长，当雄鹰在生命的中年，大胆自行去除老化的翅膀和爪子，忍受孤独和寂寞，等待新生赋予新力量。久诺想要长足发展，也必然要通过不断的改革、改善，去除旧的发展模式、更改不合时宜的管理方式作为重生的过程，放下旧的包袱，在未来的日子重获新生，学习新的技能，注入新鲜血液，发挥企业更多的潜能，铸就更多的辉煌。有时候我们必须做出困难的决定，开始一个更新的过程，而久诺想要的发展，想要像雄鹰般翱翔，自我更新能力也是必不可少的。

老鹰的顽强精神，泰山压顶不弯腰，惊涛骇浪不低头，从眼前开始，从一点一滴做起，始终保持饱满旺盛的干劲，不屈不挠的拼劲，锲而不舍的韧劲，不达目的誓不罢休的恒劲，精卫填海的勇气，愚公移山的志向，万难不屈的毅力，脱胎换骨的决心。久诺需要就是这样的精神支撑。

鹰的故事充满了传奇色彩，恰如久诺外墙董事局主席王志鹏先生的成长之路一样充满了传奇色彩。王志鹏浑身散发着鹰的领袖精神，从底层出发，创办久诺外墙是基于对中国涂料行业发展的民族厚望。他带领久诺，以敏锐的目光，对市场审时度势适时出击，专注真石漆为目标起点，牢牢抓住真石漆作为企业的主力不放，全力以赴追求外墙装饰事业，带领团队成就一番今时今日的高端外墙领导品牌。在未来他将还会带领久诺展翅高飞。在王志鹏身上，我们能看到的他身上散发似一只雄鹰的领袖精英之魄力。

张默闻这厮说，久诺之所以以鹰作为精神图腾，是站在激烈的市场竞争机制的角度进行深入思考的结果。建筑外墙行业，强敌环伺，久诺必要深刻认识到市场的残酷，必须要有勇猛的精神，百折不屈。在企业管理制度上，倡导讲业绩、讲效率、讲贡献，一切用业绩说话。每个人的工作都应围绕经营业绩的提高来进行，以结果为导向，有系统、有计划、有重点地操作。要形成讲求工作实效，以业绩论英雄，真心实意为企业作贡献的浓郁氛围。

相信鹰作为久诺的精神图腾，必定会激励久诺全体成员的积极性，激发企业成员基因的活力，明确团队管理的方向，加强久诺内部机制的精神力量，成为久诺通往成功道路上的强大精神力量。

超级愿景：让外墙装饰点亮中国城市

在王志鹏主席的心中，久诺早已不仅仅是一份事业，而是他一生伟大信仰与追求。为此，他一直倾注心血，在中国的外墙领域，他希望自己能够将久诺做成一件真正意义上的大事，让外墙装饰点亮中国城市！

华灯初上，万家灯火时，是心中最温暖角落。“让外墙装饰点亮中国城市” 一句恰似万家点亮的那一瞬间，暖流和缓缓流入了心田。这句愿景具有了企业的高度，“点亮”豪迈地展现了久诺外墙的博大胸襟，具有气吞山河的雄霸魅力，全面释放久诺发展二十多年来的心底最伟大的声音，诠释了久诺发展至今的终极愿望。

二十年来，久诺就是要让外墙装饰没有遗憾，让外墙为城市披上美丽外衣，从而使得建筑外迁焕发出更多的光彩，让中国高端楼盘因为久诺而变得更加绚丽，让外墙装饰点亮中国城市，这是久诺始终不变的理想与追求。久诺外墙是高端外墙装饰的领袖品牌，也是全国 500 强地产商的首选品牌。久诺站在了在外墙装饰领域的高地，为建筑外墙的美容事业作出耀眼的贡献和辉煌，是城市建设的灵魂美容师，漂亮地完成了点亮中国城市的战役。

张默闻这厮认为，企业要有最高的目标，同时还要具有人格魅力。外墙事业关系千千万万家，必要打造温馨、温暖、美丽、精致方能成就品质生活。“让外墙装饰点亮中国城市”帮助久诺打造成有温度的企业，具有绅士风度的企业，值得感动。

超级使命：久诺，只为中国墙

王志鹏主席于 1996 进入建筑涂料领域，当时国内建筑涂料市场基本由日资、欧美品牌占据，外资品牌占主导地位的局势盛行。面对如此局面，王志鹏主席投身进入建设民族品牌的大洋中。他相信建筑涂料市场与其他市场一样，一直都期望民族品牌的崛起。王志鹏主席将此作为己任，化为梦想，久诺裹挟着神圣的使命诞生。

自久诺诞生的二十年来，久诺在我国的各类楼盘留下了恢宏的足迹，硕果累累。久诺作为行业内一次性独家中标涂装面积超过 50 万平方米，第一家真石漆成品面积突破 1000 万平方米等汇聚众多第一的企业，成为绿地、华润、新城、复地、中海等 227 家房产公司采购目录，当之无愧成为行业领头羊，被业内被视为真石漆的代名词，久诺将“只为中国墙”的使命投入到每一个楼盘当中。使命变成一个接一个的实例，为民族涂料品牌源源不断焕发光彩。久诺的诞生，让中国的外饰面没有遗憾，让高端地产建筑具有了装饰美化城市的价值。

因此，张默闻这厮提出了久诺的超级使命是：久诺，只为中国墙。使命赋予了久诺发展的仪式感、责任感和尊严。久诺发展至今，在我国众多城市留下了精美的城市外墙案例，令人叹为观止。纵观的久诺的发展，久诺的造诣将不仅仅局限于外墙，一定会涉足内墙领域，以外墙的经验力量，协助久诺开始发展内墙事业，达到内墙装饰的新高度。张默闻这厮的精准提炼得出“久诺，只为中国墙”的企业超级使命，从内而外打造了一个民族品牌的高端形象。

“久诺 只为中国墙”的超级使命，将会一如既往引领久诺，以二十年的专注力量继续投外墙装饰领域，激发雄厚的研发团队实力，激励久诺在外墙领域的道路上砥砺前行。相信在不久的未来，久诺以外墙之美实现城市之美，以内墙之精致打造家居环境的温馨、舒适、环保，以墙说强，全面牢固久诺在我国的领导者地位。张默闻以远见之明，强调了久诺的未来，为久诺的未来事先作出了准确的规划，为久诺成为涂料领域的帝国振臂助力。

超级价值观：我们只做第一

久诺自涉足外墙行业以来，从产品研发、到应用技术及经营理念自始至终保持着领先态势，创下众多行业第一，推动行业向更好更高层面发展。久诺，让外墙装饰面有遗憾，彰显建筑的品格价值，久诺始终呈现了品质第一、美观第一，久诺在第一的道路上前行了二十年。久诺品牌战略纲领就一个词：引领！王志鹏主席说：久诺立志成为中国外饰面精品仿石系统及解决方案的典范企业。我认为未来行业不需要新品牌，只需要引领整个行业向更高层次发展的新理念。这个经典的理念一直伴随久诺的成长与发展。

久诺，第一个掌握真石漆多枪压平工艺大面积施工技术。

久诺，第一家全面专注于真石漆的建筑涂料业。

久诺，第一家建立超过 1000 种石材仿真数据库。

久诺，第一家真石漆成品面积突破 1000 万平米。

众多的第一，实力见证了久诺一直对第一的不懈追求。正如王志鹏主席所说的：“我们只做第一”，是久诺人信心的展现，奋斗的动力，志在必得的决心。久诺人要么不做，要做就做行业第一，本着企业发展的核心价值观，相信久诺更加会朝着理想的方向阔步迈进！

久诺是一个积极向上的企业，不想当将军的士兵不是好士兵，久诺的第一不止是表面上的口号，更是要根植在血液之中的战斗精神和脚踏实地的实干精神。

张默闻坚定提炼“我们只做第一”作为久诺的超级价值观，是过去二十年的总结，是无限未来的期盼。张默闻这厮树立起如此的超级价值观，让久诺团队时刻面对困难时永不退缩，面对强敌时不会放弃，面对市场竞争的残酷之时更要迎难而上。超级价值观，让大众在精神的号召之下，拥有无上的精神潜力，打造一支无懈可击的外墙专业团队。

张默闻这厮的超级价值观的建立，以精神引导行动，以意志完成使命，让久诺整体的团队拥有了至高无上的勇气力量，将虚无缥缈的空词演变成每日可见的灯塔，将价值的力量融入每一次行动当中，奋发前行。久诺的价值观是久诺的内心的真实写照，对团队的动员将产生不可估量的重大作用。久诺在超级价值观的引导下，将快速登上行业的金字塔顶尖。

【品牌篇】

只为中国墙之超级定位

成功的企业和品牌 99% 都是定位的成功。定位的成功能带来渠道、传播、创意、营销等一系列的成功，实现品牌的顺利发展，实现品牌的遍地开花。久诺现今的成功离不开先前的成功定位与行业的深刻认识，二十年前，久诺的品牌建立始于真石漆，并迅速成为地产商认可的真石漆品牌。久诺在商海艰苦奋战成为外墙装饰领域的领导品牌。今天品牌升级更是彰显定位的重要，为全新久诺提供卓越新价值。

一、超级品牌定位：中国高端外墙领导者

久诺的核心产业是外墙，久诺的产品和服务面向高端建筑，定位为中国高端外墙领导者，对于久诺来说，不仅是荣耀之称，更是实至名归!

久诺在外墙领域战绩赫赫，久诺是中国最具影响力品牌，从施工、设计、研发久诺创下了累累的第一的骄傲成绩，久诺是名副其实的外墙领导品牌。

久诺的服务对象囊括我国 80% 的高端地产，合作客户有绿地、绿城、万科、龙湖、华润等我国众多知名的地产企业，彰显了久诺高端的服务实力，具备了服务高端外墙的优秀品质，因而拥有了高端的领导形象。

张默闻这厮在提炼品牌定位时明确指出：品牌定位的确立不仅要突出久诺当下的客户资源优势，同时还要完整说明久诺是一个领袖品牌，强化久诺的专业实力，展现品牌高度。超级品牌定位的重点是“高端”和“领导者”两个词组，“高端”直接说明了久诺的发展地位，呈现久诺在外墙行业地位的最新高度体现了久诺的服务态度和高度，划分了市场的需求，动销力十足；“领导者”再次强化了久诺在行业的地位，突出了久诺是外墙涂料的首选品牌地位，引发了消费者对品牌的信任和认可。

张默闻这厮提炼的超级品牌定位将久诺的地位提升至一个全新的高度，极具说服力和表现力，言简意赅地表明了久诺在外墙涂料行业的实际地位。

二、超级品牌价值定位：外墙装饰用久诺，高端楼盘更好卖

为什么中国 500 强地产会选择久诺? 为什么久诺成为中国最具影响力品牌? 为什么 80% 的高端地产信赖久诺? 背后的原因是因为久诺的品质和设计美感值得信赖，帮助高端楼盘以高端形象出售。

“高端楼盘更好卖”的提炼，是建立在销售角度之上的全面思考。对于地产商，营销、销售是楼盘的最大支撑，“更好卖”是一个极具诱惑力和吸引力的词语，持续性引发相关地产商、销售员兴奋的重要作用，引发对销售力的无限遐想。整句话，集中展现了久诺是外墙装饰的不二之选，精准抓住了客户以及客户的心理。

久诺的超级品牌价值定位从传播角度出发，直面地产商和高端楼盘。从营销渠道、传播渠道、广告渠道的实际运用角度，品牌价值定位具有直接动销力，可在短时间内说明久诺品牌的服务方向，以实际利益诱惑，极具感染力。张默闻这厮以至臻细腻地抓住了消费者心理，对症下药，下的还是猛药。

三、超级品牌态度定位：用建造皇宫的态度做外墙

王志鹏主席曾说：“正因为整个行业把外墙涂装看成粗活，才需要久诺，正因为市场上难以看到外墙精品工程，我才创立久诺。久诺的创立初衷，以匠心精神完成每一项外墙装饰任务，以二十年臻化入境的匠心工艺打造每一处外墙。”

久诺是国内第一家行业内提供外墙仿石 5C 成品保障体系，以业内最权威的 5C 精品保障方案和卓越的仿真度打造外墙最佳仿石效果、色彩最大化统一，色彩细微化、涂层自洁性、涂层效果长久维持、最具性价比的方案保障了外墙的高端品质和形象。

张默闻这厮说，以建造皇宫的态度做外墙，是一个企业对外墙建造的极致态度。久诺的超级品牌态度定位，字字珠玑。

四、超级品牌实力定位：专注外墙 20 年，服务地产 500 强

久诺的超级品牌实力定位是久诺实力发展 20 年的微缩版，也是一个无可推翻的事实。

在外墙装饰领域，久诺拥有 20 年的专业经验，在 2016 中国房地产 500 强测评上，被评为 500 强首选外墙装饰系统服务供应商、500 强装饰保温一体板首选供应商。久诺作为中国房地 500 强首选供应商品牌，当之无愧，是真正的高端外墙装饰企业。

久诺的实力是专注与服务 500 强双管齐下的作用，实力发展具有了双重保障。张默闻这厮从这两方面着手，直观展现了久诺作为外墙品牌的实力，呈现了一个超级大品牌的实力定位。

五、超级品牌情感定位：外墙不脱落就要选久诺

脱落是建筑外墙最大的痛点之一，外墙在阳光风雨中不断遭受侵蚀，长年累月的冲刷让外墙不可避免出现脱落、斑驳的状态，导致墙体最先老化，影响家的外形进而影响居家质量。家牵系着千家万户的幸福指数，更是地产商不变的担忧。从家的情感点出发，从地

产商对楼盘呵护的情感点出发，不脱落是情感定位的重中之重。

张默闻这厮通过深入的了解以及调研后，果断以脱落作为是外墙装饰品牌情感定位的瞄准点，抓住痛点，主打痛点。作为外墙装饰的领导品牌，久诺品质致力于解决外墙痛点，使用久诺外墙装饰材料可达到 20 年不脱落的状态，在地产行业创下了不脱落的承诺。

六、超级广告语定位：久诺外墙，豪宅都在用

久诺超级广告语为什么要说“豪宅都在用”？“豪宅”是对排屋、别墅、高档公寓、民用自建房等高档房屋的统称。“豪宅”是民用住宅消费者的全部梦想。豪宅都在用，表达了久诺外墙的高端性；豪宅都在用，表达了久诺外墙的流行性；豪宅都在用，是对更高端的外墙装饰品牌的应用落地。“服务地产 500 强，专为豪宅做外墙”更是对久诺外墙行业地位的精准描述。

张默闻这厮对超级广告语的经典提炼，让豪宅的品质形象完全呈现在每个人面前，充分激发了消费者对豪宅的渴望。这句简单而富有形象的广告语，也使得久诺外墙的广告传播具有十足动销力。

【创意篇】

只为中国墙之超级创意

在对企业进行品牌打造的过程中，必不可少的就是对品牌及产品进行 TVC 创意，并且在这些创意创作中，要将品牌的定位、理念准确地表达出来，抑或是对品牌及产品有一个更好更完整的诠释。而每一次这样的创意，对于一个品牌策划人而言，都是一场战役，都是一次挑战。

张默闻这厮始终认为，创意固然重要，但是一定要策略先行，否则再好的创意也不能达到其动销的根本目的。久诺外墙定位更高端的外墙品牌，因此在 TVC 中打造高端外墙概念尤其重要，让消费者对久诺的品牌和产品有一个更加深刻的认知，让久诺外墙定位以及品牌形象深入人心。

久诺品牌形象“豪宅都在用”篇

谁才是更高端的外墙装饰品牌?

久诺，

服务地产五百强，专为豪宅做外墙，

久诺外墙，豪宅都在用。

在对久诺外墙品牌广告创意时，最为重要的是突出表现“高端”的品牌定位，如何将这一定位有力展现，如何用创意把品牌形象诠释发挥到极致是久诺品牌广告的主要思考点。在 TVC 表现上，不仅需要画面的配合，更需要文字内容的解释，以便让观众对于我们想表达的内容有一个更加直接的感受。而在一条仅有 15 秒长度的 TVC 广告片中，就必须要用最简洁的文字，把核心的品牌思想表达出来。

广告片首先向消费者提问 “谁才是更高端的外墙品牌”，用提问的形式表达品牌诉求同时引发消费者思考，又紧随其说，给出答案，前后连贯，一问一答的形式，更容易让消费者产生联想记忆，产生对久诺品牌的第一印象。而在接下来的 TVC 文案中，我们又对久诺外墙品牌实力做了阐述，告诉消费者，久诺“服务地产五百强，专为豪宅做外墙”，久诺外墙才是当之无愧的中国高端外墙品牌。

张默闻这厮在进行广告创意时，参考久诺多年来的服务客户工程案例，从中发现，国内的品牌地产多数在久诺长年服务的客户范围内。长期的合作，足以证明这些地产大鳄对于久诺的绝对信赖，更能够证明久诺外墙的实力与品质。

因此，张默闻这厮在对TVC创意创作的定调把控上，要紧跟“高端外墙”品牌定位的基本走向，在TVC广告中，不仅要将这一定位的诉求表达出来，更要让消费者信服，久诺，才是高端的外墙品牌，至此，又将TVC的重点落于“久诺外墙，豪宅都在用”上。用高端的品牌理念和服务地产500强的企业实力，最终推导出“豪宅都在用”的品牌形象，这一推导的过程心思缜密，无懈可击，让久诺外墙的品牌形象变得更为高大、清晰、明朗。

久诺全屋定制“没有味道”篇

（唱）没有味儿～没有味儿！

（唱）没有味儿～没有味儿！

高档装修，用久诺整屋定制一体板，

没有味！

久诺整屋定制一体板，豪宅都在用。

久诺整屋定制一体板，是久诺外墙着重力打造的一体化服务式产品。产品在技术上达到各项国际标准，产品应用更是简单快捷。可以说，久诺整屋定制一体板的问世，让室内装修有了一个里程碑式的飞跃，让装修更简便，使客户的装修入住体验，有了一个质的提升。其中，技术的革新，不仅让室内整装可以在短时间内迅速完成，整个装修过程产生的污染和装修后遗留的甲醛问题也大幅度降低，达到可以直接入住的标准，从而让用户在这一整个过程中，不仅享受到了装修的乐趣，更有装修后直接入住的快捷与方便。

久诺整屋定制一体板的 TVC 广告中，开篇便以“没有味儿～”的歌曲在听觉上首先抢占消费者的关注。该广告以歌唱的形式出现，简单的唱词配合欢快的旋律以及相应的画面动作，让整体 TVC 广告更具有记忆点。重复被唱出的歌词“没有味儿”，简单明了，让消费者听过一遍就能记住。张默闻这厮在这则 TVC 广告的重点把控上，既精准地抓住了久诺整屋定制一体板的特点“没有味儿”，又结合了当下室内装修市场的消费特点，反复传播“没有味儿”的产品卖点，让消费者对于久诺整屋定制一体板更有记忆，增加传播力度。

而我们为何会有这样的传播思考方向？如今市场的装修，着重点越来越偏向于绿色环保，消费者对于室内整装的偏好上，也越来越趋向于此。装修后的甲醛，是直接闻得到的味道，一般人们对于室内环境甲醛的判断，也在于能不能闻到这个味道，室内油漆味的轻重，也直接影响着人们对于装修后是否入住的判断。可见，绿色环保，没有味道，对于消费者来说是一项非常重要的装修选择标准。久诺整屋定制一体板最大的特性，就在于其装修过程中及装修后所产生的空气污染远低于其他装修材料，达到入住标准。这将是会吸引消费者最大的亮点，张默闻这厮也正是抓住这一点，着力于装修后可以直接入住的吸引点，打造久诺整屋定制一体板的 TVC 广告文案。

久诺整屋定制一体板，装修“没有味儿”，用最简单的语言体现久诺的产品特色，准确表达产品诉求，并且把产品最大的亮点表达出来，这才是当之无愧的超级创意。

才是更高端的外墙装饰品牌

久诺“豪宅都在用”篇 TVC 文案：

谁才是更高端的外墙装饰品牌？ \ 久诺 \ 服务地产 500 强，专为豪宅做外墙 \ 久诺外墙，豪宅都在用。

久诺

服务地产500强

真石漆
专为豪宅做外墙

整屋定制一体板
真石漆
久诺外墙

JIUNUO
久诺外墙

JIUNUO
久诺外墙
只·为·中·国·墙

扫一扫观看视频

久诺“没有味道”篇 TVC 文案：

（唱）没有味儿~没有味儿！\（唱）没有味儿~没有味儿！\高档装修，用久诺整屋定制一体板\没有味！\久诺整屋定制一体板，豪宅都在用。

张默闻这厮创意的广告片热情开拍了。

张默闻这厮和久诺集团刘长春秀“情侣围巾”。

创意者与广告主演者。

可爱的小主演。

Jeep Est.1941

【传播篇】

只为中国墙之超级发布

挂牌上市超级影响：新三板挂牌上市久诺成功迈出资本市场第一步

久诺成功在全国中小企业股份转让系统挂牌，标志着久诺作为中国高端外墙领导者，成功的在资本市场迈出了第一步。这一步，是久诺的进步，是中国外墙装饰科技和服务的进步，更是中国建筑之美、中国城市之美、中国外墙之美升级的进步。

久诺的 20 年，是一部品牌奋斗的历史。久诺一直致力于打造中国高端外墙第一品牌的目标，所以久诺高度重视品牌，潜心打造品牌，久诺是中国外墙装饰产品和服务双领先的品牌服务商。

久诺的 20 年，是一个品质为命的企业。久诺一直按照世界 500 强的标准要求自己，重视科技，重视产品，重视营销，更加重视品质。专注外墙 20 年，服务中国 500 强，所以久诺不管是产品品质还是服务品质都努力做到中国第一。正是由于出色的品质，所以中国前 10 大地产高端楼盘 9 家使用了久诺的外墙。

久诺的 20 年，将是一个热爱股民的品牌。久诺一直专业，专心，专注的在高端的外墙领域潜心发展。获得了巨大的成绩和荣誉，销量遥遥领先。久诺成功挂牌，我未来久诺必将成为资本市场的黑马，加大与投资者的互动，努力在资本市场领域取得更大的发展，为投资者带来超过预期的回报。

未来，久诺一定会成为中国高端外墙的领导者，拥有更加辉煌的未来。

品牌升级超级发布：万千瞩目齐聚首都共见证久诺外墙品牌新升级

2016 年 12 月 15 日，由张默闻策划集团全程策划的《久诺外墙，只为中国墙——久诺股份成功挂牌上市暨品牌升级发布会》于北京钓鱼台国宾馆隆重召开。百余位重要嘉宾、久诺外墙合作伙伴及权威媒体朋友应邀参加了本次盛会。

会上，久诺外墙正式向外发布了久诺股份成功挂牌上市与品牌升级的公告，引发了行业专家及百余家国内外媒体的广泛关注。久诺股份董事长王志鹏先生在会上做了“久诺的墙饰与墙势”的重要演讲，将上午上市敲钟的热情和精彩带到了发布会的现场，张默闻这厮随后做了主题“墙中自有墙中手”的演讲，引起现场强烈反响。2016 年，久诺外墙与张默闻策划集团正式达成品牌战略合作，此次久诺品牌的全面升级，使其迎来了第二次创业的光辉岁月，更有久诺代理商现场直呼：“将一个冷冰冰的外墙产品策划得如此震撼，可见张默闻策划实力非凡！”

本次发布大会由政府主管部门，行业领导，企业和品牌合作机构以及强大阵容的媒体组成。大会伊始，建设部原副部长、党组副书记、中国房地产业协会会长刘志峰先生对久诺股份成功地在新三板上市表示热烈祝贺，并发表关于中国地产行业发展现状及久诺外墙发展新机遇的重要讲话。他表示：在行业增速放缓、同行竞争激烈的大环境下，久诺股份成功上市，并大力加强品牌建设，彰显了久诺股份董事长王志鹏先生卓越的战略远见，对于久诺发展未来寄予极高的期望！他相信，作为中国高端外墙领导者的久诺一定可以创造中国外墙领域新奇迹。

江苏省常州市金坛区人民政府副区长周新生先生登台发言，他首先对久诺成功挂牌上市表示真心的祝贺，对久诺股份推动江苏省常州市金坛区经济社会又好又快发展表示衷心的感谢。关于未来，他希望久诺能够加强加快在资本市场上的发展，以更加优异的业绩回报股东，树立起资本市场的优异形象！

领袖承诺超级声音：久诺绝不辜负中国高端外墙领导者的行业地位

久诺品牌创始人，久诺股份董事局主席王志鹏先生在发布会现场做了主题为“久诺的墙饰与墙势”的演讲。王志鹏指出，20 年来，久诺一直致力于打造中国高端外墙第一品牌，在提高外墙产品品质与施工服务品质的同时，更加注重科技创新与品牌发展。如今，久诺成功地在新三板挂牌上市，不仅为久诺外墙在资本市场提供有力的支撑，也标志着企业迎来了第二个发展高峰。

王志鹏主席在发布会上代表久诺做出了庄严的承诺：“久诺要在高端外墙的道路上一直走下去，我们绝不辜负久诺是中国高端外墙装饰领导者的地位。 20 年来，久诺以品质为命，按照世界 500 强的标准要求自己，重视科技、重视营销，更加重视产品品质，正是由于久诺的执着与坚持，中国前 10 大地产高端楼盘 9 家选择久诺外墙。中国已经进入高端楼盘时代，大的地产商正在垄断，行业进入全面的整合，品牌地产商必定推出品牌高端楼盘，品牌高端楼盘最终彰显在外墙上，而提升楼盘价值、创造城市艺术不能没有久诺，因为我们拥有外墙制造全球顶尖原材料，我们拥有强大的施工系统，服务能力、技术研发、施工技术和把控能力。久诺做过的外墙，个个是精品，久诺对得起中国的高端建筑，对得起每一个久诺服务过的城市。”

王志鹏主席强调：久诺外墙是一个热爱股民的企业，成功上市后，我们会紧紧抓住这次机会，扩大规模、深化营销、打造品牌，给支持久诺的投资者一个美好的未来。我们还会加大和投资者的互动，努力在资本市场领域取得更大的发展，为投资者带来超过预期的回报。

王志鹏主席的发言将会议的气氛推向高潮，不仅提出了久诺的“7 个坚持”更是亮出了自己的外墙观点，引起现场的掌声和广泛热议。久诺外墙作为中国高端外墙装饰领导者要始终坚持 7 个坚持：

1. 坚持外墙与建筑的和谐之美。
2. 坚持高端与科技的融合之美。
3. 坚持产品与施工的共生之美。
4. 坚持品牌与品质的共振之美。
5. 坚持国内与国际的联动之美。
6. 坚持外墙与内墙的呼应之美。
7. 坚持整屋与定制的居家之美。

这“7 个坚持”是久诺成为中国高端外墙装饰领导者的最大动力。

在“墙饰与墙势”的演讲中王志鹏董事长提出了他的 4 个观点：

观点之一：中国城市的外墙水平决定了中国城市的未来之美。

观点之二：久诺介入外墙施工是对久诺外墙产品品质最好的保护。

观点之三：中国的高端楼盘选择久诺是因为久诺掌握高端外墙核心科技。

观点之四：做好中国墙才有资格说造好中国房。

王志鹏主席提出的久诺的“7 种情感”更是得到与会者的高度认可：

第一种情感：我们把外墙装饰当作艺术作品来完成。

第二种情感：我们把外墙装饰当作生态作品来完成。

第三种情感：我们把外墙装饰当作品牌作品来完成。

第四种情感：把品牌势作为头等大事。

第五种情感：把文化势作为头等大事。

第六种情感：把服务势作为头等大事。

第七种情感：把产品势作为头等大事。

很多久诺的客户说，一直以来我们都相信久诺，相信久诺的战略、战术、文化和品牌。这次上市庆典和品牌升级使我们坚信，久诺将会飞的更高、做的更强。

营销大师超级演讲：张默闻绝顶创意尽显大牌风范建材领域树新威

品牌出击，势不可挡，久诺新标帷幕的揭开标志着久诺外墙品牌升级的正式开启。今年 9 月，久诺股份正式牵手中国知名实战派营销策划公司——张默闻策划集团，为品牌全面升级保驾护航。会上，张默闻这厮做了题为“墙中自有墙中手”的主题演讲，演讲中他

JIUNUO
久诺外墙
热烈祝贺江苏久诺建材科技股份有限公司
功挂牌上市

JIUNUO
久诺外墙
股票代码：839611
只为中国墙
久诺股份成功挂牌上市暨品牌升级发布会
JUST FOR CHINESE WALL
JIUNUO CO., LTD SUCCESSFULLY LISTED AND BRAND PROMOTION CONFERENCE
中国 · 北京
1996-2016

久诺集团董事长致辞。

张默闻这厮致辞。

联合开启久诺集团新标识。

JIUNUO
久诺外墙
只·为·中·国·墙

张默闻这厮讲述久诺定位。

对久诺新标的创意思路、设计来源进行了深刻阐释，并对久诺品牌升级做出了全新规划，全面打响久诺品牌升级第一枪！

张默闻这厮表示：没有伟大的标志就没有伟大的系统识别，久诺要成为国际性的企业，一个国际化的标志必不可少。新久诺要腾飞、要发展、要国际化、要品牌化，标志彰显久诺的领军地位和浩瀚野心，体现久诺独特的企业文化。新标设计与创意的核心在于人文精神的演绎，久诺的“诺”字担起了这个标志的历史重任：一个汉字的诺，一种庄严的文化，一尊恢宏的鼎，一份伟大的承诺。一个太阳的圆，一个圆满的事业。一个货币的图，一个商业的帝国。在标志设计上，将“诺”字与鼎器的形状巧妙融合，稳重大气，极具创意特色，不仅表达了企业的对外承诺，也充分涵盖了企业文化。我们相信新标志将伴随着久诺的一生，成为至高无上的精神信仰和百年企业的文化象征！

张默闻这厮说发展非常优良和健康的久诺外墙要进行品牌的全面升级是“四个需要”：

第一：久诺外墙成为全球品牌的需要。

第二：久诺外墙成为科技巨匠的需要。

第三：久诺外墙成为销量冠军的需要。

第四：久诺外墙成为国民首选的需要。

所以对品牌愿景、品牌使命、品牌价值、品牌定位、品牌战略、品牌科技能力、品牌态度、品牌色彩、品牌标志、品牌代言人、品牌服务领域、品牌情感、品牌的广告语定位、品牌的文化、品牌的个性等 15 个品牌元素进行了全线升级。

久诺股份成功挂牌上市暨品牌升级发布会的顺利召开，预示着久诺股份资本市场发展与品牌升级齐头并进，共同奏响了久诺外墙全面发展的华丽新篇章。在张默闻策划集团的策划支持下，久诺不仅要做外墙，更要做内墙，更重要的是未来我们要为整个城市做墙，从墙到强，从强到墙，只为中国墙，更为世界墙！

后记一

最幸福的事就是能棋逢对手

■ 张默闻 张默闻策划集团董事长、创始人

一

美国哥伦比亚这个城市我来了很多次
这一次是时间最长最安静的一次
所以本书的序和后记就在这里完成了
这里有 180 多年的密苏里大学
大学里有很多中国留学生和中国大学的访问学者
这座城就是一所大学，这所大学就是一座城
吸引着世界各地的人来读书和交流
我就是这个群体里的一个，喜欢这里很美国
更重要的是这所大学的新闻学院深深吸引了我
有次，和一个美国教授交流，他问我喜欢下棋吗？我说，不会
他笑了，他说，MOWEN ZHANG 你就是个天生的棋手
你下了很多盘棋，而且结果不错，我研究过你，你有点可怕
我真不知道这个家伙到底在表达什么
但是我知道他说的意思一定有一种意思叫张默闻的案例
没想到，我会把这个故事写到后记里

二

我经常在想策划就是下一盘可以胜利的棋
虽然每一步都会有凶险都会有变故
我们知道输赢没有那么重要但是我们还是要赢
因为世界上很多事情输不起，输了，就永别了
我不愿意在生活里去下一盘棋
与亲人与朋友争个上下争个高低

我就想在战场上摆下一盘棋，和英雄一决高低胜负

因为我喜欢那种战马嘶鸣，喜欢那种烟尘滚滚

喜欢那种你来我往，喜欢那种和对手面对面可以微笑的快感

喜欢那种忽然优势忽然劣势忽然枪林弹雨忽然满天彩虹的样子

我相信我特别相信我真的特别相信

战争的魅力不在于无度的厮杀而在于我们对待战争的态度

最幸福的事就是能棋逢对手，还能一笑泯恩仇

策划就是下棋，“棋”开才能得胜，马到才能成功

这场战争里我希望我能始终骑着白色的战马出发

还能骑着白色的战马回家

会有伙伴和我说，棋开了，马到了

我们这帮混球也成功了

2017 年 8 月 1 日修改于美国密苏里大学

后记二

谢天谢地谢谢您

■ 张默闻 张默闻策划集团董事长、创始人

谢天谢地谢谢您，从今天起，我要把感谢的内容单独拿出来，因为感谢太重要了。

关于策划的著作很多，这本书的不同就在于不是空洞的理论而是可以搬运使用的策划经典。

我觉得这本书的含金量是很高的，就是只看自序都值得大家花钱把它买回去。

谢谢书里所有的客户，你们的品牌能够成为教材是你们的伟大更是我们的荣幸。

谢谢所有客户全案策划甲方直接操盘手和对接人，你们的信任和包容让我们彼此成长。

谢谢所有客户的企业家们，你们真的很勇敢，敢于使用张默闻这个不按常理出牌的“坏小子”。

谢谢广告人杂志社，上市公司创意星球的总经理陈晓庆老师，这次你又成全了这套好书。

谢谢机械工业出版社的徐永杰老师和马佳老师，你们太关心我的成长并选择再次支持我。

谢谢张默闻策划集团全体项目组的成员对这本书的整理、编辑和校对，你们辛苦了。

谢谢我的合伙人张默闻策划集团总裁对于书的命名和最后完美修缮使本书生辉。

谢谢我的夫人接受并原谅我为这本书的写作经常深夜加班不回家的现实，你做得很棒很好。

谢谢我亲爱的设计师群提供的案例中的精美设计，为本书增添了无限的美感和无限的创意。

2017 年 8 月 1 日修改于美国密苏里大学